シン・マキノ伝

田中純子

Hokuryukan Publishing co.,ltd.
北隆館

刊行にあたって

10年ほど前のことになる。「牧野富太郎」を取材して書くため、全国各地を歩き回っていた。そうした夏の日、西武池袋線の池袋駅から電車に乗って「大泉学園駅」に初めて降り立った。駅からほど近くにある「練馬区立牧野記念庭園」を訪ねるためだった。そこは牧野博士の終《つい》の住処《すみか》である。

いつになっても何度経験しても、取材という行為には何か不自然なものがあるような思いもあって、決して心浮き立つようなものではない。とりわけ当日は牧野富太郎のひ孫である牧野一淳《かずおき》さんに会うことになっていた。その最晩年を家族として寝食をともにされた方である。これまでインタビューを重ねてきた人の中で、牧野富太郎という肉体と生活の最も近くにいた人であった。緊張も募る。

思っていたよりも簡素であった庭は、しかしそれだけに親密な雰囲気があり、これもまた小じんまりとしたセンスの良い記念館の建築物に心が和んでいった。その小さな建築物の小さな学芸員室に、牧野一淳さんがいた。

彼は牧野富太郎博士のことを常に「富太郎」と呼んだ。庭も案内してくれた。「僕が庭で遊んでいると、富太郎がすーっと書斎から出てくるんですよ」と言いながら、庭の一角を指して話す。「そこにしゃがみこんでね、ルーペを持って植物をじっと見ているんです。半日ぐらいね」。

ずいぶん話し込んでしまった。昼食の時間をとうに過ぎていた。「寿司でも食べにいこうよ」という思いがけない誘いもあって、冷えたビールとともに、曽祖父のさまざまな話を聞いた。心浮き立つ夏の一日となった。

それからも何度か記念庭園を訪ねた。それはきっと曽祖父ゆずりなのであろう明朗快活な一淳さんの振る舞いによって、記念庭園のスタッフたちはいつも愉快そうだった。その一浡さんの傍には、朗らかながらも学究肌と探偵のような行動力を備えた学芸員の田中純子さんがいた。同園がリニューアルされた2010年から学芸員の中軸となって、多彩な視点から次々に企画展を開いてきた。

2022年2月、牧野博士を主人公モデルにした「朝ドラ」を製作するというNHKの発表があった。絶好の機会だった。博士の「物語」が始まる。これまでにはない沢山の人の心を動かすだろう。そして、その一方で史実に基づく「真実」の牧野富太郎を伝えるための新しい評伝が必要ではないか。それを書くのは田中純子さんをおいて他にないと思った。

高知新聞ウェブサイトへの書き下ろし連載という企画で、田中純子さんの「シン・マキノ伝」がスタートした。2022年8月に始まり、2023年6月に完結をみた。朝ドラ「らんまん」が2023年4月から始まり、「史実の牧野富太郎」に興味を抱いた人たちのアクセスが急増して「シン・マキノ伝」のPV（ページビュー）もぐんぐん伸びていった。

それをまとめた本書には、新たな史料や書簡に基づく斬新な知見がふんだんに盛り込まれている。これまでの牧野富太郎に対する敬意と情愛と理解をさらに深め、ときに見方を一新させるような実像が浮き彫りになっている。牧野博士の終の住処で、その業績と人物研究に打ち込んできた田中純子さんの使命の集大成となる一冊である。

2023年7月

高知新聞社　竹内　一

目次

※本書の見出しでは、(1)・(2)… などと連載時の回数をそのまま振った。また、それぞれの項を、文中で参照する場合は「1回目」「2回目」… などと記述した。

第1部

富太郎、時計バラバラにする(1)

令和4(2022)年3月に高知県高岡郡佐川町を、牧野富太郎博士のひ孫さん、牧野一浡《かずおき》氏とともに訪ねた。同地に行くのは筆者にとって2度目で、練馬区立牧野記念庭園がリニューアルオープンした平成22(2010)年8月より前に、博士が生まれ育った地を一度見てみたいと思い訪ねて以来のことであった。ちょうどソメイヨシノが開花し始めていた。「佐川くろがねの会」の元代表・竹村脩氏のご案内で牧野公園に行き、博士のお墓参りをして同会の方々が作られた桜餅を供え、牧野家一族のお墓にもご案内していただき冥福を祈ることができた。こんなにうれしいことはない。博士がこの佐川から大きく羽ばたいて、東京で植物の研究に打ち込んでいくようになる、その揺籃の地で少年富太郎は何を見て何を吸収し何をやろうと考えたのであろうか、と次々に疑問が湧いてきた。

牧野は今からさかのぼること161年前の4月24日に佐川で生まれた。161年前というのは文久2(1862)年のことで、江戸時代の終わりごろである。高知県は土佐と言い、新しい日本をつくり上げるため坂本龍馬、後藤象二郎、板垣退助らが身を挺して活躍していた時代であった。佐川は高知市から西へ28キロほどいったところにあり、周囲を山で囲まれ春日川が町に沿うように流れている。また、土佐藩家老・深尾氏の城下町で、藩主容堂が学問を奨励したのと同様に学問がさかんに行われ、今もその伝統が受け継がれている。「佐川山分、学者あり」と人がよく言ったものであると牧野も「牧野富太郎自叙伝」(長嶋書房、1956

年刊行　講談社学術文庫版を参照、以下自叙伝）に記している。山分は「山がたくさんある」という土地の言葉で、学者も多く輩出したのである。牧野が生まれ育った時代背景はこのようなものであった。

牧野の生家は、岸屋という酒造業と雑貨店を営む古い商家で、近くの村にも知られていた。佐川の町ではいろいろな商売がなされていたが、とりわけ水のよいところなので酒造りに適していた。したがって町の大きさに比して酒家が多かったのである。

牧野富太郎の生家を復元した「牧野富太郎ふるさと館」と牧野富太郎先生誕生之地（碑）（高知県佐川町）

牧野の父親は牧野佐平と言い、母親は久寿と言い、2人の間に生まれたたった一人の子供が牧野であった。幼名は誠太郎と言った（牧野逝去後見つかったへその緒と髪の毛を包んだ紙には、名前が「成太郎」、誕生が「四月二十六日」と書かれてあった）。父親は牧野が3歳のときに、母親はその2年後に相次いで病死した。母の死の翌年祖父も旅立ち、牧野は祖母によって牧野家の大事な跡取りとして育てられることになる。幼い時は体が弱く、祖母は牧野の胸に骨が出ていると言って心配し、体を丈夫にするためにお灸をすえられることもあった。また、10歳ぐらいのとき友達に、牧野が痩せて手足が細長いことと姿がどことなく西洋人めいていることから「西洋のハタットウ」とからかわれることもあったという。ハタットウは、バッタを意味する郷里の言葉である。晩年の牧野の写真を見ても、鼻が高く撮影された角度によっては西洋人のような顔立ちに見えることがある。

岸屋は祖母が采配を振って番頭の佐枝竹蔵とともに家業を切り回した。祖母は浪子と言い、歌を詠み書に巧みな賢婦人であった。あまりに岸屋に不幸が続いて起きたので、その頃に誠太郎は富太郎と改名された。この祖母こそ、細かいことに干渉しないでしっかりと牧野を育て上げた人物であり、成人して後植物の研究という一筋の道を歩むことになる牧野の礎を築くのに大いにあずかったのである。

幼年時代の最初の思い出は、乳母に背負われて越知村にある乳母の家に行きその家の藁葺き屋根が見えたことをおぼろげに記憶しているという牧野の談である。おそらく物心がついたころのことと思われるが、外界への好奇心の芽生えと言えるのではないであろうか。それ以上に、番頭さんが見せてくれた珍しい時計をバラバラに分解してしまったという思い出話は、後年の牧野のありようを思い起こさせるのにふさわしいエピソードである。時計がチクタクチクタク動くのに興味をもって、どのような部品からなるのかを知りたくて納得いくまで中を調べた。そうしたら元通りに組み立てることができず、「誠太さんには困ったものだ」と皆に言われたという話である。しかし、ものの仕組みを調べることの面白さはこのときに芽生えたのであろう。牧野が花や実を解剖してそれらのつくりを観察しかつ詳細に描画するようになるきっかけは、この時計のバラバラ事件にあったのかもしれない。

牧野少年、小学校が嫌になる(2)

明治4、5（1871、2）年のこと、牧野が10歳になった頃、寺子屋に通い習字を習いはじめた。寺子屋は佐川の町の西谷にあって、土居謙護という人が先生であった。イロハから教わったが、そのうちに寺子屋を替え、次に行ったのは佐川の町外れにある目細というところにあって、伊藤蘭林先生が開いたものであった。学んだ主な科目は、習字・算術・四書・五経の読み方であって、儒教に重きを置いた漢学であったとみられる。牧野は色紙などに揮毫《きごう》する際に「結網子」や「結網学人」と署名したが、この「結網」という号は「漢書」董仲舒《とうちゅうじょ》伝から採られ、行動する大切さを示した箇所の語句である。その語を牧野が知ったのは蘭林先生の教えによると上村登の「牧野富太郎伝」（六月社、1955年）は伝えている。当時は江戸時代の身分制が続き、門弟は武士の子弟がほとんどで、町人では山本富太郎と2人だけであった。しばらくして蘭林先生の寺子屋が廃止されることになったので、名教館に通うことになった。

名教館址（高知県佐川町）

この名教館は、江戸時代の中頃に佐川の領主・深尾氏が創設した学校であったが、牧野が通った時は、翻訳書を使って地理・天文・物理などの進歩的な学問を教えていた。ここで学んだ書物の中で、川本幸民著「気海観瀾広義」が「物理の本で文章がうまく好んで読んだものである」と牧野は回想している。蘭林先生に付いて漢学を熱心に学んだであろうが、それ以上に新知識と言える西洋の科学に魅力を感じたと想像される。

　また、この頃に新しい学問として欠くべからざる英学が佐川にもたらされたのであった。西洋事情に詳しい人たちによって英学会がつくられ、高知から2人の英学者を招き、高知県庁から英書を入れた長持を三つほども借りてきて、英学を習うことが可能な環境が整えられた。牧野は英学会に入会しこれらの先生からABCをはじめ英学を習った。そして辞典を借りて読んだ書物は、英語のリーダーや文法書にはじまり歴史書・物理学・天文学などであった。特に興味深く読んだ本は地理学で、未知の世界への探求心が旺盛であった牧野は、地理書に載る外国の世界に強い関心を抱いたのであろう。さらに、自分で日本内地のみならず世界の地図を作ろうとしたと自叙伝に書かれる。

　明治7年に小学校ができ牧野は入学した。そこで、五十音から始まって単語・連語などを掛図によって学び、教科書は「小学読本」であったと牧野は言う。掛図は黒板や壁面に掲げて使用した大判の絵図や表のことで、一斉授業で視覚に訴える教材として用いられた。国語だけではなく、動物や植物を扱った「博物図」という掛図も文部省で作られた。これが少年牧野の心を惹《ひ》いたのであった。すなわち「『博物図』四枚が学校へ来たので、私は非常に喜んでこれを学んだ。それは私は植物が好きであるので、この図を見ることが非常に面白かった。そして図中にある種々の植物を覚えた」と自叙伝にある。「博物図」は植物図4枚、動物図5枚からなるもので、牧野の興味を持った植物図には葉・根・花などの形状を表した図や果実・蒴果・穀物・豆・根菜・きのこ・海藻などを描いた図が収載される。これらの図を通して、例えばさまざまな形を持つ葉の図を見て漠然とつかんでいた植物の形状が類型化されることを理解し、かつ多種類の植物をグループ分けする観点があることを学んだのではないだろうか。植物名もさることながら、牧野は植物学の初歩を自然と学んでいったと思われる。

しかしながら、小学校に入学する以前に文字や計算の基礎的な習得はもちろん儒教の経典や西洋の翻訳書および英書を読んでいた牧野にとって、小学校の授業は物足りなく思うことが多かったであろう。牧野が名教館で学んだ書物の一つ、福沢諭吉著「窮理図解」は小学校の下等のうちの上級を対象とする教科書で、先に挙げた「気海観瀾広義」は上等を対象としたものであったことからもそのことはうなずける（明治5年の学制では、小学校は上等・下等に分け、それぞれ八級ずつあった）。下等一級が終わった時、小学校が嫌になって退学した。明治9年頃のことである。

小学校をやめた後は、その前から好きであった植物を、家の裏手の産土神社のある山で採集したり観察したりしていたが、明治10年頃頼まれて小学校で教えることになった。それは2年ばかり続いた。その頃、「博物叢談」と言う雑誌を創刊し、手書きで小数部を作って配布した。この手書きの雑誌が牧野の最初に書いた論文になろう。このことは上村の伝記に書かれてある。

精密模写された日本地図(3)

牧野富太郎は自らを「草木の精」と言い、「遂《つい》にはわが愛人である草木と情死し心中を遂げる事になるのでしょう」と言うほど植物を愛しともに生きた。どうしてこんなにも植物が好きになったのであろうかと思ってしまうが、「生まれながらに草木が好きであった」と牧野はサラリと言う。格別の理由もなく何とはなしに、というのが牧野らしいとも思う。

子供の頃の植物にまつわる思い出が、晩年に著した植物随筆である「植物一家言」（北隆館、1956年）や「植物随筆　我が思ひ出（遺稿）」（北隆館、1958年）に見いだせる。その一つが「我が思ひ出（遺稿）」の「寒蘭」と題した記事である。それによれば、子供の頃、よく山へ寒蘭を探しに行き、寒蘭の葉は縁がすべすべして、春蘭はそれががりがりとしているということを教えられた。そこで山へ行っては幾度も葉をこいで見るが、どれもざらざらしているもので、根気よく訪ね回るうちに寒蘭を見つけ出した。早速鉢に植えたところ冬に花が咲きよい香りを漂わせたということである。

「植物一家言」には「思ひ出の深い花の咲くヤバネカズラ」という記事がある。それによれば、明治8年頃、同郷の国枝義光が東京からはるばる送ってくれた種子袋に *Thunbergia alata* の学名が書かれてあった。この種子を裏庭に播《ま》いたところ、蔓《つる》が生長しやがて高盆状の橙黄色をした花が咲いた。花筒の口部が紫黒色で、花面の中央に一つの黒眼があるようである。これを写生し、後年ヤバネカズラと名付けた。アフリカ熱帯産の植物で、ヤハズカズラとも言う。伊藤圭介（後述）の「泰西本草名疏」の口絵には、江戸時代来日して日本の植物を研究したツュンベルクの肖像画が載るが、その傍らに描かれた植物は、彼に献呈された属名を持つこの植物であるということである。

このように寒蘭を探しに山へ行き春蘭との見分け方を実地で会得したり、珍しい種子を入手して庭に播き観察や写生を行ったり、子供の頃すでに牧野は植物と真剣に向き合っていたことが分かる。

ヤバネカズラの思い出の中には、国枝が「西画指南」という本を恵んでくれたとも書かれる。この本は明治4（1871）年に出版された西洋画の入門書で、上等小学の教科書に指定された。内容として、直線や曲線および植物の輪郭の描き方、植物や建物などの陰影のつけ方が説明される。牧野は自叙伝などで、絵を習ったかどうか、あるいはいかにして植物の描画を習得したかということについてまったくと言っていいほど語っていない。こうした本が、牧野が植物の描き方の基礎を学ぶ手本となったと想像される。

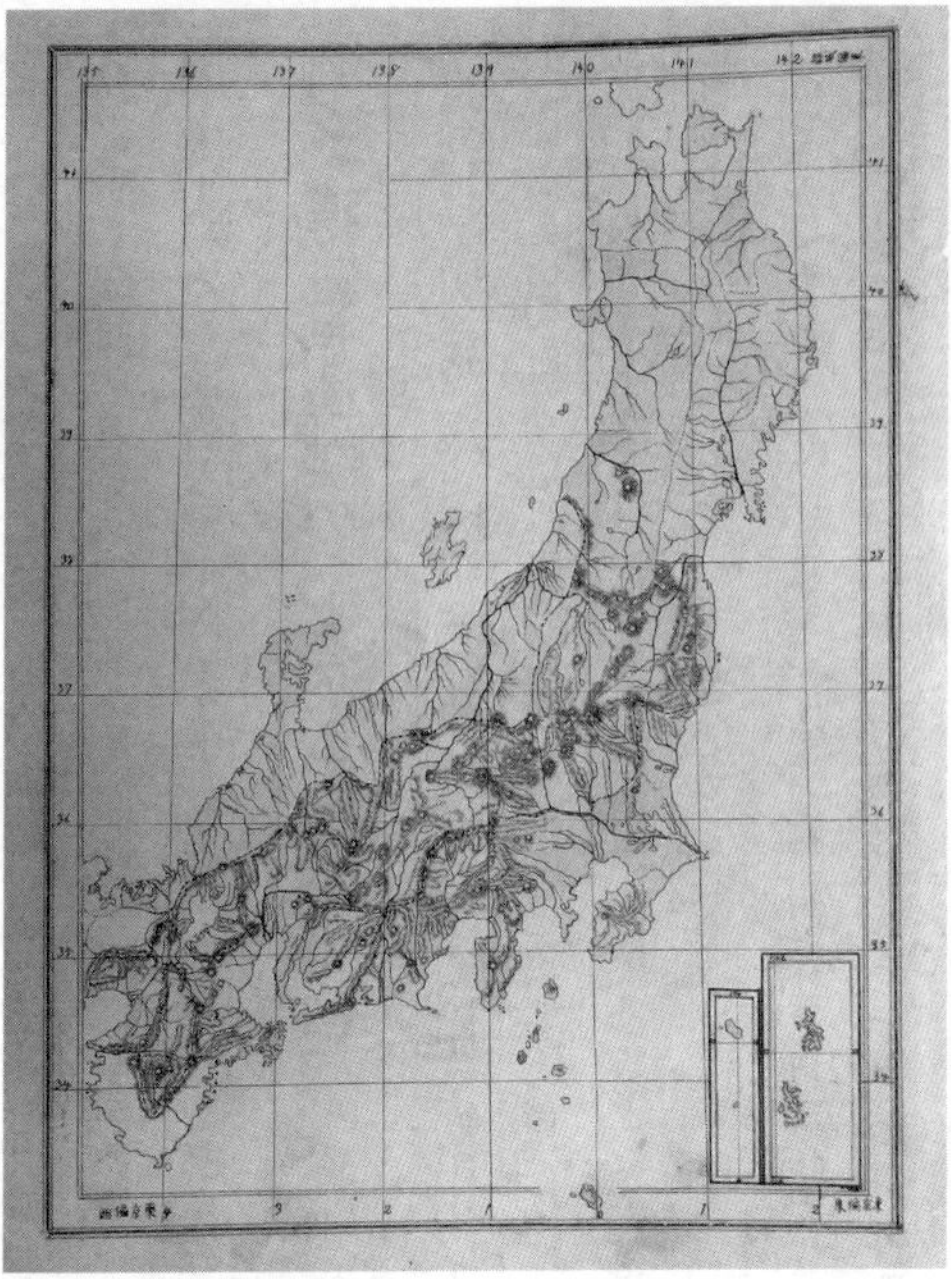

牧野が10代の頃に模写したとみられる精密な日本地図（個人蔵）

また、牧野は前回述べたように、地理書に興味をもち地図の作成を試みたことを自叙伝で言及している。記念庭園には、若い頃に写したと見られる地図が保管される。そうした地図を見ると、とにかく細かい。まるで印刷された地図かと見まごうものもある。境界線も地形の概要を表わすケバも細いラインで示される。その上、書き込まれる地名の文字の小さいこと。細いきれいなラインを引いて細かで丁寧な書き込みをすること、これらは植物図を描く技と共通する。こうした地図の模写や製作が、牧野式と言われる後年の詳細で緻密な植物画を生み出すための技巧の習得に役立ったのではないであろうか。

得難き博学の士との出会い(4)

牧野は、明治12（1879）年頃に教えていた佐川小学校を退職して、高知市に出た。このときの決意について「自叙伝」に「学問をするにはどうも田舎に居てはいかん、先に進んで出ねばいかんと考え、小学校を辞し高知へ出かけた。その頃東京へでることなどは全く考えなかった。東京へ行くことなどは外国へ行くようなものだった」とある。

高知では五松学舎という塾に入った。弘田正郎という人が経営していて、講義は漢学が中心であった。牧野はやはり植物・地理・天文に興味があってそれらの本を勉強していたので、講義はあまり聴きに行かなかった。数カ月高知市にいるうちにコレラが流行したため、ほうほうの体で佐川に戻った。「自叙伝」にはその時の面白い話として、石炭酸をインク壺《つぼ》に入れそれを鼻の穴になすりつけてコレラの予防としたが、鼻がヒリヒリ滲《し》みたということが記される。明治12年に日本でコレラが大流行した時に、平尾賛平が石炭酸に他物を加味調合してこれを紫の絹袋に納めて「コレラ病よけ匂ひ袋」と名付けた予防剤を発売したところよく売れて、まがい物も作られたということが記録にある。牧野のインク壺はこれと関係があるのであろうか。

牧野富太郎（中央）と終生親交のあった永沼小一郎（右）（「植物研究雑誌」第１巻第７号より）

五松学舎時代に牧野はよく詩吟をしたと「自叙伝」にある。当時の書生は詩吟をやり、剣舞をやり、なかなか勢いがよかった、自分も世の書生と同じく、その頃詩吟などをやって威勢がよかったと言う。

この高知市滞在中に、牧野に大きなインパクトを与え、かつ終生変わらぬ親交を持ち続けた人物との出会いがあった。その人物は永沼小一郎である。永沼について牧野はどのように語っているか。以下に、「植物研究雑誌」に連載された永沼の論考「植物古名考」第1回（同誌第1巻第7号、１９１７年所収）の冒頭に載る牧野の記述から抜粋して紹介したい。

永沼は丹後の舞鶴の出身で兵庫県立病院附属医学校から高知に転任して、高知県立師範学校、中学校の教師となった人物である。高知に来任したのが明治12年のことで、永沼と知り合ってから牧野は長らく教えを受けた。ある日は永沼の宅で朝より夜の一時ごろまで学問上有益なもろもろの話を承ることもあり、永沼は懇ろに繰り返し話を聴かせて倦むことなく、非常に親切であった。牧野の植物学の知識は永沼より啓発されたことが少なくなく、中でも植物分類の基礎知識を得たのは永沼のおかげであった。永沼の訳した「植物分科書」や編集した植物学の用語辞典などの写しを今も「秘蔵」しているという。牧野は、永沼のことを「実に得難き博学の士で、百科の学に通暁し居らるるが、其《そ》れが亦《また》通り一遍の智識でなく悉《ことごと》く皆深邃《しんすい》である、其れ故文部省の教員免許状でも七八科程も持って居らるる」（カタカナをひらがなに改め、読点を適宜補った）と記し敬意を表している。また、高知で永沼の薫陶を受けた学生は多くいて、高知でその名を知らぬものはほとんどいないだろうと述べた。

「自叙伝」にも永沼についての記述がある。それによれば、永沼は英語ができ、植物を含めた科学に詳しく、英語で書かれた植物学の本を翻訳したということである。それは、ベントレーやバルボアーの植物学の本であって、牧野は見せてもらったという。また、自叙伝には、上記の「植物研究雑誌」には見られない記述もある。すなわち「永沼先生が植物学のことをよく知っていたが、実際の事は余りよく知らなかったので、私に書物の知識を授け、私は永沼先生に実際のことを教えるという具合に互いに啓発しあった」と述べる。同誌の記述とややニュアンスが違うようにも感じられるが、これが実際であったのであろう。

植物写生の達人・関根雲停に感嘆(5)

高知市滞在は短かったが、牧野に影響を少なからず与えた出来事が他にもあったと推測される。それは、「大日本植物志」（第1集第4巻、1911年）に収載されるホテイランの解説文に登場する関根雲停（1804~77年）に関することである。牧野はその解説で雲停を「植物写生の達人にして前を空くして其《その》技同人に及ぶものあるを見ず、其軽妙にして神に入るの筆、覧《み》る者をして真に感歎措《お》く能《あた》はらざらしむ、彼の英国の有名なるW.H.Fitch氏に匹敵し、実に植物写生界東西の双璧と称すべし」（カタカナをひらがなに改めた）と評して絶賛している。

雲停は、江戸時代の後半に動物や植物を写生した絵師として活躍した人物で、富山藩主・前田利保（1800～59年）に重んじられたことが知られている。その絵は、花鳥画のように多種の動植物を組み合わせて配置したものではなく、図鑑のように対象物を1点ずつ描画したものであった。ゆらめき、ぐんぐん伸びていく、そのような動きのある植物の様をリアルに写生した絵がユニークで、定評がある。雲停の絵を見ていると、まさにそこに植物が生息しているような錯覚にとらわれると言っても言い過ぎではなかろう。

一方、上記の牧野の文章に登場するフィッチ（1817～92年）はイギリスの植物画家である。彼は「カーティス・ボタニカル・マガジン」の主要な描き手として活躍し、19世紀を代表する植物図譜に名を残した。2人が東西の双璧をなすとまで言い切るのは、それほど牧野を感嘆させたのである。一見すると牧野が描いた科学的に精緻を極めた植物図と雲停の植物は質が異なると思われるが、牧野の描く植物の輪郭線はのびやかで生き生きとしたもので、描かれた植物は生気を

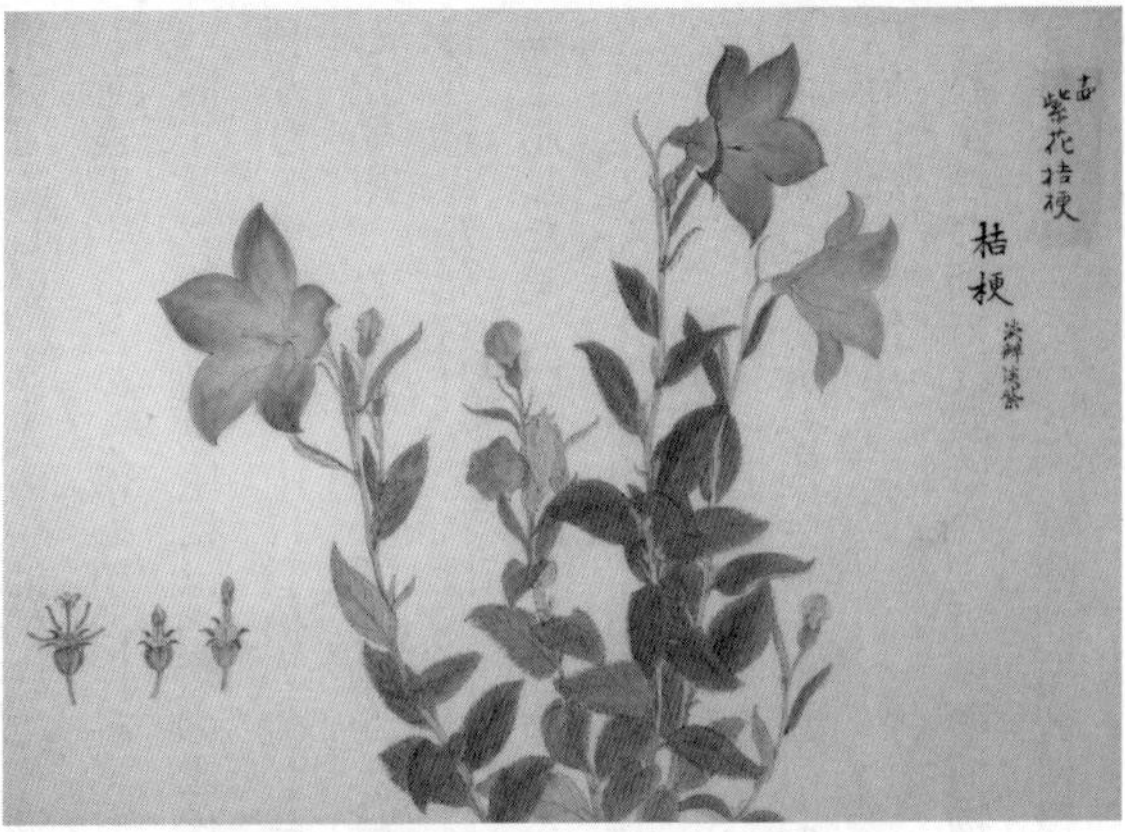

桔梗（模写）　関根雲停筆（個人蔵）

帯びて美しい。２人の絵は根底に相通じるものがあると考えられる。牧野は雲停の絵を見て、植物の生命力を表現するという絵の精神性を感得したのかもしれない。

高知県立牧野植物園には多数の雲停の植物画が所蔵され、練馬区立牧野記念庭園では牧野一涍氏からお預かりしている資料中に雲停の絵が含まれる。これらは牧野の旧蔵品である。雲停の植物画を詳細に調査した結果、為本賓三《ほうぞう》という人物から譲られたことが判明し、植物園所蔵のうちラン科の植物には、学名の書き込みが見られ、それは明治15年に牧野が書いたという断り書きも見出された。また、牧野は、利保が編さんした美しい多色刷りの図譜「本草通串証図」を知人が富山で買って来て植物の研究に役立つようにと譲ってくれた思い出を、「植物研究雑誌」の牧野先生米寿祝賀記念号（第24巻１～12号、１９４９年）で語っているので、その知人が為本であり、その図譜といっしょに雲停の植物画や利保の他の著書も譲られたと考えられる。２人が出会ったのが、おそらく牧野が高知市にいた明治12、13年ごろ、為本が住んでいた市内ではなかったか。

わずかな例ではあるが、雲停の植物画をきっかけにして、牧野が新種を見つけ出したり、記載発表したりしたこともあった。雲停が研究に役立つこともあったのである。そのことについては今後触れる機会もあると思う。

親の干渉なく、自由自在に（6）

前回まで見てきたように牧野はさまざまな本を読み、それらをよく吸収して自身の思考をしっかりしたものに築き上げていった。幼い頃に別れた両親の顔を覚えていないと言うが、悲しいとか寂しいとかという言葉では簡単に言い表せない感情があって、それが自分で考え自分で工夫し自分で判断する富太郎の人格を形づくることになったのだと思う。自叙伝に、「むずかしくいって私に干渉する人が無かったので、私は自由自在の思う通りに植物学を独習し続けて、遂に今日に及んでいるのです。もしも父が長く存命であったら、必然的に種々な点で干渉を受くるのみならず、きっと父の跡を継いで酒屋の店の帳場に座らされ、そこで老いたに違いなかったろう」とある。「わが意思のままに」生きてきたという牧野の生きざま。それを支えた、決してへこたれないで自分の決めた道を成し遂げようとする強固な意志こそ両親からの最大の贈り物ではなかったのでないだろうか。

さて、明治13（1880）年頃、と自叙伝にあるので、高知市から佐川に帰ってからのころであろう、牧野はある本を入手する。それは小野蘭山（1729〜1810年）という江戸時代を代表する本草学者の講義を整理・編集した『本草綱目啓蒙』である。よく遊びに行ったという医者の家にその写本があって、いろいろの植物が掲載されることから牧野は借りて写したが、写すのは手間がかかるし欠けている箇所もあるかもしれないので、購入することにした。そこで洋品屋に頼んで取り寄せてもらうことになり、間もなくこの本が来た。その時の様子を牧野はよく覚えていて次のように語る。牧野が裏山で遊んでいると、親友の堀見克礼が駆けつけてその本が届いたと知らせてくれたので、慌てて頼んだ店へ駆けつけた。それからというもの牧野はこの本によって植物の名前を知ることができ覚えていったという。具体的には、シラヤマギク・フタリシズカなどの名前が判明したことが自叙伝に記される。

「本草綱目啓蒙」についてここで言及しておく。「本草綱目」というのは中国・明朝の李時珍（1518〜93年）がつくった本草学の著書で、1596年に上梓された。この著書は出版されて早い段階で日本に輸入され、その後の本草学の発展を促すことになる。蘭山はこの本を基に自身の観察や知見を加えて講義を行い、孫の職孝がその内容をまとめ編集したものが「本草綱目啓蒙」である。内容は和名・漢名・日本各地の方言・産地・形状・利用などである。出版は享和3（1803）年から文化2（1805）年にかけてであり、後に再版され、さらに「重修本草綱目啓蒙」（1844年）、「重訂本草綱目啓蒙」（1847年）と版を重ねた。牧野が取り寄せたのは、「重訂本草綱目啓蒙」である。明治時代になっても、蘭山の書物は自然物の名称や特徴を知るための参考書として活用されていたのであった。

本が届いたというこのエピソードは、上村の伝記の「第1章少年時代」の冒頭にも登場する。その場面を読むと、牧野と堀見の2少年が、待ち望んでいた本の到着にいかに歓喜したかということがよく伝わり、その後のストーリー展開においてこのエピソードは印象に残る。上村は、この伝記を出版するより前に、牧野が創刊した雑誌「牧野植物混混録第12号」（1952年）の見返しに「山峡の春」と題してこのエピソードを脚本仕立てにして掲載した。それを読むと、「山峡の春」は、元は昭和23年5月1日の高知新聞社発行の「月刊高知」に載せたものであることが分かる。つまり上村はこのエピソードを3回掲載したことになり、それだけ上村にとって思い入れのある話であり、それは取りも直さず当時健在で上村に直接語ったであろう牧野博士の心に強く残る思い出であったにちがいない。

ただし、上村はこの出来事を明治6年春としている。自叙伝では明治13年の頃とあり、食い違っている。

この相違に関しては、次回に回そう。

植物の名前を知りたいのだ(7)

高知県立牧野植物園に「植学啓原　訳文」という写本がある。この写本について、牧野は自叙伝でこう語っている。親友の堀見克礼の父は医者であって、家に「植学啓原」という宇田川榕庵によるオランダの本の翻訳書があった。これは、西洋の植物学を解説したもので、リンネの分類や植物学の述語を習得できた。この本は漢文で書かれていたので、自分が和文に訳したとある。

堀見克礼（1867〜1932年）は、前回の「重訂本草綱目啓蒙」のエピソードで登場した人物である。同じ佐川の生まれで、牧野よりは年少である。大阪医学校を卒業して大阪医科大学教授となり、大阪市で堀見病院を開業した。後に神戸に滞在することが多くなった牧野は、大阪の堀見を訪ね、診療を受けたこともある。

宇田川榕庵（1798〜1846年）は津山藩医で著名な蘭学者である。著書の「植学啓原」（1834年）は分類大綱・植物の形態や生理現象などを扱った入門書で、「植学」は榕庵がつくりだした言葉で、今でいう植物学を意味する。植物園所蔵の写本には、克礼の父である堀見久庵の蔵本を写した旨が書き込まれ、それは明治11（1878）年初春のことであった。本草学と異なって、植物のつくりやそれに基づいた分類などを重視する西洋の視点は、少年富太郎の関心を大いに引きつけたであろうと想像される。

同じころの植物に関する思い出を、牧野は「園芸植物瑣談（其三十三）」（「実際園芸」第27巻第10号、

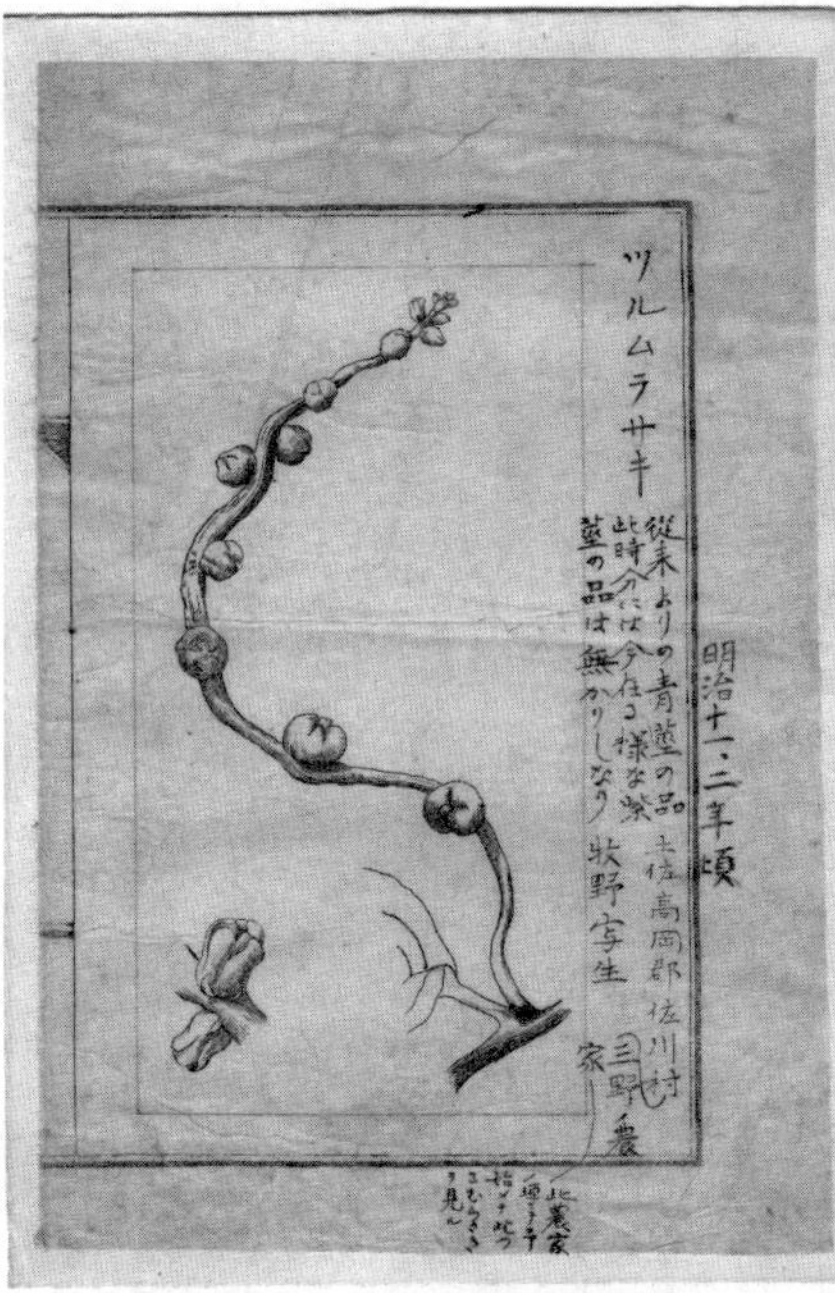

ツルムラサキ　牧野富太郎筆（個人蔵）

１９４１年所収）の中で「ツルムラサキと其両品」と題して述べている。それによれば、ツルムラサキについては古い思い出があって自分の懐かしい植物の一つであるという。すなわち明治11、12年頃佐川町の三野ツボクリのある農家の畑の垣に纏《まと》い付いていたのを珍しい草と思い枝を採って、その時分購入して間もない「本草綱目啓蒙」で探したところただちに見いだし、それが落葵つまりツルムラサキであると知り大いにうれしかったことを覚えているという話である。この記事には、その時写生したツルムラサキの果穂と花の図が掲載されるが、同図は練馬区立牧野記念庭園にある。

また、牧野は明治12年に「植学略解」という本を写した。この写本も高知県立牧野植物園にある。「植学略解」は文部省が明治7年に刊行した本で、著者は植物学者の伊藤謙（１８５１～７９年）。この本は、「植学初歩」という洋書を簡約したもので、植物学を勉強するための基礎的な内容である。

明治11、12年頃は小学校で教えていたころであり、上記の写本の存在から植物学の基礎の学習がなされていたと分かる。また、すでに家の裏山などで植物を観察していた牧野にとって実物の知識はあっても名前が分からない、なんとかして名前を知りたいという思いが強くなっていたのであろう。それが「重訂本草綱目啓蒙」の購入に至ったのではないかと思われ、今となっては何時とは断定できないがツルムラサキを見つける前には入手していたのであろう。そうして実物と本とを照り合わせながら植物の知識を積んでいったのである。

さて、佐川に戻った牧野は明治13年7月に伊予（愛媛県）の石鎚山に、同郷の黒岩恆《ひさし》（※1）（1858～1930年）と向かった。その途中、黒森付近で珍しい植物を発見した。後に牧野が名づけることになるオオナンバンギセルである。その時の写生図とそれを清書した図および採集記が残る。

ついに上京する(8)

明治14（1881）年、牧野は東京へ旅行することを思い立った。東京では、勧業博覧会が開催されていたので、その見物をして、いろいろな書籍と顕微鏡を買いたいという思いもあった。出発は4月。当時東京へ行くことは外国へ行くような感覚であったので、盛大な送別を受けて、佐川から高知へ出た。同行者は以前岸屋の番頭であった佐枝竹蔵の息子・佐枝熊吉と、会計係として頼んだ実直な人であった。高知からは船で神戸に向かった。初めて汽船に乗った。

※1　高知県内で教壇に立った後、沖縄へ移住して教えながら、沖縄の生物研究を行った。

話が東京行きからそれるが、海を生まれて初めて牧野が見たのは、上村の伝記によれば、明治2年7歳の時であった。祖母に連れられ高岡村に行き祖母の実家・川田家に滞在している時に、その村から南に行ったところにある新居村で海を見たのである。「その浜へ打ち寄せる浪《なみ》はかなり高く繰り返し繰り返しその浪頭が巻いて崩れ倒れる様を見て、私は浪が生きているもののように感じた」とは「自叙伝」に記された牧野の感想である。

さて、神戸から京都まで汽車に乗り、そこから大津・水口・鈴鹿峠を経て四日市まで歩き、今度は横浜まで汽船に乗った。それは外輪船であった。そして、横浜から汽車で東京にようやく到着した。旅中植物を観察・採集した。シラカシなど珍しく、アブラチャンの花付きの枝を採ったという。

神田の猿楽町に泊まることにして、当初の目的を果たしていった。そして、牧野にとってこれ以降影響を受けることになる人物との出会いがあった。その人物は、山下町にあった博物局（現在の帝国ホテルの辺り）に行き面会した田中芳男である。そこでは他に、小野職愨《もとよし》、小森頼信らに会った。

当時、自然物を対象とする調査研究・教育普及の公的機関は、同じような教育・研究機関である東京大学を除けば、農商務省に属する博物局（現東京国立博物館）であった。そこの中心人物が田中芳男（1838～1916年）。田中は、次に述べる伊藤圭介に師事して医術や本草学を学び、各地の有用な自然物を調査し農林水産業の発展に尽力し、博物館や上野動物園の設立に携わった人物である。この出会いから牧野は田中と親しい交わりを持つようになる。それは、高知県立牧野植物園が所蔵する田中が牧野に宛てて出した書簡の多さからも推察できる。また、田中の情報によって牧野が命名した植物がある。それは西日本に分布が限られる、シナノキ属の一種ヘラノキである。樹皮を剥いで縄を作る有用な樹木の一つであるので、田中は関心を持っていた。当時東京に1本あることを田中は伝え、それにより牧野はヘラノキを得て調べ、樹木学者の白沢保美《しらさわほみ》（1868〜1947年）とともに学名を付けたのであった。明治29年10月に発行された「植物学雑誌」の雑報にそのことが書かれてある。また、小野職愨（1838〜90年）は、あの「本草綱目啓蒙」の小野蘭山の子孫である。江戸時代は医学を学び、明治時代になって文部省博物局に勤務し、植物学の教科書の翻訳を行い、用語辞典を編さんした人物。牧野も東京に出て、蘭山の子孫に会うことができたのは実にうれしいことであったと思う。小森頼信も博物局員の一人で、当時の植物関係の出版物に名を残し、写本などは国立国会図書館に所蔵される。

この上京の時に牧野が出会った人物として、当時の植物学において重鎮的な存在であった伊藤圭介（1803〜1901年）を落してはならない。圭介の日記に、明治14年5月2日、「土佐ノ一書生尋ネ来ル、物産好キ之由、日光へ翌日行クト云」という記述がある。そしてその後に「揮毫控《きごう》　群芳軒」と書かれる。その後同月13日に「土佐ノ牧野来」とあり、土産に「金米糖」を持参したと記録される。「土佐ノ一書生」は牧野のことである。「物産好キ」というのは、おそらく自然物に対する関心が高いことを指した表現であると思われる。「揮毫」の語句からは、牧野が圭介に、群芳軒という、その頃牧野が自分の写本に署名していた号を書いてほしいと頼んだことが分かる。圭介が揮毫した額は練馬区立牧野記念庭園に現存する。それには「繇條書屋《ようじょうしょおく》」、「紀元二千五百四十二年齢八十翁錦窠伊藤圭介書」とある。揮毫の年は明治15年で、圭介の日記には同年11月20日に「土佐へ遣ス、揮毫」と記される。「繇條書屋」も牧野の号の一つで、

「繇條書屋」の額（個人蔵）

草木が繁茂する様を表した言葉である。同園では牧野が晩年に使用していた書斎と書庫の一部が当時のままに保存され公開されている。「繇條書屋」の額は、２０１０年にリニューアルオープンする以前はそこに掲げられていたが、現在は保護のため収蔵庫に収めてある。同園にこの額があるということは、牧野が圭介と出会って以降70年以上もの間、度重なる引っ越しの度にこの額を持って移動し、東京の大泉に終《つい》の棲家《すみか》を定めてもなお持ち続けたということである。牧野が依頼した言葉と実際の額の文字が相違する経緯は今のところはっきりしないが、牧野が圭介を初めて訪ねていろいろ話をした中で揮毫を頼んだのである。また、この訪問をきっかけにして翌15年富太郎は圭介に、植物に関する質問状を送ることになる。

さて、伊藤圭介は尾張の出身で、町医として開業した後、蘭学・本草学を学んだ。長崎でシーボルトに師事し、彼より贈られたツュンベリの「日本植物志」を翻訳し、それに所収される植物の学名と、対応する和名・漢名を列記した「泰西本草名疏」（１８２９年）を出版した。この書の付録はリンネの分類体系、二命名法や二十四綱分類を紹介したもので、雄蕊・雌蕊などの語もこの時に作った。幕末には蕃書調所に、明治時代になって文部省に出仕し、後に小石川植物園で植物調査の任につき東京大学教授になった。日本で最初の理学博士。牧野が勉強した「植学略解」の著者・伊藤謙は圭介の息子である。牧野は小学校を退学してそれ以降学校に入ることはなく、植物を独学することになる。分からない場合は人に教えてもらうこともあったであろうが、自分でできることは工夫して努力を重ねていく。「結網」たる所以《ゆえん》であろう。これが牧野のあり様であった。その一方で、牧野が植物を勉強しようとしたとき、取り組むことができるような時代になりつつあったということは見落とされがちである。江戸時代に本草学が発展し、中国の観点に立ちつつ日本の自然界を見る眼差しが育まれていった。そして、植物図鑑の先駆けと言われる岩崎灌園の「本草図譜」や飯沼慾斎の「草木図説」が上梓された。また、西洋の知識や観点に基づく新しい植物学の導入がなされ、明治時代に引き継がれ伊藤親子、博物局の田中や小野らによって整えられていく。やがては学制が発せられ大学が設置される。こうした背景があって、生まれるべくして牧野が登場し、日本の植物相を明らかにしたいという大目標に挑んでいくことになるのである。

花ではサクラが一番好き(9)

前回、牧野が上京した際に博物局を訪ねたことを書いたが、初めて東京に来て博物局の中心的人物である田中芳男に会うことができたのはなぜであろうか。紹介がなくても面会は容易であったのであろうか。これに関連する出来事として、牧野が見学した第2回内国勧業博覧会に郷里佐川からワカキノサクラが出品されたことが挙げられる。出品者は堀見熙助《てるすけ》（１８５８〜１９２３年）。先に登場した堀見克礼の従兄弟《いとこ》である。熙助は、博覧会開催の前年明治13年に高岡郡勧業周旋係に任命され、翌年この博覧会のた

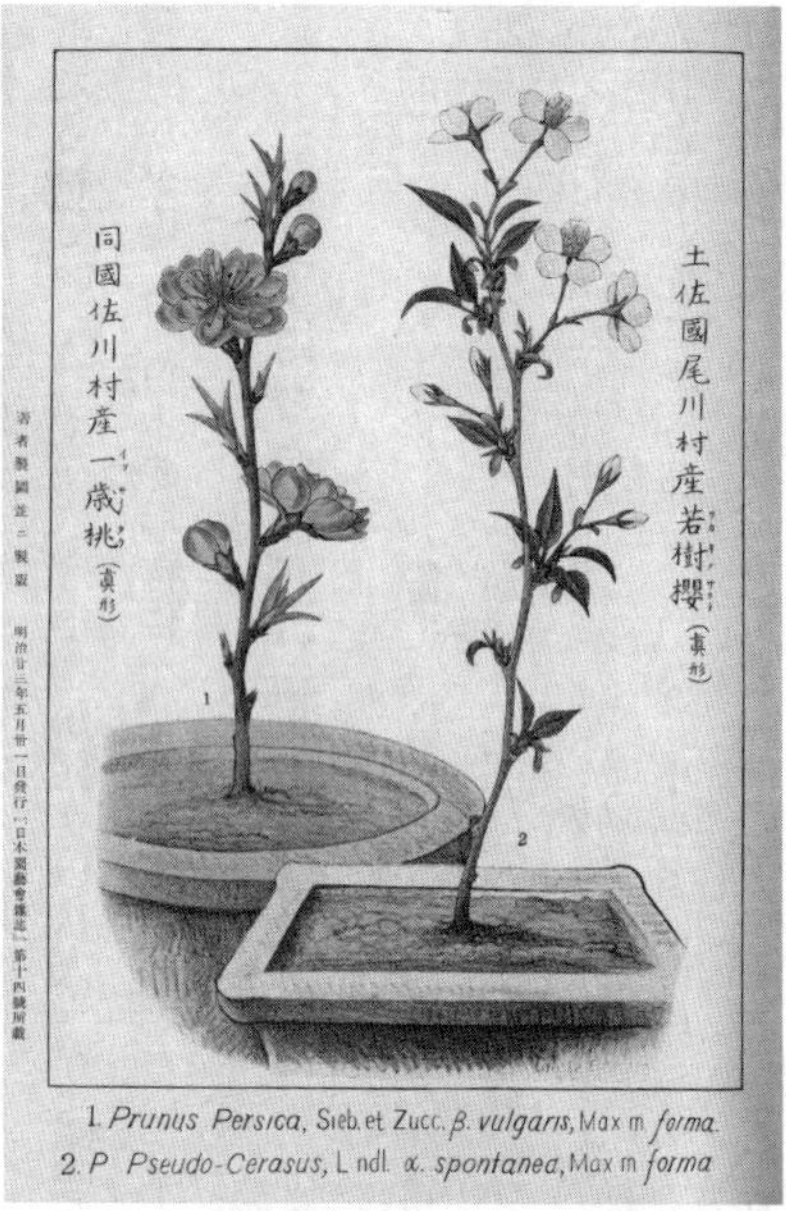

ワカキノサクラ「牧野植物学全集３　植物集説上」口絵より

めに上京した。そしてワカキノサクラは園芸部門において、一緒に出品したイッサイトウ（一歳桃）とともに褒状を授与された。ワカキノサクラの出品には牧野も携わっていて、堀見が伝手《つて》を頼って田中との面会が実現するように取り次いだと想像するが、確証はない。

牧野は終生ワカキノサクラと深い関わりがあった。大正6（1917）年に「霧生関」第30号（麗澤舎刊）に掲載した「佐川附近の注意すべき植物」において、その一つとしてワカキノサクラを取り上げた。それによれば、元は佐川の隣の尾川村から出たもので今は近傍に広まり、桜色をした一重の花が上品で、名の由来は種子を播いて2年目から花を開くことによるとある。熙助が博覧会の後「日本園芸会雑誌」（14号、１８９０年）にこのサクラに関する記事を寄稿した時、その文に添えた図は、牧野が修正し石版にしたということも記される。この図が「牧野植物学全集３　植物集説（上）」（誠文堂新光社、１９３５年）に口絵として再録された。やはり思い出のサクラであったということが推察される。また、このサクラに最初に学名を付与し専門雑誌に発表したのが明治25（１８９２）年で、牧野はその後何度か学名を変更した。さらに晩年の読売新聞のインタビュー記事では、庭にあるワカキノサクラは昭和10年ごろ牧野が故郷より取り寄せ、望郷の思いを込めて苗植えしたもので、当時は都内ではここだけという珍しいものであったと説明される。牧野は「花ではサクラが一番好き。サクラの名所がアメリカなどにとられそうで心配している。宅には5種くらいのサクラがあるが若木のサクラがもっとも懐しい」と答えたのである。

さて、上京の続きである。伊藤圭介に告げた通り、牧野は日光へ向かった。日光ではヒメニラと思われるものを見た。そして東京に引き返してすぐ郷里に帰ることになった。帰路は東海道を進んだ。途中、伊吹山へ登り、いろいろの植物を採集した。琵琶湖を汽船で渡り、大津から京都に向い、無事に佐川へ帰った。6月になっていた。

帰路では伊吹山の採集に成果があったようである。その中で、イブキスミレの思い出を牧野は後年語っている。それは、明治17年に再度上京したとき東京大学の松村任三（１８５６～１９２８年）に見せたところ、大学の標本になく珍しいもので、海外の文献を調べて *Viola Mirabilis* であると分かり、和名がないためイブキスミレという名を付けたということである。

◇

以上、第1部では、牧野富太郎の生誕から20歳を迎えるころまでをたどってみた。植物が好き、その学問を修めたいと思うが、まだ明確な形をとる手前にいた牧野であったが、やはり初上京して視野が確実に広がった。次回は、高知での採集調査や2度目の上京により、植物の研究にのめり込んでいく牧野を描きたい。人と人とのつながりもより大事になっていくのである。

幡多地域へ植物採集旅行⑽

佐川へ戻った牧野は、高知県で植物採集を本格的に行うことを決め、明治14（1881）年8月に横倉山で採集した。翌9月には同県西南部に当たる幡多郡へ採集旅行に出掛けた。出発が同月9日、家に帰り着いたのは10月3日で、約1カ月の採集調査であった。

牧野は、この採集旅行に関する詳細な記録を残した。行程を記した「幡郡紀行」、日程ごとに観察・採集した場所と植物名などを列記した「幡多郡採集草木図解説」、植物の図を収めた「土佐幡多郡采収草木図帖」である。紀行は、漢語調の耳慣れない言葉が並ぶ重々しい文章である。解説は、植物名が並べられた一覧表に近いもので、そこに生の植物を採集したか、押し葉を作ったか、図があるかどうかなどの情報が書き込まれる。牧野が生涯強い関心を持つことになる方言の記入も見られる。また、海岸線などの簡単な地形図を描いてそこに地名や植物名を書き込んだものがあり、どこで何を採集したか、その場所の様子を図で示すという工夫が見られる。この解説編に対して、三つ目の図帖が図編である。旅行中に観察したハマセンダンやリンボクなどの

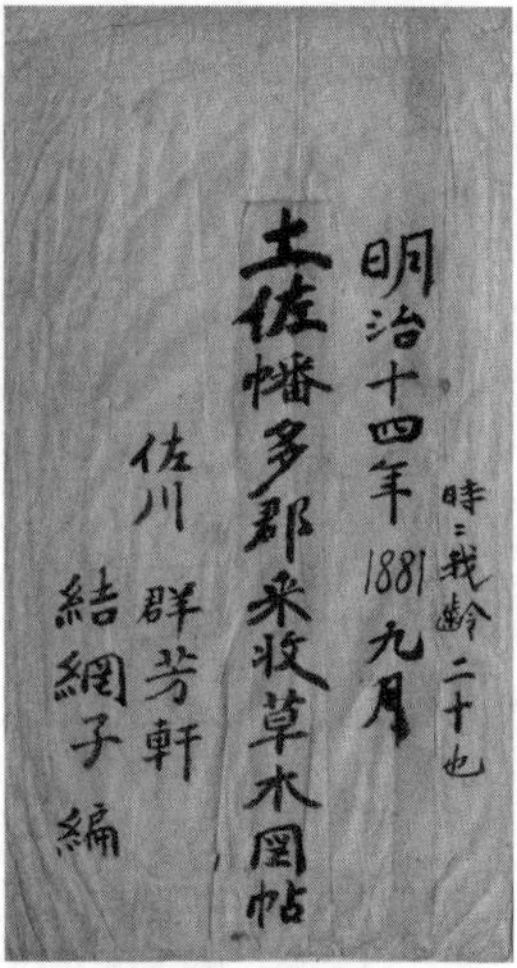

「土佐幡多郡采収草木図帖」表紙　牧野富太郎筆（個人蔵）

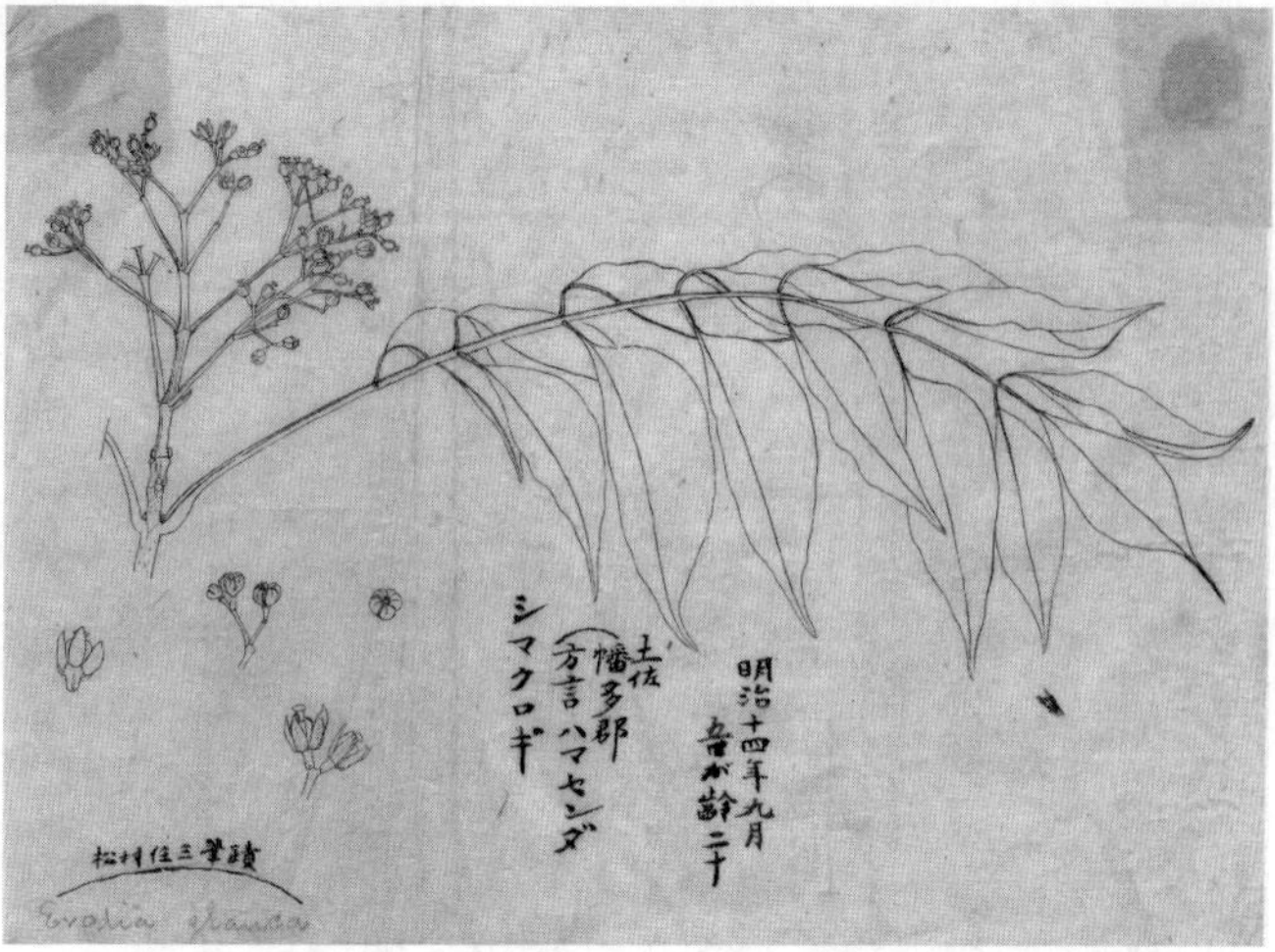

「土佐幡多郡采収草木図帖」のシマクロギ　牧野富太郎筆（個人蔵）

植物が墨で描かれ、江戸時代の本草書に見られるように陰影を施さないものである。それらの姿はたおやかで初々しさが感じられる。後に見られるような詳細な部分図は伴わないが、輪郭線で植物の形状を丁寧に示している辺りは牧野の描画力を示すものである。

旅行には地図を欠かすことができないが、牧野は幡多郡の地図を、7回目の記事で登場した黒岩恒《ひさし》より入手した。その地図の写しが、新聞などからの抜き書きをまとめた牧野の「結網漫録」に見出せる。そこには、「明治14年9月中旬采草ノタメ幡多郡巡遊ノトキ黒岩氏左ノ図ヲ道シルベトシテ送ラレタリ、他日参考ノタメ左ニ記載ス」とある。牧野が写した地図には、地形や道路に加えて地名や宿屋などの情報が記入される。また、練馬区立牧野記念庭園には「高知県幡多郡地図」という手書きの地図が収蔵される。これは、明治22（1889）年8月に牧野が幡多郡での採集旅行をした時に、中村で写した地図である。それには、旅行のコースが赤で示される。牧野は、明治14年の採集旅行を皮切りに、明治18年、そして明治22年と3回、幡多郡で採集旅行を行った。「高知県幡多郡地図」は3回目の時のものである。

1回目の幡多郡への採集旅行に出掛けるにあたり、採集のための準備も怠りなくしたであろうが、旅行のルートなども抜かりなく用意した様子が「結網漫録」の地図から推察される。明治13年に黒岩と出掛けた石鎚山行（7回目記事）よりも、準備万端であったと思われる。石鎚山では、雨に見舞われ天候に恵まれなかったことが不運であったが、牧野も晩年に回顧するように、石鎚山の参詣人が登山して踏んだ山道がまだ残っていたので、経験ない自分と黒岩の2人が深山にあって道に迷わずに済んだというありさまであった。雨天のせいか参詣人に出会うこともなかったという。雨でずぶ濡れになり空腹を抱えてのまさしく難行であったので、黒森付近で見つけたオオナンバンギセルは忘れられない植物となったのであろうと思うが、幡多郡の旅はずっとスマートさを感じさせる。

幡多郡における採集で得た植物の知識は、その後に牧野が発表することになる雑誌の論考や著書に活用されていく。しかし、その前に植物名を明らかにするため、上京の時に会った伊藤圭介や小野職愨《もとよし》に質問状を送らねばならなかった。一例を挙げると、幡多郡で観察した野牡丹科の一草について、和名と学名を教えてもらうべく牧野は圭介に質問状を出した。このことは、牧野の質問状とそこに朱字で書き込んだ答え（の控え）が、圭介の資料「植物図説雑纂」（国立国会図書館蔵）に残っていることから判明した。答えは、野牡丹科ではなく柳葉菜科という科名、ヤナギランという和名、*Epilobium species* とする学名であった。この返答を不服とした牧野から、野牡丹科であるからもう一度調べてほしいと頼まれたので再考したという経緯が用紙の欄外に書き込まれてある。その結果一新種であり、学名は *Osbechia Sellata* か、ということになった。これは、当時圭介について植物学の勉強に励んでいた孫の篤太郎が洋書を調べてようやく明らかにしたことで、当時まだ駆け出しの牧野と篤太郎が将来の植物学界を担うべくそれぞれの環境の中で努力していた姿を想像させる貴重な一こまである。牧野が質問状と一緒に送った植物図も残されていて、その図は細かい部分までもが詳細に描かれたものである。

勉学の心得を定めた15カ条⑾

牧野は明治14、15（1881、82）年頃、つまり20歳頃に、15カ条からなる勉学の心得を定めた。題して「赭鞭一撻《しゃべんいったつ》」である。赭鞭とは、赤い鞭《むち》のことで、古代中国の三皇の一人神農が赤い鞭で百草を打って、その汁をなめて味や薬効を確かめたという。日本では、その故事に基いて本草家のことを赭鞭家と呼び、富山藩主・前田利保（1800〜59年）を中心とする本草学に関心のある人々が集う同好会（研究会）を赭鞭会と言った。牧野は中国の故事と日本での呼称を踏まえて、かつ鞭を持って励ます意味合いを加味して、自分が植物を研究していく実践の目標に「赭鞭一撻」とネーミングしたと思われる。どのような項目からなるのか、その内容を見ておきたい。

まずは、何事においても忍耐と精密が肝要であり、植物でも読書でも学問でも広く学ばなければならないとする。これらに加えて洋書の講読も1項目を立てて掲げる。これらの目標は植物学に限らずどの学問を習得する場合にも当てはまるものであり、何かをやろうとする場合にも必須であるが、実行はなかなか難しい。

続いて、植物学における具体的な実践目標が示される。すなわち、文章だけでは言い尽くせないことがあっても図を作ることによって分かりやすくなることから、正確に描く方法を学び、自分で描いた図とよく考えた文章によって植物の特徴を明確に把握できるようになること、研究において必要なものをそろえるためにはお金を惜しんではならないこと、たとえ険しいところを登ろうとも海や川を渡ろうとも深い森に入ろうとも臆せずどのようなところであっても出かけ、新種を発見し地域の産物を知り、植物の持つ特徴や生育地を学ぶこと、遠隔の地に生える植物や珍しい植物、観賞用の植物などは栽培し観察して得るところがあるので植物園を持つ必要があること、といずれもハードルが高い内容が挙げられている。

しかしである。たとえば植物図一つをとっても、牧野は果敢に実践していったのである。すなわち自ら筆を持って少しでも詳しく細かく植物の各器官を図示しようと努力した。そうでなければ、今なお高く評価される「大日本植物志」などに収載される植物図は生み出されることはなかったであろう。また、「跋《ばっ》渉《しょう》ノ労」をいとわず全国いろいろな地域へ出かけ採集し押し葉標本を作ったからこそ、収蔵する40万点とも言われる、むしろ正確な数が分からないほど莫大な標本が現在も東京都立大学牧野標本館にある。そしてこの採集活動を通して実にさまざまな植物と出合い、ある時は名付け親になって、「何よりも貴とき宝を持つ身には富も誉れも願わざりけり」と歌にあるように宝物以上に大切な植物との交わりを牧野は満喫したのであった。

さらに、研究する上で牧野は人との交流を重視し、交流によって得ることが大きいと考えた。すなわち、

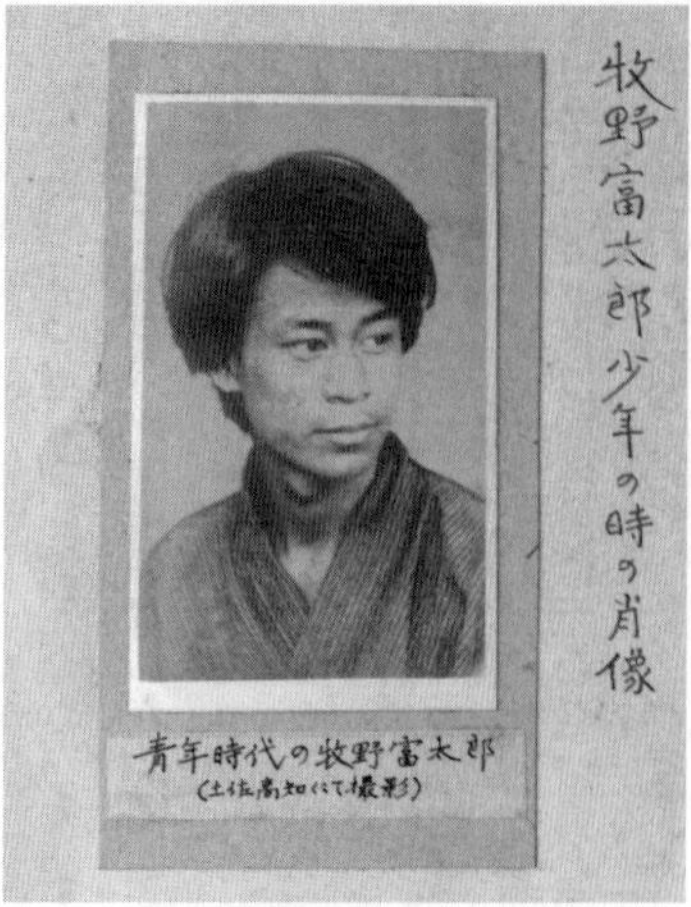

若き日の牧野富太郎（個人蔵）

書籍に限らず疑問があれば先生について疑問を解決すること、志を同じくする者と互いの知識を交換するなど交友を結ぶこと、研究者に限らず職業・年齢・性別に関係なく誰であってもその人が言うところの植物の名称や効能などは書き留めることが大切であるとした。

　誰の言であっても耳を傾けるという内容の項目は「邇《じ》言《げん》ヲ察スルヲ要ス」という言葉で表現されたもので、「邇言」とは身近な分かりやすい言葉を意味する。この「邇言」を重んじる姿勢は、子供の頃の思い出と強く結び付いていると考えられる。牧野は、採集した水草を家の鉢に浮かしておいて、その名前を知りたいと思っていたところ家のお手伝いさんから「びるむしろ」という名前を教えてもらい、初めてその名を知った。その時、持っていた本に掲載の眼子菜《ひるむしろ》がそれであることが分かったという。「ヒルムシロの先生はこのお手伝いさんで私はそれを習った生徒であったのだ」と、「土佐の植物に就て旧い思い出」という記事（「土佐の博物5号」、1937年所収）に牧野は書いている。

　また、牧野は昭和15（1940）年、「土佐の博物8号」に「博物邇言集」を載せた。これは、前置きによれば、明治14年から同17年にかけて「何くれとなく記した手扣《てびか》へ様のもの」があって土佐の博物の研究に役立つようにと思って載せることにしたとある。そして、高知県立牧野植物園には「博物邇言集」と題された和綴《と》じ本があって、題の下には「貴重な資料」と牧野による後年の書き込みも見られる。この写本は、雑誌に寄稿した「博物邇言集」の原資料である。牧野はこのようにさまざまな人々の使う名称や知っている自然界に関する情報を書き留めることを、「赭鞭一撻」をまとめた頃から実行していたと分かる。この他に牧野は、方言も重視して、前回取り上げた幡多郡への採集旅行に始まり、機会があるごとに方言をノートに記録し研究に役立てていたのである。

本を家とせず、友にすべし⑿

「赭鞭《しゃべん》一撻《いったつ》」はどれをとっても牧野らしい内容にあふれているが、やはり最後の二つが牧野の開明的な思考をよく示していて、出色であろう。一つは「書ヲ家トセズシテ友トスベシ」である。書物を読まなければ何も分からないが、読んだからと言って書かれたことをすべて信じて疑わないのでは何も後世にプラスとなることがない。それは本を家として安住してしまっていることである。そうではなくて書かれていることについて繰り返し深く調べ明らかにしていくことが必要で、正しいことはさらに著わし誤りは退けて、初めて書物を友として後世に役立つことができる。こう牧野は述べた。

もう一つは「造物主アルヲ信ズル毋《なか》レ」である。造物主を信ずることにより、隠れた真理をただ不可思議な、神のなすことととして疑問に思わないと、心をふさいでしまって物事の働きを把握できないままでいる。それは、自分が理解に至らないことを、神の奥義といって言い訳にして隠しているからである。このように牧野は盲従することの弊害を指摘する。

「霧生関　第25号」（1911年）に掲載の「佐川と学術との関係、附現代植物学界に対する意見」の中で、明治前期のことであろう、佐川で行われたキリスト教の布教について、「最も私はあんな物が大嫌いの方であるから、勢い此方から攻撃もし論難もしたのであるが、宗教が科学の世界を侵す事は出来ないで反って余程佐川ではその伝導が妨げられた様な次第であった」と述べている。また、自叙伝にある「私の健康法」の中の「信仰」という項目において、「信仰は自然その者がすなわち私の信仰で別に何物もありません。自然は確かに因果応報の真理を含み、これこそ信仰の正しい標的だと深く信じています。恒に自然に対していれば私の心は決して飢える事はありません」と書いている。絶えず自然の中にあってその恩恵を感じ、自然が花の姿となっておのずと現れる、そこに牧野の信仰があったと思う。

さて、牧野は、「赭鞭一撻」を「余ガ年少時代ニ抱懐セシ意見」というタイトルで「植物研究雑誌」（第1巻第6号）と自叙伝に載せている。前者は大正6（1917）年、55歳の時に、後者はその内容から昭和22（1947）年ごろ、85歳の時にそれぞれ書かれたものである。前者では「我ガ頭ニ多少白髪ガ駁《ま》ジル様ニナッタ」とあり、後者は「今は全くの白頭になった」とあるので、年月の隔たりを感じさせる。しかしながら、自叙伝に書かれた「なんぼも実績が挙がっていないのに一驚を喫する」「その間何一つでかした事もないので、この年少時代に書いた満々たる希望に対して転《うた》た忸怩《じくじ》たらざるを得ない」といった牧野の所感は前者にもほぼ同様な記述が見られる。前者では、近頃偶然箱の底から見つけたと書き出しにあるが、「赭鞭一撻」は牧野にとって絶えず心にあるもので、実行したいがなかなか果たすことの難しい目標であったように思われる。だからこそ、ほぼ50年という人生の半ばと言える頃と、太平洋戦争終結後の間もないおそらく再生の頃に牧野は取り上げたのではないだろうか。

最後に、これだけのボリューム感のある目標を20歳ぐらいの年齢で打ち立てられたことは手放しで素晴らしいと感じる。研究のために何をすべきかということを一つ一つ具体的に打ち立てることができたこと、それらをほぼ実践して進んでいったことは、やはり意志の強さと先を見通す力が若い時にしっかり備わっていたということである。

学問の自由を求めた政治活動(13)

話を進めよう。当時、土佐出身の板垣退助が指導する自由民権運動が広がりを見せる中、明治14（1881）年、自由党が創設され、「自由は土佐の山間から出る」と言われるほど土佐では自由党が盛んとなった。当然、牧野も自由党員であった。牧野も政治に関する書物を読み、人間は自由・平等であるべきだという考えに共感していた。自由党の懇親会に参加していたことは、「土陽新聞」（明治16年9月）の記事からも分かる。これより後のことであろう、やがて自由党を脱退することを決めた。どうもわいわい言って騒いでいるだけで、国家のためなら政治家に限ったことではなく、学問をやっても国家のためになろうと考えたからである。そして、やめる時に一芝居をうった。それは仁淀川の美しい河原で開かれた自由党懇親会に出席した時である。席半ばにして、特別に作らせた、魑魅魍魎《ちみもうりょう》のいるところへ太陽が昇る図柄の旗を押し立て、世を風刺した新体詩を歌って会場を出た。その場にいた人たちはあっけにとられたという。

同じ頃、佐川町に「公正社」という結社があって牧野は参加していた。この結社は、勉学を志す若者の集まりで勧学の手段を講じ、具体的には、夜学や演説会を毎日のように行った。6、7回目の記事で登場した堀見克礼は東京から帰って体操を始め、こん棒などを振り回し、牧野もそれを求めて振り回していたという。また「公正社」とは別に、牧野が仲間と「格物雑誌」を作ったのもこの頃であろう。科学研究の急務を感じた者たちがその研究を発表する場を提供するものであった。

以上のことは、自叙伝および「佐川と学術との関係　附現代植物学界に対する意見」(「霧生関」第25号、1911年所収)に書かれたことである。また、牧野のあまり知られていない若い頃の社会的な活動を紹介した論考として、「牧野富太郎博士と佐川町」(「佐川史談　霧生関第37号、牧野富太郎博士特集号」2001年所収)がある。これは、佐川町で教鞭《きょうべん》を執り、牧野の志を継いで「土佐文化向上会」を戦後設立した水野進氏が未発表の資料をもとに書かれたものである。それを読むと、自由民権運動を唱えつつ学術の研究を進める会として「同盟会」が明治14年8月に出来て、明治15年6月に「同盟会」から名称が「公正社」に変わり、明治17年11月に、目的を単純に学術会とすることから名称を「佐川学術会」に変更し、翌18年7月に解散したことが分かる。本論考は、結社の規約・願書・会計簿などの記録類から抜粋して原文を載せたものであるが、中に社長の代理として副社長である牧野が佐川警察署に出頭した時の問答を書いた記録がある。警察側の、学術を研究する結社に政治や宗教が関わっているのではないかという尋問に対して、「公正社」は一つの学問を専修することを目的とするのではなく社会を改良することを目指すものであり、そのために学術を研究するのであるから、最終的な到達点が大切でその過程を問題にするのはおかしいと牧野は答えている。この言から、落ち着いて反論する牧野の活躍ぶりが伺われる。

さて、先に挙げた「佐川と学術との関係」では、佐川と地質学との関係について少し触れた箇所がある。地質学に言及するのはこれが初めてではなく、実は牧野は、明治18年10月9日の「土陽新聞」に「佐川村近傍地質」と題した記事を寄せている。この記事では、まず興味を引くことが、牧野の肩書である。「博物学に有名なる」とあり、植物学の専門家としてではなく、自然物に詳しい者として紹介されている。その記事で牧野は、最初に地質年代の説明を行い、次に佐川が日本の中で狭い地域ではあるが「中生類紀」の3期の地層が相接してさまざまな化石を産出するところで、それは日本において稀有《けう》なことであると述べる。そして、明治16年に農商務省地質調査所御雇ドイツ人ナウマン氏が佐川に来てから佐川は地学上にわかに有名なところとなり、その後専攻する学生や専門家が採集に来るようになったにもかかわらず、化石という格好の研究資料に恵まれた佐川で地学を学修する者がいるとは聞かないことはとても遺憾であると結んでいる。

牧野の地質学への関心は、「牧野植物一家言」（北隆館、１９５６年）の「土佐自然界の見聞録」でも示され、佐川の化石についての思い出が語られる。佐川は二枚貝の化石が多く、牧野自身も佐川村の隣村で「トリゴニア」という大きな形の化石を拾ったという。また、珍しく植物の化石も得たことがあって、それは単羽状葉の一部、おそらく太古のソテツ類か近縁の植物であったと述べる。佐川町鳥の巣というところでは「松毬石《まつかさいし》」と呼ばれる化石が出て、これは、太古の海に生息していたウニの一種で、体面にイガのような小突起がある。この石を打ち砕くと内部が結晶していて石油の臭いがするということであった。これらはいつごろの思い出かは分からないが、おそらくは佐川で暮らしていた若い頃のものではないであろうか。どの記事にしても牧野が化石に関心を持っていたことが分かる。このことは11および12回目の記事で取り上げた「赭鞭一撻《しゃべんいったつ》」の1項目、つまり植物学に関係する学科を学ぶべしという目標の証左と捉えることもできようが、一方で牧野は自然界の事物や現象に幅広く関心を持っていて、次第に植物研究に対象が絞られていったとも考えられる。

以上のことから、若い牧野が多少なりとも政治に関わっていたように見えるが、それは単なる当時の社会のありように表面的に影響を受けたというよりも、何の束縛も受けずに研究する自由および誰でも学ぶことのできる平等が、自分自身にとっても、ひいては日本の研究においても不可欠であることを牧野は理解し行動していたのではないであろうか。

佐川の山奥にいてはいけん⒁

明治17（1884）年、牧野は、「どうもこんな佐川の山奥にいてはいけんと思い、学問をするために」東京へ再び出掛けた。前回の水野進氏の論考「牧野富太郎博士と佐川町」で掲げた「公正社」等の記録類に、牧野が提出した「特認願」がある。これは、東京府へ旅行するために会への出席が難しいことを認めてほしいという内容のもので、同年4月25日付であることから、その頃東京に発ったと推察される。東京では飯田町に宿所を定め、その部屋は採集した植物や新聞紙、泥などで散らかっていたことから狸《たぬき》の巣のようだと言われた。東京、千葉、埼玉、日光などで採集した標本がある（山本正江・田中伸幸編「牧野富太

郎植物採集行動録　明治・大正篇」２００４年より)。また、「植物研究雑誌」(第2巻第3号、１９１９年)の「断枝片葉（其九）」に、この頃の思い出を記している。それによれば、東京丸の内の辺りでウマゴヤシ、コメツブマゴヤシ、タチイヌフグリ、オオイヌフグリを見たとある。ウマゴヤシは今や無くなってコメツブマゴヤシが繁茂し、タチイヌフグリもオオイヌフグリも今日では普通の野草となっているが、明治17年ごろは東京でもまれな植物であり、タチイヌフグリを「土佐ヨリ山出シノ私ニハ珍ラシカッタ」ので採集したと回想している。

この上京の時に、今後切っても切れないつながりを持つことになる東京大学の植物学教室を訪れた。同教室の教授・矢田部良吉に会い、他に大久保三郎、松村任三（2人とも当時助教授）にも会った。牧野が単独でつまり紹介者なしに教授に面会することは難しかったであろう。これについて牧野は「連れて行ってもらう機会がきた」と自叙伝に書いているが、連れて行ってくれた人は誰なのか。本人が述べていない以上想像するしかないが、明治14年に出会った田中芳男や伊藤圭介が間に入ってくれたのではないだろうか。特に圭介は当時東京大学の教授で、小石川植物園での植物調査を任される立場にあったから、有力な候補と見たい。こうして牧野は、「四国の山奥からえらく植物に熱心な男が出てきたというわけで、非常に私を歓迎してくれ」、教室にある本や標本を見てもよろしいということになって、教室の出入りができるようになった。また、上記の先生たちと親しく行き来することにもなる。

さて、牧野が出会った矢田部良吉（１８５１〜９９年）は、自叙伝では牧野の敵役としてこれから存在感が増すのであるが、どのような経歴を持つ人物であったか紹介したい。矢田部は、伊豆の出身で英学を修め、明治時代になって、開成学校の教官となり、1871年アメリカに渡り、翌72年コーネル大学に入学、4年余り在籍し卒業後、東京開成学校教授を経て明治10年東京大学が出来て理学部の教授に任命された。その後明治21年に伊藤圭介とともに理学博士の学位を授かり、24年教授の職を解かれ、28年から師範学校の教授となり、32年8月鎌倉で水泳中に亡くなった。東京大学にポストを得てから江ノ島・日光をはじめとして各地で植物採集を行い、植物標本の充実を図っていった。出張で各県に赴くのみならず、日曜日ごとに東京近郊で熱心に採集に従事した。矢田部は、江戸時代の本草学者およびその流れをくむ明治時代の博物学者とは異なり、アメリカで植物学を学び分類学を究めた人物である。「欧米風ノ植物学ヲ日本ニ創立セシ開祖」と言っても褒めすぎではないであろうと言うのは松村任三である。以上の経歴は、矢田部の急死を悼んで松村が著した「故理学博士矢田部良吉君の略伝」（「植物学雑誌」第155号、1900年1月所収）による。松村は東京大学発足当時から矢田部に師事し、採集に随伴して矢田部を補佐していた。そして、教授となって矢田部の後を継いでいく人物で、自叙伝では第2の敵役として登場することになる。

天然の教場で学ぶ⒂

牧野は、東京でもしかり高知に戻ってからも植物の採集に精を出した。先述の「赭鞭一撻《しゃべんいったつ》」にあるように、本を参考にこそすれそれに安住することなく、また学校で学ぶということもなかったので、牧野は「日夕天然の教場で学んだ」のであり、「断えず山野に出でて実地に植物を採集しかつ観察」して、植物の知識を集積していったのである。この言は自叙伝にある。すでに紹介した「博物邇言《じげん》集」には、「植物採集記」という見出しの下、明治17（1884）年9月から10月にかけて採集に赴いた場所の記録がある。五台山村を皮切りに須崎に2度、横倉山などに出掛けたことが読み取れる。

こうした採集行が新聞に取り上げられたこともあった。すなわち、明治18年8月、夏季休暇を利用して、高知師範学校教員・永沼小一郎ら教員、生徒および「植物家牧野富太郎」らが愛媛県との境にある深山に分け入り「余程稀有の珍草」を採集したことが記される。道すがら石鎚山にも登ったということである。この山は、6月の10日間山開きとなり、登山者は斎戒沐浴《もくよく》して白衣を着て山伏のごとき姿で参詣することになっていた。その他の時期に肉食をした人が登れば天狗によって山頂から投げ落とされる、といった言い伝えがある山であった。永沼ら一行は肉食も慎まず斎戒もせず登山したが何事もなく、天狗も生臭さに辟《へき》易《えき》して山奥に逃げ込んでしまったと一笑を催したということであった。

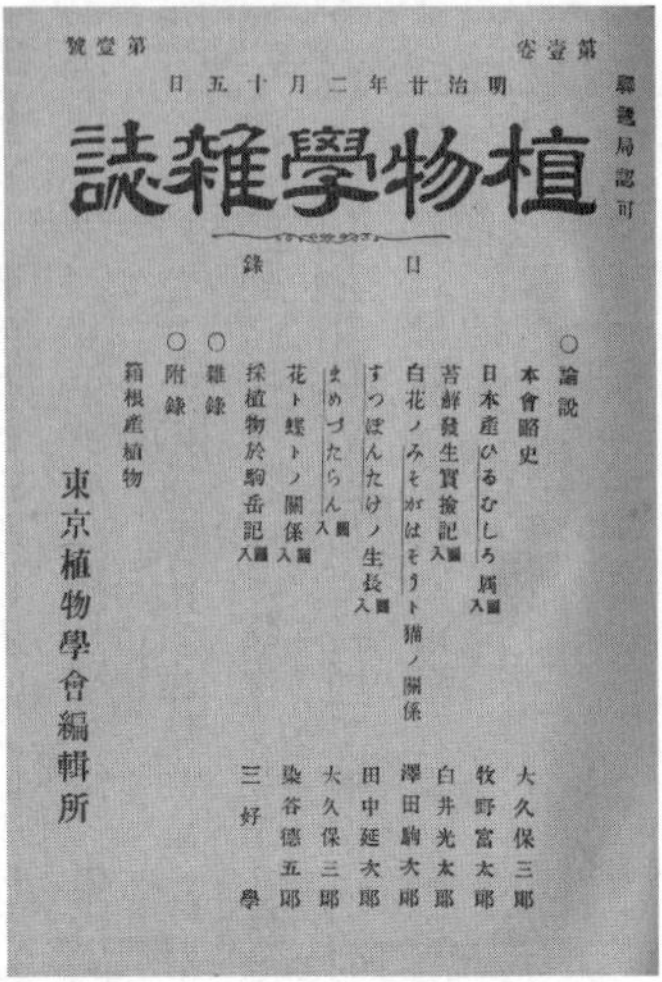
第壹卷 第壹號
驛遞局認可
明治廿二年二月十五日

植物學雜誌

目録

○論説
本會略史 大久保三郎
日本產ひるむしろ属 入圖 牧野富太郎
苔蘚發生實撿記 入圖 白井光太郎
白花ノみそがはさうト猫ノ關係 澤田駒次郎
すつぽんたけノ生長 入圖 田中延次郎
まめづたらん 入圖 大久保三郎
花ト蝶トノ關係 入圖 染谷德五郎
採植物於駒岳記 入圖 三好學
○雜録
○附録
箱根產植物

東京植物學會編輯所

植物学雑誌第1巻第1号表紙

さて、大学の植物学教室に出入りするうちに、在籍していた学生たちと牧野は懇意になった。当時選科の学生であった市川（田中）延次郎と染谷徳五郎と一緒に、植物の雑誌を刊行しようという話になり、原稿もでき体裁も整った。教授である矢田部良吉に了解を求

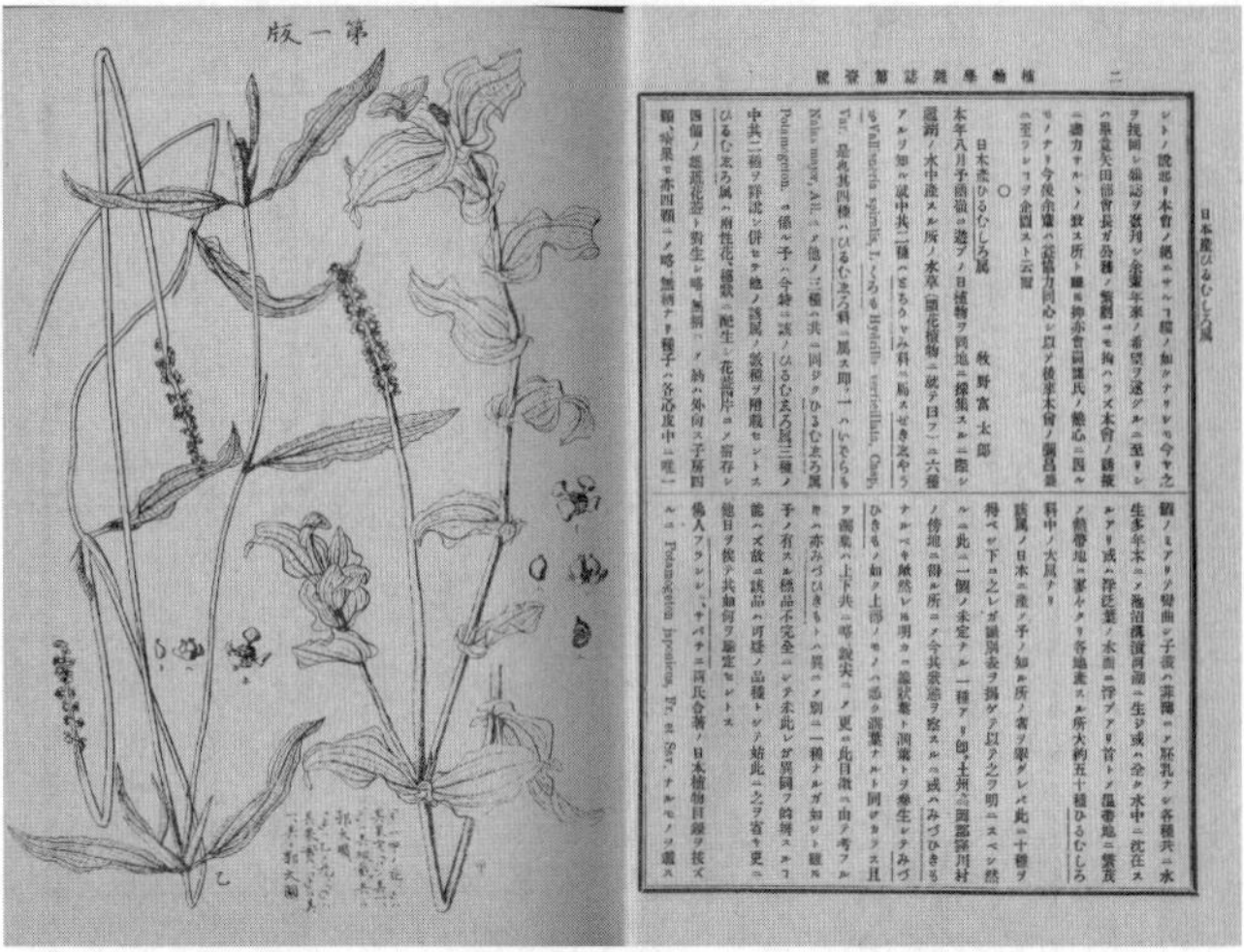

ヒロハノエビモ（右）とササエビモの図（植物学雑誌第１巻第１号所収）

めたところ、東京植物学会に機関誌がないから、これを同学会の機関誌にしたいということで、牧野たちの作った雑誌が土台となり矢田部の手が加わって「植物学雑誌」が刊行されることに決まった。第1巻第1号が明治20年2月15日に発刊された。

東京植物学会は、松村任三や大久保三郎らが中心となり矢田部を会長として明治15年2月に第1回の会合をもって設立された学会である。この創刊号に、牧野は「日本産ひるむしろ属」を掲載した。ヒロハノエビモとササエビモの図が伴われる。さらに、論考の末尾に付言として、日本の植物学の現状に対して意見を述べている。それは、日本の植物の探索が不十分で、顕花植物の数も明らかになっておらず、より詳細に観察し見極めることが要求される隠花植物についてはましてや何をいわんやという現状にあって、本草家らが自身の蓄えている植物を図に表し文章に記して公表すべきところをそうしていない状況は望ましくないのではないか、という意見である。それらを公にすれば、後進の者にとって役立つであろうし、自身の功にもなるであろうという理由でもって、積極的に公にすべきであると牧野は主張した。貴重な植物の情報を公にしないということに関して具体的に何があったのかは分からないが、当時は一家あるいは親子の間で相伝し門外不出にすることもあったのであろうと推察される。そうした習わしに挑んで自分の意見を表明することは、自由と平等に基づく科学の探求を進める牧野にとっては当然のことであったろう。

「植物学雑誌」創刊の年に、牧野は第4号で「くもらんニ就テ述ブ」、第9号で「ゼリゴナムー種の発見」(後のヤマトグサ命名につながる)、第10号で「しまごせう」の各論を発表し、さらなる分類学の研究にいそしむことになる。

最後に、この年5月6日に、牧野を一所懸命育ててくれた祖母・浪子が78歳で逝去した。特に、牧野が祖母の死に触れた文章はないと思われるが、悲しみは言葉にならないほど大きかったであろう。新谷浩之氏の「植物学者牧野富太郎の出自についての一考察」(「佐川史談　霧生関」第48号、2012年所収)に、浪子の墓誌が全文記載される。それによれば、夫小左衛門没後、実の孫ではない富太郎をよく養い家の名を受け継がせ、つらい境遇を耐えて家の名を保ったことは「ますら男にも勝る家刀自(筆者注:内儀)とぞ言うべき」とある(浪子は牧野小左衛門の後妻)。墓誌は、明治21年5月に本居豊穎《とよかい》(※2)(1834〜1913年)が記したものである。

ヤマトグサ命名の真相(上) ⒃

ヤマトグサと言えば、牧野富太郎を思い浮かべると言っても言い過ぎではないほど、ヤマトグサは牧野ゆかりの植物の代表格である。筆者が勤務する練馬区立牧野記念庭園に来園される方からも当園でヤマトグサを見ることができますかという問い合わせがよくあるが、なかなか普通に見られる植物ではなく、残念ながらありませんと答えていたが、令和4（2022）年に佐川町からいただいて仲間入りした。

牧野は昭和10（1935）年に出版した「趣味の植物採集」（三省堂）に「我邦に於《お》て学界に興味を与えし植物発見の略史」という記事を収載した。記事の巻頭で、日本は植物に恵まれた国で植物学が盛んになるのは当然と言える土地柄であり、ただ植物の分量が多いのみならずさまざまな珍種奇品があって、そのなかでも「最も世に誇るに足り、且《か》つ斯学界《しがっかい》に取り頗《すこぶ》る重大な性質を帯びた者に就いて」叙述してみたいと述べている。牧野が言う植物学界で特筆すべき発見の一つがヤマトグサである。他にツチトリモチ・ホンゴウソウ・サクライソウ・ヤッコソウなども挙げられ、いずれも牧野が学名をつけたことで知られる植物である。

ヤマトグサと牧野の出合いは、明治17（1884）年11月に高知県名野川村の山で採集した時である。しかし、その時に花はなく茎葉が地に臥《ふ》したものを採った。それはハシカグサに似ていたので、そのもの

※2　和歌山出身の幕末・明治時代の国学者。維新後、東京の神田神社祠官となり、東京大学講師などを務め古典を教授した。

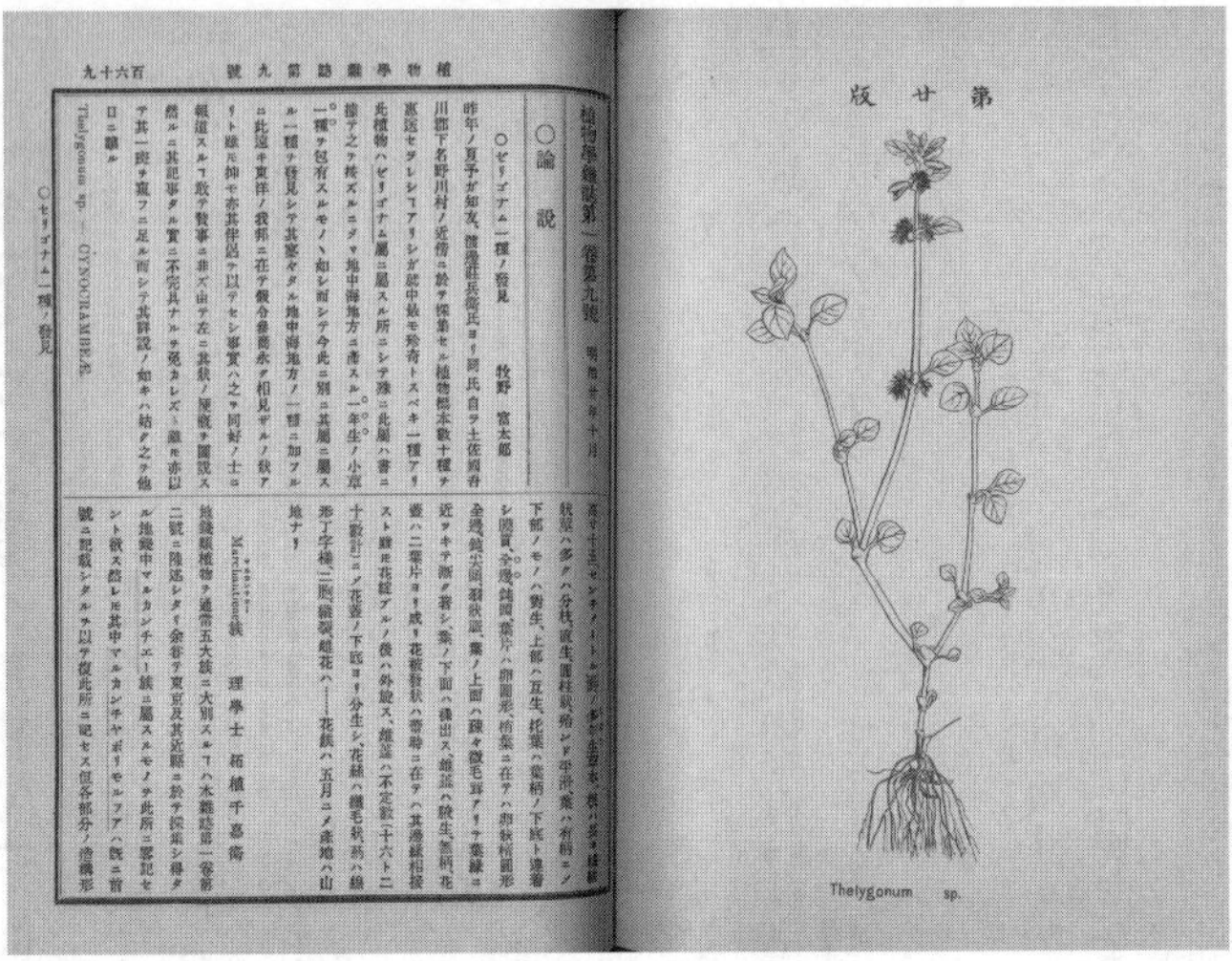

ヤマトグサの図と解説（「植物学雑誌」第１巻第９号、1887年所収）

であろうとハシカグサの名の下に整理した。明治19年に、渡辺協（荘兵衛）が花のついた採集品を提供したことから、牧野はその形状を精査することが可能となった。そして、自分の採集品のなかにこれと同じ植物があることに気づき、それが明治17年の採集品であった。牧野は、明治20年、「植物学雑誌」第1巻第9号に「セリゴナム一種ノ発見」と題して、その植物の属すべき属名を定め花のついた茎を描いた全形図も載せて発表した。続いて、大学の植物学教室の大久保三郎と学名を *Thelygonum japonicum* Okubo et Makino（現 *Theligonum japonicum* Okubo et Makino）として、明治22年に「植物学雑誌」第3巻第23号に発表した。

その後、牧野は同誌第8巻第90号（1894年）の「緜條書屋《ようじょうしょおく》植物雑記（其11）」に「やまとぐさ筑波山ニ産ス」という見出しの記事を載せた。記事によれば、ヤマトグサ科ではヤマトグサが属する属の植物が世

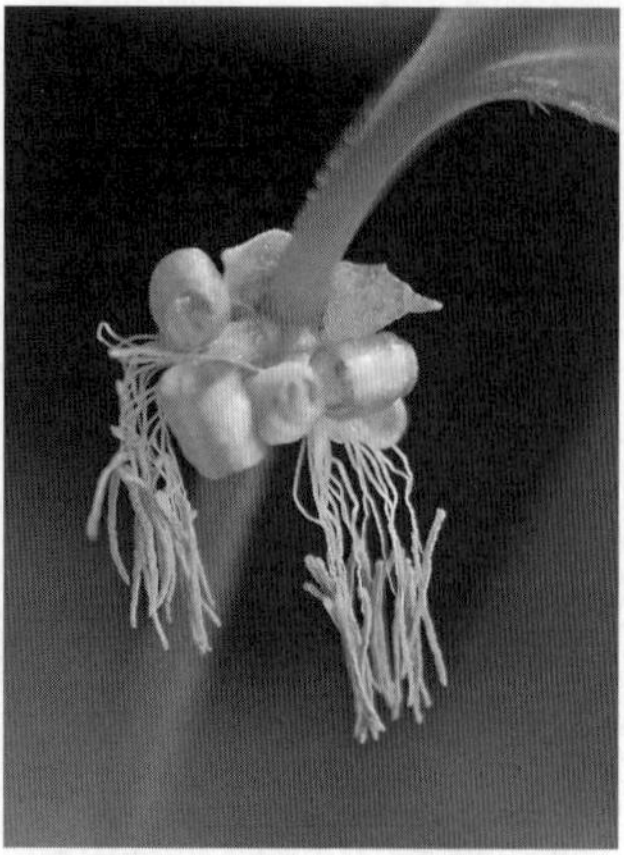

花を咲かせたヤマトグサ（高知市五台山の高知県立牧野植物園、高知新聞社提供）

界にただ3種あって、日本では高知県以外に産することを聞かなかったが、同年4月に池野成一郎らとともに筑波山で採集していたときにこの植物を見いだし第二の産地となったということである。東西隔たった地域で見つかったのであるから、これから、その間の地域できっと見つかるであろうという期待の言葉で結んでいる。また、記事には学名を *Cynocrambe japonica* Makino と改め、詳細な図説は他日を期すると書かれる。果たして、15年後の明治42年に同誌第23巻第268号に、90号で改めた学名のもと英文の記載を発表した。その際には、花をつけた茎の図とともに雄花と雌花をつけた茎の部分図と雌花の図も掲載した。現在、ヤマトグサは、ヤマトグサ科という独立の科ではなくアカネ科の1属に分類されている。世界では4種が知られ、日本にはこの1種が秋田県以南の本州から九州に分布する。

牧野が日本人としてはじめて学名をつけた人物で、その対象の植物がヤマトグサであると言われることがある。牧野自身は学名の命名についてどう語っているのであろうか。自叙伝を見ると、矢田部から教室の出入りを禁じられたが、どんな困難も排して「日本植物志図篇」の続きを刊行しようと決心し、「わが国では植物に学名を附す事はまだ誰もやっていなかったが」、同書の第7集から率先して植物に学名を付与し、記載文を発表し始めたとある。牧野自身がヤマトグサをもって最初であるとは特に述べていない。

そして、この記述を拠り所にして、学名付与の最初の日本人が牧野であると言われるようになったのかもしれない。しかし、牧野は「わが国では」という条件をつけている。これについて、小倉謙編「東京帝国大学理学部植物学教室沿革」（東京帝国大学理学部植物学教室、1940年）では、大久保と牧野による新種ヤマトグサの記載は「これ恐らく本邦に於ける新種発表の嚆矢《こうし》ならん。然れども邦人にしてこれに先立つこと三年前新種を記載せしは伊藤篤太郎にして、英国在学中明治十九年（西暦一八八六年）トガクシシヤウマを新種としてポドフィルム・ジャポニカと命じ、その翌年ナンブサウ、シロイカリサウを記載し、更に明治二十一年トガクシシヤウマをランザニアなる新属に改訂せり」と書かれてある。日本国内の発表より先に、日本人によって海外において学名の発表があったということが分かる。

近年、この伊藤篤太郎についてその生涯と業績を詳細に調査しその結果をまとめた本が出版された。岩津都希雄氏の著書「伊藤篤太郎―初めて植物に学名を与えた日本人―」（八坂書房、2010年、「同〈改訂増補版〉」2016年）である。この本によって、篤太郎の側から学名付与にいたる経緯がいかなるものであったかがより明確にされた。

篤太郎はすでに10回目の記事で登場している。牧野が明治15年、植物に関する質問状を伊藤圭介に送って返答があった後、野牡丹科ではないかという牧野の再度の問い合わせがあり、それについて洋書を調査したあの篤太郎である。次回は、岩津氏の著書に基づきながらトガクシソウ（トガクシショウマ）の命名について見てみよう。

ヤマトグサ命名の真相（下）⒄

伊藤篤太郎は伊藤圭介の孫である。圭介には後継者として期待されていた謙という三男がいたが、明治12年に若くして亡くなる。その跡を継いだ篤太郎は祖父の指導のもと植物学の勉強に励んでいた、その頃に牧野より質問状が届いたのであった。そして、明治16年になるとロシアのマキシモヴィッチに、書簡や書籍とともに植物標本を送り鑑定を依頼した。標本のなかには、謙が発見したトガクシソウの標本も含まれていた。それは、明治８（１８７５）年に田中芳男ら博物局の一行といっしょに長野県に赴き産物調査にあたった謙が戸隠山系の高妻山で見つけた植物であった。マキシモヴィッチはそれについて篤太郎が新種として提案した学名を *Podophyllum japonicum* Itô ex Maxim. としてロシアの雑誌に発表した。それは明治19年のことであった。その時に篤太郎は、同16年に日本を後にしてイギリスに留学していた。明治20年に帰国した篤太郎は、翌21年10月に、*Ranzania* T.Itô として新しい属を設け、先の学名を組み替え *Ranzania japonica* (T.Itô ex Maxim.) T.Itô としてイギリスの雑誌「Journal of Botany, British and Foreign」に発表する。この背景として、一方で矢田部が同じ山でトガクシソウ（トガクシショウマと矢田部は名づけた）を見つけ明治20年にマキシモヴィッチに標本を送っていたことが挙げられる。マキシモヴィッチはこれについてメギ科の新属を考え、*Yatabea japonica* Maxim. という学名をつけたいからもう少し資料を送ってほしいという内容の手紙を矢田部に出した。手紙のことを知った篤太郎は、矢田部に献呈された属名が公表される前に、新属名をつけ新組み合わせとしてイギリスの雑誌に発表したのであった。

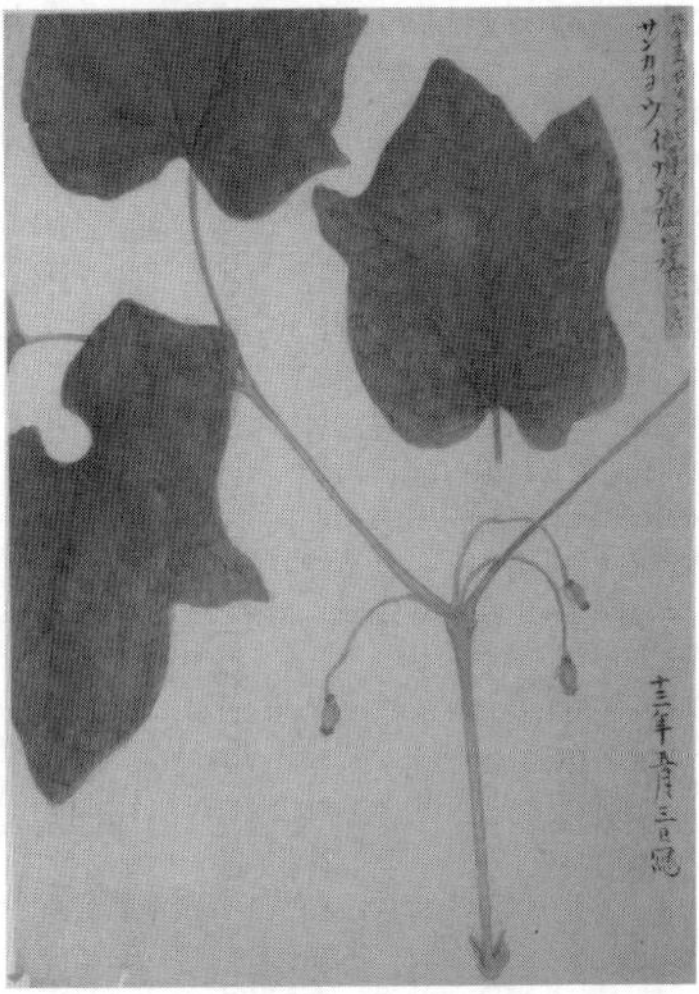

サンカヨウ　ルイヨウボタンの類（明治13年5月3日写）「戸隠升麻のイキサツ」（「園芸植物瑣談（其十三）」）に掲載された原図（個人蔵）

この経緯を誌上に明かしたのが牧野であり、そのなかで篤太郎が矢田部によって教室の出入りを禁じられたことからトガクシソウは「破門草」とも呼ばれるようにもなったと書いた。すなわち牧野は、「実際園芸」（第16巻第1号、1940年）に連載した「園芸植物瑣談（其十三）」において「戸隠升麻のイキサツ」という見出しでこの事件を取り上げた。記事のなかで牧野は、篤太郎が主張すること、つまり叔父・伊藤謙がトガクシソウを発見したということに疑いをもち、博物局の発見ではないかという考えを表わし、篤太郎にその証拠をみせてほしいと迫っている。牧野にとってこの考えの根拠とする資料が限られていて、田中芳男が率いる信州の産物調査を目的とする採集行に謙が参加したことを知らなかったようである。また、篤太郎にとってトガクシソウは夭折《ようせつ》した謙が戸隠山で発見した植物であり、言わば植物学者一家である伊藤家の誇りを象徴するような存在であったことが、前回挙げた岩津都希雄氏の著書「伊藤篤太郎―初めて植物に学名を与えた日本人―」から理解できる。篤太郎のご子孫は、篤太郎の晩年、大泉に住む牧野が野方に居を構えていた篤太郎を訪ねてくることがあったと記憶されている。それは、ちょうどこの記事を公表した頃と見られ、篤太郎と牧野がこの記事を話題にして、篤太郎は伯父謙が信州の調査に参加していたことを牧野に伝えたのであろうか。

以上見てきたように、牧野による命名は日本においてという条件をつけて最初であると説明されるのである。しかし、日本人による命名の始まりはもっと複雑な様相を呈しているようである。東京大学総合研究博物館の池田博氏より、大場秀章氏と秋山忍氏がなされた最近の研究発表から、学名をつけた著者として最初の日本人は田中芳男と小野職愨《もとよし》になるというご指摘があった。田中と小野は、牧野が明治14年の初上京の際に博物局で会った人物である。両名が付与した学名は、*Musa basjoo* Siebold ex Y. Tanaka & Onoで、「新訂草木図説」(飯沼慾斎の「草木図説」の新訂版、１８７５年)に収載されるバショウに対してつけられたものである。池田氏は、学名に「Siebold」とあるように彼がつけた学名(正式に発表されなかった「裸名」)を新訂版の編者・田中と小野がその版に記したことから、「国際藻類・菌類・植物命名規約」(植物の学名をつける際の「六法全書」のようなもの)に従うと、意図せずして命名者になったと説明された。それでは、牧野のヤマトグサ命名についてはどう把握すべきなのか。この問いに対して、ヤマトグサを新種として意識して学名を付け発表したことが日本人として初めてと言えるのではないかと池田氏より返答をいただいた。

研究が進めばさまざまな事柄が明らかになり、ものの捉え方も多様になることに興味がつきない。いずれにしても、西洋から導入された植物学の草創期にあって外国の研究者に鑑定を依頼しなくても、日本人が自分の力で学名の付与を試みるようになったという状況は明らかである。また、そこに大きな意義が存することも理解されよう。

苦心の結晶「日本植物志図篇」⒅

牧野富太郎は「植物学雑誌」に研究成果を発表していくが、それとともに日本に生育する植物の種ごとに解説・図示した書物、つまり植物誌の編さんを目指すようになる。牧野が植物分類学において活躍をはじめる明治10年代後半から20年代にかけて、日本の植物を調べる際に参考となる今日の図鑑のようなものといったら何があったであろうか。それについては江戸時代に作られた、日本の植物（渡来したものも含める）の図と文章からなる図説集が挙げられよう。代表的なものとしては、岩崎灌園《かんえん》（1786～1842年）の「本草図譜」と飯沼慾斎（1783～1865年）の「草木図説」がある。どちらもさまざまな植物の情報を収集し自ら絵筆をとって作り上げた力作以外の何ものでもないが、植物を分類する観点が相違している。前者は、「本草綱目」という中国の代表的な本草書の綱目に倣って「山草」「芳草」「湿草」などに分け、後者はリンネの分類法に従ってしべの数に基づく24綱目に分けている。そして、後者は明治8年に田中芳男・小野職愨《もとよし》によって、ローマ字表記による学名などが加えられて「新訂草木図説」として刊行された。後年、今度は牧野富太郎が花のつくりなどを示す詳細な部分図を加え解説も補足して増訂版を出版することになる。こうした改訂・増補が「草木図説」に対してなされたこと自体が、まだ植物図鑑がない時代にあって「草木図説」がいかに役立っていたかを物語っていよう。

一方、日本の植物に関心をもって調査した海外の研究者らが自分たちの成果をすでに公表していた。すなわち江戸時代に来日したエンゲルベルト・ケンペル（1651～1716年）の「廻国奇観」、カール・ツュンベリー（1743〜1828年）の「日本植物誌」、P・F・フォン・シーボルト（1796〜1866年）とJ・G・ツッカリーニ（1797〜1848年）の共著「日本植物誌」はよく知られている。明治時代に入ってL・サヴァティエ（1830〜1891年）とA・R・フランシェ（1830〜1900年）の共著で「日本植物目録」が出版された。そして忘れてならないのがC・J・マキシモヴィッチ（1827〜1891年）である。日本を含めた東アジアの植物相の解明に貢献したこの植物学者については、牧野とのかかわりで後述することになろう。

したがって上記のことを背景に牧野は当時、日本にどのような植物があるのか、どのくらいの種数の植物が生育しているのか、などまだまだ明らかになっていないことがあると考え、日本の植物相を解明し植物誌を完成させることこそが必須の課題として人生をかけて取り組むことになるのである。

その企画の第1弾が「日本植物志図篇」であった。この出版を実行するにあたり牧野にとって困難だと思ったことは、普通ならばお金の問題であろうが、そうではなく印刷技術の問題であった。つまり牧野は郷里で出版しようと考え、そのために石版印刷の技術を神田の石版屋で1年間をかけて習得し、印刷機械も購入し郷里へ送ったと自叙伝にある。しかしながら、東京で出版がなされ「日本植物志図篇」第1巻第1集が明治21年11月に世に出た。タイトルから分かるようにこれは図集であって、文章よりも図の方が植物の特徴を伝えやすいと考え、まずは図篇を先に出版したことによる。巻頭を飾った植物がジョウロウホトトギスであった。この和名は牧野の命名で(学名はマキシモヴィッチ)、花が上品で美麗な故に「上臈《じょうろう》」(宮中に仕える貴婦人)と名付けたという。土佐で採集した植物の特徴を牧野が明治20年に記録した稿本「植

釣り鐘状の黄色い花が愛らしいジョウロウホトトギス（高知県佐川町の牧野公園、高知新聞社提供）

物親験録」（高知県立牧野植物園蔵）には、本種がホトトギス属のなかで最も優美でかつ黄緑色の葉と鮮黄色の花が相まって温厚な姿を示すもので、横倉山の岩の隙間にのみ見ることができると記される。色合いと姿の美しさに心引かれて巻頭にふさわしい植物と牧野は考えたのであろう。後に着色した図も高知県立牧野植物園にある。「植物親験録」は個々の植物について根・茎・葉・花などの各つくりを細かく記述したもので、図のみが出版されたが、載せるべく文章も用意されていたことが分かる。

この第1集の出版について、自叙伝で「私にとって全く苦心の結晶であった。日本の植物誌をはじめて打建てた男は、この牧野であると自負している」と言う。帝国大学の助教授・松村任三も、「植物学雑誌」（1888年、第2巻第22号）において牧野が画工に委ねることなく自ら実物を写して描いた図が精細で、分類学上必要な部分を解剖して明瞭に描いてあると高く評価し、後に文章がそろえば完全なものとなるであろうと期待した。また、表題に英語の表記があるにもかかわらず、各図についてローマ字やローマ数字がなく、仮名や漢数字のみを使っているのは外国の人が見る時に不便ではないかと指摘もしている。そして「今日只今日本帝国内に、本邦植物図志を著すべき人は、牧野富太郎氏一人あるのみ」と手放しの称賛であった。

池野成一郎との深い友情⒆

大学の教室に出入りが許された牧野がそこに通う学生たちと仲良くなった様子はすでに言及したが、そうした交友関係の中でぜひとも取り上げたい人物は池野成一郎（1866〜1943年）である。自叙伝を読んでいて印象に残る記述はいくつもあるが、ことに人と人の難しい関係の中で池野との友情は実にすがすがしい。

自叙伝において「池野成一郎との親交」や「青山練兵場の『なんじゃもんじゃ』」などに池野は登場するが、おそらくこれらの基になったと思われる新聞記事がある。それは、「東京日日新聞」の昭和13年4月23日に掲載された「友を語る」のコーナーにおける「ドウランの追憶　共にボタニジングした池野君」という見出しで書かれた記事である。それによれば、池野と牧野はお互い隔てなく親しく交際し自然に気が合っていた。明治21（1888）年大箕谷八幡下の田圃でアズマツメクサを一緒に発見し、池野

池野成一郎と牧野富太郎（大正12年、個人蔵）

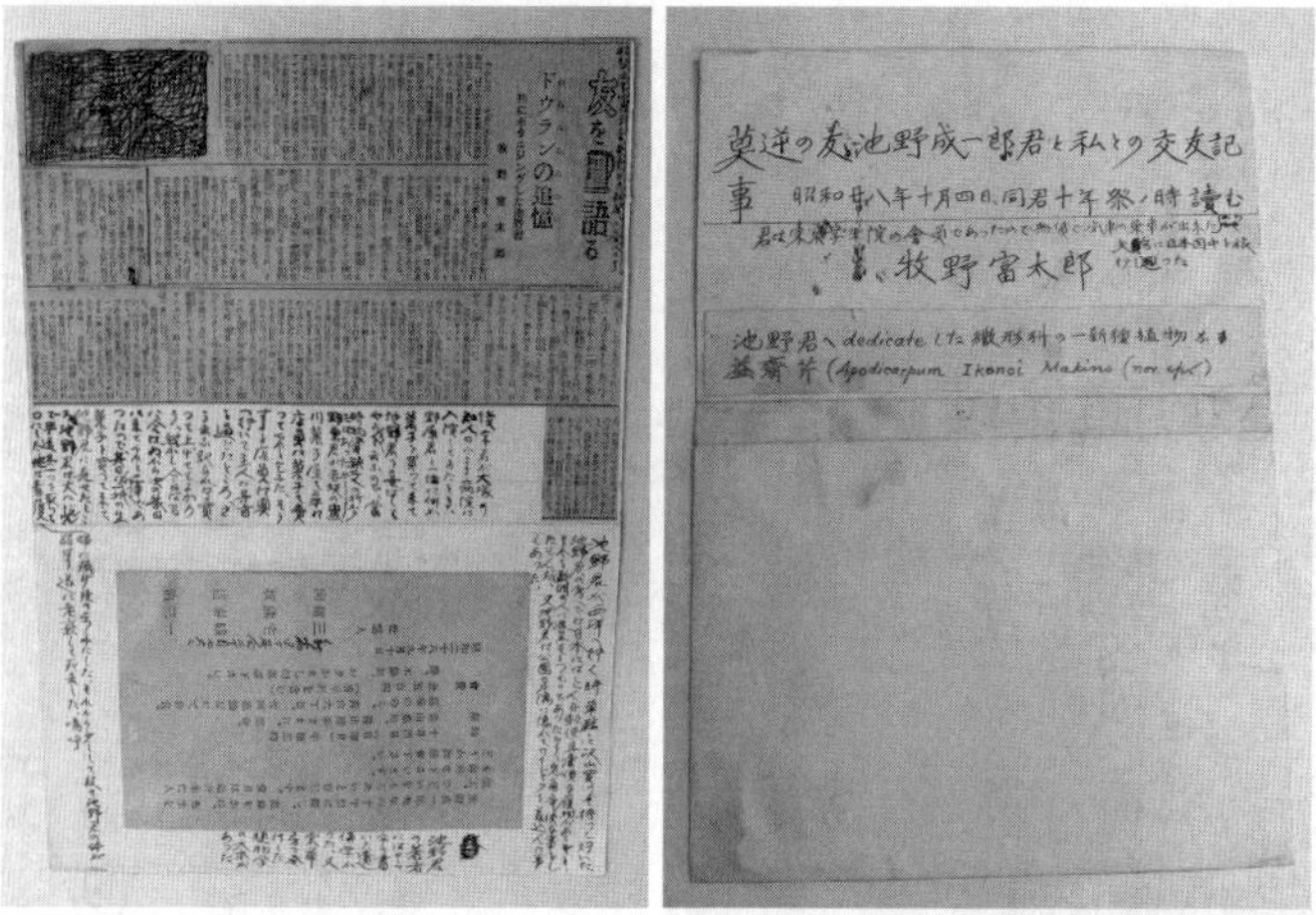

池野成一郎君と私との交友記事（右はその表書き）
牧野富太郎筆（個人蔵）

が帝国大学を卒業した明治23年には東北地方に行き採集した。池野は初めから牧野に人一倍親切で、「日本植物志図篇」の刊行が矢田部良吉の圧迫で続けられなくなったときには池野の大いなる助力を受けた。その友誼《ゆうぎ》は忘れ得ないものという。以下は新聞記事からの引用である。

「同君は卒業後、滅多に大学の植物学教室へは見えなかったがたまには来られた、同君は『僕は牧野君がいるからそれで行くのだ』といっていられたことを、私は他から聞いて、この上もなくうれしく感じ一入《ひとしお》同君を頼もしく思った。池野君と私とが一向に何の隔てもなく特に親密であったとは、左の一事でも分る、君が私の宅へ尋ねて来ると、夏だと早速上衣をぬぎ両足を高く床柱へもたせ、頭を下にし、体を倒《さかさ》まにして話をしたりした。こんな無遠慮なことは、余ほど心おきなき親しい間でないと出来んことで、同君と私とはこのように睦まじかった」

そして、当時青山練兵場にあったヒトツバタゴの花を夜中に採りに行った話が続く。その樹は枯れてしまったので、今となっては強行して採集した花枝が記念の標本になったということである。ヒトツバタゴの標本は東京都立大学牧野標本館に収蔵されてある。そして、「ドウラン」という名の和菓子の話題に移る。池野はとても菓子好きで、今日でも変わらないであろうから、久しぶりに東京中で一番うまい菓子のあるところへ案内したい、池野は70歳ほどで牧野は77歳になったが、2人とも元気であるから「お菓子の十や二十をパクツクのは何のゾウサもないであろう」と言い、池野は食べるのが早くて牛鍋をつつく時は皆食べられてしまう危険が高かったという話で締めている。

この記事は、牧野の筆跡で「莫逆の友池野成一郎君と私との交友記事　昭和28年10月4日、同君十年祭ノ時読む」と書かれた紙の裏面に貼られたもので、記事の下には1枚の葉書が貼られてある。その葉書は、昭和28年9月10日付で世話人として三宅驥一(※3)、猪熊泰三(※3)、向坂道治(※3)の名前が挙がり、趣旨は池野の十年祭として10月4日に墓参と偲ぶ会を開くという内容のものであった。記事と葉書を貼った紙の余白には、牧野が池野の思い出を所狭しと書き込んでいる。その一つは、入院しているときに池野を喜ばそうとして物資欠乏の折から手に入りにくい和菓子を買ってお見舞いに行ったら、大いに悦んで1個を口にしたが、それから少しして亡くなったことである。この一枚の紙は、牧野と池野の深い友情を記念する

※3　三宅（1876～1964）は東京帝国大学教授で植物学者、猪熊（1904～1972）は東京大学教授で林学者、向坂（1895～1979）は早稲田大学法学部教授で植物学者。三宅と向坂は、牧野の植物図鑑出版に尽力した人物。

ものとして練馬区立牧野記念庭園で大切にしていきたいと思っている。

牧野が池野に献呈した植物がある。それはエキサイゼリ（益斎芹、*Apodicarpum ikenoi* Makino）で、「日本植物志図篇」第1巻第10集（1891年）に第58版として掲載した新種の植物である。次回で取り上げる矢田部良吉との確執の翌年のことであるから、池野の助力に感謝して学名をつけたのであろう。また、和名のエキサイつまり「益斎」は富山藩主・前田利保（1800〜1859年）の号の一つで、この和名は利保を記念して名づけた名称である。エキサイゼリを見つけるきっかけになったのが、利保が手元に控えていた採集などの記録に載る植物図であった。5回目の記事で取り上げたように、牧野はそうした利保に関する資料を郷里の知人から譲り受けていたのである。その図を記憶しておいて他の植物も生えている環境のなかでこれだという、まさにそのものを見つけ出す牧野に敬意を表したい。

矢田部良吉博士との「支吾」（上）(20)

このタイトルは、自叙伝にある見出しからそのまま採用したものである。前回出てきた牧野博士が使う「莫逆《ばくぎゃく》の友」もこの「支吾《しご》」も私には知らない言葉であった。辞書を引くと、前者は、気持ちがぴったりと合った、争うことのない友人の意味で、後者は、一つに支える、支持すること、もう一つに食い違う、逆らうことを意味すると分かった。矢田部に牧野が楯突いたということになろうか。

植物学の研究もそれなりに順調に進み、後に述べるが所帯を持つようになった牧野に、突然、植物学教室の教授である矢田部良吉から、教室にある書物も標本も見せないと申し渡された。理由は、牧野とは別に日本植物志を出版するからということであった。確かに大学の学生ではないけれども、いろいろな標本や書物を見ることができるのは牧野にとって大きなプラスであったはずである。そこへである、まさに寝耳に水としか言いようのないことが明治23（1890）年に起ったのである。牧野は、矢田部の家を訪ね、植物を研究する人は少なく、その一人を圧迫して研究させないということは日本の植物学にとって損失であるから、前言を撤回してくれ、後進を引き立てることが先輩の義務ではないかと言い教室の出入りを懇願した。が、事態は変わらなかった。そこで、当時日本ではじめてムジナモを発見しどうしても研究を続けたかった牧野は、駒場にある農科大学で続きの研究を行うことになった。これが可能であったのは、前回に登場した池野成一郎のおかげである。ちなみに、同年5月に東京の小岩で見つけたこの見なれぬ水草を、思い当たるものがあると言ってその学名を書物のなかで探してくれたのは矢田部であった。

さて、今から7年前のことである。太田由佳・有賀暢迪による「矢田部良吉年譜稿」が「国立科学博物館研究報告　E類　39号」（2016年）に公表された。この論考は、科博に伝わる矢田部の資料を通覧しそこから得られた知見と他の文献の記述とをまとめて年譜にしたものである。牧野も以下のごとく登場する。まずは矢田部が明治19年8月15日に宮部金吾、大久保三郎、牧野らを食事会に招く。自叙伝にも矢田部の自宅に招かれ御馳走になったとある。翌20年1月14日に文部省に行き、牧野のことについて手嶋精一と相談する。翌月7日に牧野が矢田部の自宅を来訪する。相談の内容は不明である。もしかしたら、牧野の能力と立場を考え、当時東京教育博物館の館長であった手嶋精一（1850～1918年）に牧野の

20代の牧野富太郎（東京にて撮影、個人蔵）

就職ないし何らかのポストを頼んだのであろうか。明治23年4月26日に植物学会に出席し、発表者の一人に牧野の名がある。同年11月2日に、「夜ニ入リ牧野富太郎来ル、氏ハ近頃大学ニテ既ニ斎頓シタル標本及書籍ヲ使用シテ、自己ノ著述ニ用フルコトヲ始メ、為メニ教室ニテ議論アレバ、之ヲ爰《ここ》ニ止メタリ」とあり、牧野が謝恩のために土佐植物の標本一そろいを大学に納めると約束したことも書かれる。自分の著書のために大学の標本や書籍を用いることはこれからできないことになった。今まで、この問題について牧野側の記述しかなかったが、ここに矢田部側の言い分が見出されたのである。内容から、学生でない部外者が大学の標本や書物を閲覧し自分の著述に使うことが問題になったと受け止められるが、「斎頓」つまりきちんと整理されたそれらを元に戻さないことから、いさかいが起きたようにも推察される。いずれにしても東京大学理学部が帝国大学理科大学と改まって4年がたち在籍する学生が増えてくれば貴重な資料の利用をめぐって、出入りを許されていても部外者は弱い立場に置かれたように想像できる。矢田部も学生を指導する立場にあり管理する側にいたのである。

また、「自己ノ著述」とあるが、牧野が自費出版していた「日本植物志図篇」を指すと考えられる。明治21年11月の第1集刊行から、随時続編を公表して同23年3月に第6集を出すところまで来ていた。2年ほどもたって標本や書籍の利用が問題になるのはどういうことかと疑いたくもなるが、これが牧野の言うところの、矢田部も日本植物志を出版するということに関わってくるのであろう。「矢田部良吉年譜稿」を見ると、明治23年9月4日に「日本植物図解」の図について画工の渡辺鍬太郎らと相談するとあり、牧野に申し渡した頃は、翌24年8月の同書第1冊第1号刊行に向けて準備をしていた時期であることに間違いはない。

その後、矢田部は同24年3月に突然教授の職を解かれるが「非職満期」まで植物学に関する執筆を続ける。そして、東大を離れると同時に植物学の研究も止めることになる。矢田部と牧野の確執については、引き続き次回でも別の資料から考えてみたい。

矢田部良吉博士との「支吾」（下）(21)

前回は牧野が自叙伝に書いた矢田部との確執を、新たに紹介された矢田部側の史料と照合して捉えなおしてみたが、牧野はそれとは別に矢田部に対する不満を抱えていたようである。自叙伝には見られないが、牧野が創刊した「植物研究雑誌」（第7巻第5号、1931年）に掲載した「ぬえ植物ノふじほほづき」にその辺の事情が記される。フジホオズキは、明治24（1891）年10月10日発行の「植物学雑誌」（第5巻第56号）に矢田部が新種として学名をつけ発表したナス科の植物である。くしくも1日早く、牧野は「日本植物志図篇」第1巻第11集を刊行し、そのなかで第65版としてナス科のアオホオズキを公表した。現在、フジホオズキはアオホオズキの別名とされているが、この矢田部命名のフジホオズキが牧野にとって大問

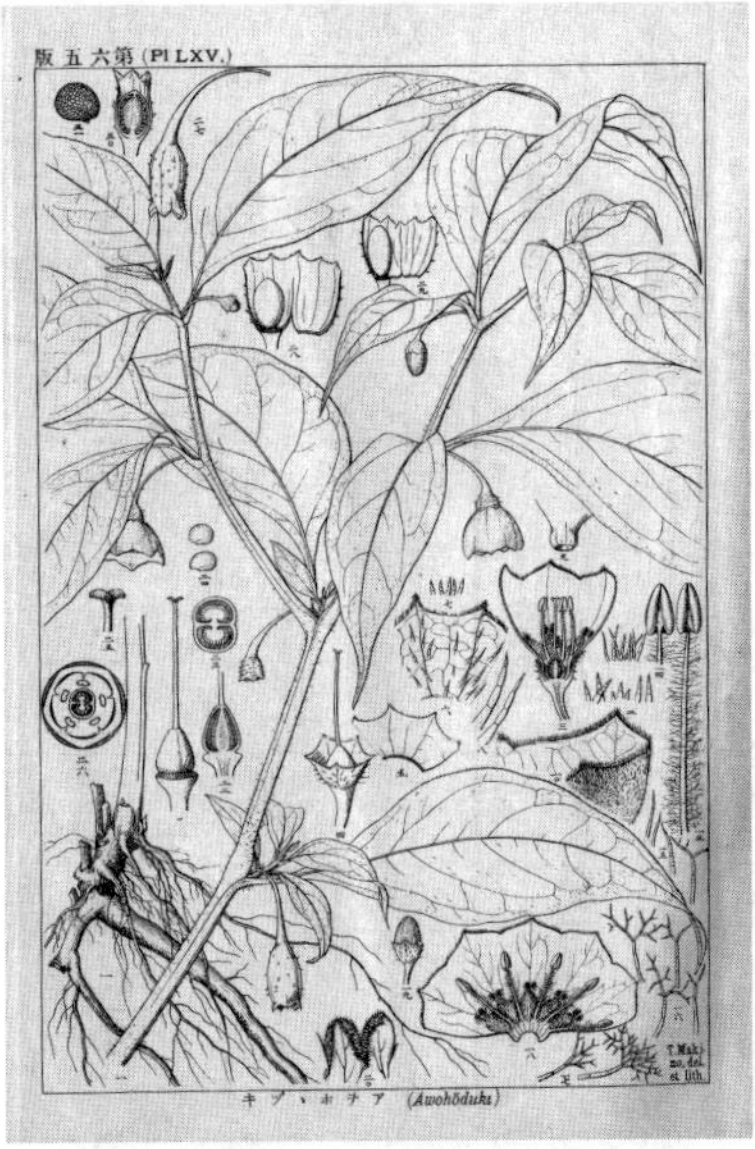

アオホオズキ 「日本植物志図篇」第1巻第11集第65版（個人蔵）

題なのであった。

　この記事によれば、フジホオズキは、矢田部に提供された、高知県と富士山で採集した標本が完全なものではなかったため同属のイガホオズキの実物を参考にしながら矢田部が画工に図を描かせ、それに基づいて記載文を作ったものであるから、それはアオホオズキとイガホオズキを合成した人工的な植物（ぬえ植物と牧野は言う）であると言う。どうしてそのような大それたことが言えるのかと誰もが不審に思うであろうが、「私ハ其時偶々植物学ノ教室ニ居合セテ其図ノ工作ノ刹那ヲ横目デチラトにらんだノデ其曲芸ノ委細ヲ知悉《ちしつ》シテ居ル」と牧野は答えている。前年の明治23年11月に、牧野が植物学教室の標本や書籍を使用して自著を編さんすることを止めるように言われた後の時期に、たまたま植物学教室にいて、その瞬間を目にしたというのは、いささかタイミングが良すぎるような気がしないでもないのだが。

　さて、北海道大学文書館には、宮部金吾（※4）（１８６０〜１９５１年）宛の書簡類が多数収蔵されている。その中の一つが、牧野が送った書簡類で60通ほどある。それらを調査したところ、最初のものが明治25年1月5日付の手紙で、そこに上記の事柄が書かれてあることが分かった。当然この手紙の方が、事が起こって間近い時に書かれたものなので、牧野の憤懣《ふんまん》やるかたない思いをよく伝えている。この手紙のなかで、まず牧野はこう述べている、どうしても合点のいかないことは矢田部博士で、博士のために学問の便宜を失ったが、自然を愛する気持ちはどんな陰険な手段をもってしても妨げられることはなく、ただ博士が自分で自分の徳を傷つけていることを気の毒に思っていると。これは、牧野が矢田部によって教室にある標本や書物を調べることができなくなった一件を指していると思われる。

続けて、牧野は矢田部博士のフジホオズキをどう思われるかと問い、自分はイガホオズキ×アオホオズキ＝フジホオズキであると考え、その顛末をここに記すと言う。画工は植物の生の時の形状を知らないため、大学の植物園に生育するイガホオズキの実物を参考にして、牧野が名づけたところのアオホオズキの標本を見て、アオホオズキでは葉腋から花が1個下垂しているがその状態を発育が不完全と捉えたようで、イガホオズキのように花が2、3個ついて頭を下に向けるような姿にした図をあつらえたのである。そのことに気が付かないまま矢田部は記載した。それがフジホオズキである。矢田部は次号（「植物学雑誌」第57号）にイガホオズキを記載発表したが、イガホオズキの図にある子房や柱頭とフジホオズキのそれらとは全く同じである。そして、矢田部の記載のための標本は、牧野のアオホオズキの標本と同じ産地ない

※4　北海道帝国大学教授。札幌農学校を卒業後、開拓使御用掛の資格で東京大学にて植物学を学ぶ。明治19年からハーバード大学に留学。帰途、サンクトペテルブルクのマキシモヴィッチを訪問した。北海道の植物誌の完成に尽力し、工藤祐舜との共著「北海道主要樹木図譜」は須藤忠助の見事な図で知られる。

し は同じ株である。矢田部がフジホオズキとアオホオズキは違うと言っても、フジホオズキは画工が生み出した蜃気楼的の幽霊植物である。フジホオズキの学名にある *watanabei* は渡辺協《かのう》（荘兵衛）のことで牧野とは同郷の人である。アオホオズキの標本は、牧野が渡辺に採集させたもので、渡辺が矢田部に見せた標本と牧野の標本は同じアオホオズキである。矢田部が自分の誤謬を覆い隠したままにすることは、学問のために大きな罪である。このようなことが以後あるならば、学問の進歩を願うものは大いに憤慨するであろう。以上のように牧野は矢田部を手厳しく批判している。

渡辺は、前回取り上げた「矢田部良吉年譜稿」において、明治23年11月26日に土佐の植物430種を持参し、翌12月2日から教室の「臨時雇」となったことが記録されている。この出来事は、矢田部から牧野が申し渡された直後である。「ぬえ植物ノふじほほづき」では、牧野が小学校の教師をしていた渡辺に、植物の名前や標本の作り方、さらには珍しい植物かどうかなどいろいろ教えたにもかかわらず、矢田部に雇われるようになったら「旧恩ヲ忘レ」矢田部に標本を提供して矢田部は「居ナガラニシテ」珍しい植物を手に入れ命名し発表できたと牧野は不満を述べている。渡辺の協力は、矢田部にとって有り難いものであったろう。

一方、牧野は矢田部の圧迫にひるむことなく池野成一郎の助力も得て、明治24年4月に、植物に学名と英文の記載文を附して「日本植物志図篇」の第7集を出版し、その年内に第11集までを出した。これらは自費出版であった。ここに日本植物志を矢田部も牧野も出版するという競い合いがあって、さらに新種の発表という植物分類学者にとってきわめてやりがいのある課題も2人の間で争われていたように推察される。

ロシアへ行こう！(22)

矢田部の自分に対する処置に失望し悲憤した牧野富太郎は、ロシアの植物学者マキシモヴィッチ（1827～1891年）を訪ねようとロシアに行く決心をする。牧野は、マキシモヴィッチにそれまで多くの標本を送り、学名などを教えてもらっていた。マキシモヴィッチはそれらの標本に珍しいものがあると言って歓迎し、自分の著書などを送ってきた。そこで、牧野は標品をすべて持って、マキシモヴィッチを助けに行こうとしたのであった。そのため仲介役を頼むべく神田駿河台の主教を訪れ、主教は快諾し手紙を送ってくれた。しかしながら、マキシモヴィッチは流行性感冒に侵され、牧野が来ることを喜んだが、間もなくして死去したという返事が来たのである。

マキシモヴィッチの写真（牧野富太郎旧蔵）（個人蔵）

こうしてロシア行の計画は頓挫してしまった。その時につづった「所感」が自叙伝に掲載される。また、「植物研究雑誌」（第5巻第11号、1928年）の口絵にもマキシモヴィッチの写真とその下に「書感」というタイトルで同じ漢詩が載る。

さて、牧野富太郎と敬愛するマキシモヴィッチの交流については、高知県立牧野植物園発行の展覧会図録「牧野富太郎とマキシモヴィッチ―近代日本植物分類学の夜明け―」（2000年）に詳しく記録されている。同園は、平成11（1999）年11月に、牧野の植物図や蔵書を収蔵した牧野文庫を含む、展示・研究・資料収集および保存・教育普及を行う牧野富太郎記念館をオープンし、その開館記念特別展（後期）として上記の展覧会を開催したのであった。同図録は、当時園長の小山鐵夫氏が監修し、マキシモヴィッチの資料を所蔵するロシア側の協力を得て編集されたものである。

同図録によれば、この展覧会準備のための調査において、大きな収穫があったという。すなわち、牧野がロシアへ渡航するため仲介を頼んだ人物の手紙が見つかり、先述のエピソードが裏付けられたのである。それは、明治23（1890）年12月4日付の、マキシモヴィッチに宛てた神田駿河台の主教ニコライの手紙で、ロシア科学アカデミー古文書館サンクトペテルブルク分館にあった。内容は、牧野の紹介と植物研究のためにマキシモヴィッチのところへ行きたい、生活費のために植物採集と植物園での職を与えてほしいという牧野の希望が書かれてある。12月4日という日付けは、矢田部により植物学教室の出入りが禁じられた翌月のことであり、それが引き金になったであろうことは想像に難くないが、海外で研究したいという意志は以前から抱いていたのかもしれない。

当時、日本の植物学界では、標本を海外へ送り学名の付与を外国人に依頼していた。今まで登場した伊藤圭介と孫の篤太郎、田中芳男、矢田部良吉らもそうしており、ロシアのコマロフ植物研究所（もとサンクトペテルブルクの帝室植物園）に、牧野の送った標本も彼らの送った標本も収蔵されている。

ここで、マキシモヴィッチの生涯について言及しておく。モスクワに近いツーラの出身で、医学を修めるためドルパット大学に入った。しかし、子供の頃から植物に親しんだこともあって、植物学者ブンゲに就いて感化を受け、東アジアの植物に興味を持ち、その研究に一生を捧げることになる。卒業後、サンクトペテルブルクの帝室植物園の標本館に職を得てここを生涯研究の拠点とした。1853年に軍艦ディアナ乗船を命じられ、世界周遊の航海に出る。そこで、アムール河方面の植物探検を3年かけて行い、その地域の植物誌を刊行した。続いて満州を調査し、日本の開港を知って1860年函館に入港。しかし外国人は行動範囲に制限があるため、須川長之助を雇い内陸部の調査を委ねた。マキシモヴィッチは函館を発ち横浜を経て長崎、そして横浜に滞在、須川が手足となって各地で植物を採集して1864年にロシアへ帰国した。研究の成果を「日本・満州産新植物の記載」と「アジアの新植物記載」として発表、ロシア科学アカデミー会員およびロシアの植物学界の最高権威となった。日本の草創期にあった植物分類学者たちは、マキシモヴィッチに標本を送り鑑定を依頼、それに応えて極東アジアを広範囲に調査した豊富な知見を生かしてマキシモヴィッチは正確な検定を行い返答したのであった。そして、日本植物誌を編述しようと望んだが、急逝により果たせなかった。

前回の記事で登場した宮部金吾は、アメリカ留学の後ロシアへ立ち寄りマキシモヴィッチを訪問した。マキシモヴィッチから親しく教えを受けた宮部が中心となって、昭和2（1927）年11月に、自らが会長を務める札幌博物学会主催で北海道帝国大学において「マキシモヴィッチ氏誕生百年記念会」と展覧会が開催された。この記念会に牧野も東京から参加し、マキシモヴィッチの恩を受けた者として感謝の念を込めて「追懐談」を述べた。そのなかで、マキシモヴィッチが日本植物志を完成させる志を抱いていることを伝え聞き、自分の持っている資料をすべて提供して、その事業を賛助したいと思ったという。牧野は、マキシモヴィッチの日本植物学界に対する貢献に感謝するとともに、マキシモヴィッチの記載文が「穏当明瞭」なもので、後進の者にとって学ぶべきものが多かったとマキシモヴィッチの優れた点を具体的に評価した。同様なことを宮部も、同会の式辞で挙げている。

コオロギランを発見(23)

マキシモヴィッチの続きである。牧野がマキシモヴィッチに送った標本の点数は、数千にも及び、多くは四国で明治17（1884）年～明治23年に採集されたものである。また、明治20年に東大から送った標本のうちに、牧野の標本507点が含まれている。これらについて、牧野は標本に番号をつけリストを添えた。翌年、マキシモヴィッチは丁寧な内容の回答を送ってくれて、アサマリンドウ・ジョウロウホトトギスなどが新種とされた。中には、自分の名がついた「*Sedum Makinoi* Maxim.」（マルバマンネングサ）という学名があった。マキシモヴィッチより返事が来たのと同じ明治21年7月に郷里の友人・林虎彦（高知の中等学校である海南学校の教師）に宛てた手紙の中で、マキシモヴィッチが命名した学名に「…生（筆者注：自分のこと）ノ名ガ付ケアリタル故ニ、鬼ノ首デモ取リタル様ニ大喜ビニテ申シ上ゲマス」と書かれていることから牧野は大喜びであった。ただし、ややこしい話であるが、牧野はマキシモヴィッチがつけたこの学名にタカネマンネングサの新和名をつけて「日本植物誌図篇」第1巻第2集第12版として発表したが、後に同巻第6集で「*Sedum Makinoi* Maxim.」はマルバマンネングサであると訂正した。

また、高知県立牧野植物園には、マキシモヴィッチから牧野に宛てた手紙が収蔵されている。これは、明治23年2月22日付のもので、内容は明治22年9月に送ったヒメキリンソウ・ヒナノシャクジョウ、そして新種のランについてであった。新種のランに、マキシモヴィッチが *Stigmatodactylus sikokianus* と命名したが公表することなく亡くなってしまった。そこで牧野が、唇弁の形状と色をコオロギの羽に見立ててコオロギランという和名をつけて発表することになる。発表の機会は、図では「日本植物志図篇」「新撰日本植物図説」にそれぞれ収載し、記述では「植物学雑誌」に「土佐ニ於テ發見シタル新属ノらん科埴物」(同誌第4巻第39号、1890年所収)、マキシモヴィッチからの返事の内容と和文の記載文を書いた「こほろぎらんノ記」(同誌第13巻第143号、1899年所収)、英文の記載文(同誌第19巻第221号、1905年)などを載せ、さらに「科学世界」(第1巻第7号、1908年)に「本邦稀有植物ノ一ナルこほろぎらん」を寄稿したのである。一つの植物をこのように多くの機会に取り上げたということは、それだけ牧野にとって印象に残る植物であったと思われる。尊敬するマキシモヴィッチからの手紙には、牧野が描いた解剖図がとても正確で、自分も蕾を解剖したところ牧野の図と少しも違わなかったと書かれてあった。分類学者として自分が描いた解剖図が正確であると評価されて、これ以上の喜びはなかったであろう。

コオロギランの図について、高知県立牧野植物園には、「日本植物志図篇」第1巻第7集第43版として掲載された図やそれの着色図以外に、第43版の各部分を切り抜き、配置を変えて「新撰日本植物図説」第93図版を用意するための下図が収蔵される。牧野らしい微細な部分の誤りを訂正する書き込みなどがあって興味深いが、四つの個体の全形図のうち右にある個体が白く消されているのが気になった。というのは、印刷図では元通り、つまり消されていない状態になっているからである。

さて、高知博物学会刊行の雑誌「博物会報」（第2号、1930年）に、吉永虎馬（※5）は「嘗《かつ》て私の見出したる二新属の植物に就きて」という記事を掲載し、キレンゲショウマとコオロギランの発見に至る経緯を述べ、前者は矢田部良吉の記載文を、後者は牧野の記載文をそれぞれ掲げた。後者について、横倉山の安徳天皇御陵墓伝説地に近い深林の中の朽葉のなかで発見したと述べ、その状況は「当時牧野矢野両先生と共に登山して小休中、傍の朽葉を掻き除けてビロウドランなどを採りつつありし際、偶然に此小本を見附けたので直に牧野先生に示したるに、之は面白いものであるとのことで皆彼処此処を捜して相当の数を得たのである。然るに非常に奇妙なる形態を有するもので、流石の先生も一寸所属を判定するに惑われた様であった。後露国著名の植物学者にして、特に東洋植物の研究に不滅の大功績を残されたるMaXimowicz（原文ママ）博士に送りて検定を乞われた…」とある。

また、「序に牧野先生の前記植物志図篇（筆者注：「日本植物志図篇」の第43版）に描かれたる全形図四の内右側の花を着けざる一株は、私はコオロギランでなくしてビロウドラン属の幼きものであると思う、即ち其下葉の形態附方などが全く他のものと図にても異なって居るので明かである私は此事を先年先生へ迄申して上げたことがある」とも書かれていた。おそらく吉永が牧野に伝えて牧野が消したということが想像されるが、牧野自身が気づいて消したということもあろう。

一方、牧野も発見の経緯を記録している。まずは「土佐ニ於テ發見シタル新属ノらん科植物」のなかで「之ヲ採リシモノハ誰ゾ矢野勢吉郎（※6）、吉永虎馬両氏ト予ト三人ナリ」と記し、また「本邦稀有植物ノ一ナルこほろぎらん」ではもっと詳細でかつリアルである。すなわち矢野、吉永ら数氏と横倉山に植物の採集に赴き、深林のある場所で休憩し同行の人々は朽葉の上に座して談笑する間に「予ハちょっと眼ヲ転ジテ我座リタル傍ノ地上ヲ視シトキ偶然ニモ此蕞爾《さいじ》タル奇品ニ逢着シタノデアル、や、面白イモノガアッタト叫ブヤ、どれどれトテ同行ノ人々集リ吾モ吾モト捜シ廻リテ各数株ヲ採集シタガコレガ右ノこうろぎらんでアッタ」と記される。余りに小さくて見過ごしてしまうもので、その後も発見例を聞かないが、休憩してたまたま座っていたので視線が地面に近かったことが幸運したと牧野は述べている。

寿衛との新生活⑷

牧野富太郎は、自叙伝のなかで自分の妻・寿衛のことを語っている。見出しを挙げると「可憐の妻」、「妻の死と『すえこざさ』の命名」、「亡き妻を想う」などである。2人の出会いは、牧野が本郷にある大学へ行くとき飯田町の小さい菓子屋の前を通りながらその店の娘を見初めたことがきっかけで、人を介して嫁にもらったという。それは明治23（1890）年頃、牧野が27、28歳のことであった。仲人は石版印刷屋の太田という人で、その頃、先述したように牧野は郷里に帰って自分で植物図譜を作るため石版刷の技術を習っていた時であって、その太田に仲人役を頼むことができた。寿衛の父は彦根藩士で小沢一政といい、

※5　1871～1946年。牧野と同郷で深い親交があった。高知県師範学校を卒業後教職に就き、後に高知高等学校講師、教授と進んだ。県内各地で植物採集を行い、菌類やコケ類も研究した。ミカンゴケなどの発見者として知られる。牧野を初め高知県に来る植物学者に標本を提供し助けた。

※6　高知県出身。海南学校の教員になるが、後台湾に渡り商業に従事。

牧野富太郎と妻壽衛（個人蔵）

陸軍の営繕部に勤めていた。飯田町にある大きな邸宅に暮らし、母は京都の出身で、寿衛は末の娘であった。寿衛は娘の頃は経済的に恵まれていたが、父が亡くなって邸宅も売り、母は数人の子供を連れて飯田町で小さな菓子屋を営んでいた。そこでの出会いである。「まあ恋女房という格ですネ」とサラリと言ってのける辺りに、それだけ牧野の喜ばしい気持ちが感じられる。

結婚については牧野の個人的なことなので、自叙伝でつまり本人が語っている事柄で十分ではあると思うが、牧野富太郎の小説や伝記で取り上げられていることもあるので簡単に触れておく。一つは寿衛と結婚した時期に関することである。大原富枝の小説「草を褥に―小説牧野富太郎」（小学館、２００１年）に載る明治26年5月の牧野筆寿衛宛ての手紙に書かれた内容から、２人が所帯を持ったのは明治21年の初めのことで、最初の子供である園子が生まれたのも同年のこととしている。もう一つは、上村登の「牧野富太郎伝」に書かれる、牧野には祖母・浪子が決めた許嫁《いいなずけ》がいたことである。相手は猶《なお》という三つ年下の牧野の従妹であった。２度目の上京後、２人は祖母のたっての願いで結婚した。しかしながら、猶の妹と結婚した牧野儀之助の談によれば、猶は師範学校出身の立派な夫人であったが、性格が合わないというようなことで間もなく離婚することになったということである。上村の伝記は、牧野が亡くなる直前に出版されたもので、その内容は生前の牧野自身なり家族なりが話したことを踏まえているであろうし、あるいは上村が書いた事柄に目を通したのではないかとも考えられる。

自叙伝中に猶は登場しないと思っていたが、第二部の「酒屋に生まる」において、「明治二十年に祖母が亡くなったので、私は全くの独りになって仕舞ったが、しかし店には番頭がおったので、酒屋の業務には差支えはなく、また従妹が一人いたので、これも家事を手伝い商売を続けていた。しかし私は余り店の方の面倒を見る事を好まなかった」と書かれた箇所を見つけ、この「従妹」が猶のことではないかと思われた。

こうして新生活をスタートさせた牧野であるが、植物の研究を進めて行く途上で矢田部との確執が起き、渡露しようとしたがマキシモヴィッチが急逝しその夢は破れ、また郷里の岸屋が経済的に立ち行かなくなるという困難な状況に見舞われることになる。明治24年12月に牧野は佐川に帰らざるをえなくなった。

高知で音楽のために狂奔(25)

帰郷した牧野は、高知の延命軒という宿屋に泊り、音楽の普及に熱心に取り組むことになる。ある日、新聞記者に誘われて、女性の先生の唱歌の練習を聴きに行った。その先生は、高知の女子師範学校に西洋音楽の教師として初赴任してきたのであるが、間違った拍子の取り方でほとんど音楽になっていなかった。当時の高知県の音楽は色を染める前の白い布のようであって、染め様によっていかにでも染まる時に、間違った音楽を教えられては大変だということで、校長に掛け合ったが何ともならなかった。そこで、高知県の教育上の音楽のため高知西洋音楽会を設立し、ピアノやオルガンを持つ協力者の家でその会を開くことにした。会には音楽愛好者が20～30人ほど集まった。「元来私は妙な性質で」と自身のことを言う牧野は、ことごとく集めてしまわないと気が済まない性格から、出版されていた楽譜など音楽に関わる書物を入手して持っていたのであった。そして自ら音楽の先生となって軍歌・小学校の唱歌などを歌って、それにより参加者は初めてさまざまな音楽に接することができた。後に上京した時に、東京音楽学校長らに運動して、高知に優秀な音楽教師を送るように懇請したところ、収賄事件が起き校長以下の更迭となったので片が付いたということである。

話はややさかのぼって以前のことになるが、佐川にオルガンを導入したのも牧野であった。佐川へオルガンが入ったのは高知に次いでであった、と牧野は回想する。早かったのであろう。明治19（1886）年頃のことである。東京で音楽をやっていた牧野が佐川へ帰った時に、学校に音楽の課はあっても楽器がないのは面白くないということで、東京の知人へ頼んで買ってもらい、それを小学校に置いたのであった。このことから東京で音楽に接し関心を持つようになった牧野が、郷里のために骨を折ったと理解できる。

一方、本来の科学においても講談会を開いたり夜学をやったりして、「理学会」という勉強会を立ち上げた。同会では牧野自身が陣頭に立って若い人達が科学の勉学に励むことができるようにした。政治への熱き思いに代わって科学の必要を認める若い人たちが出てきたのである。また、小学校などへ科学の書物を持って行って見せたりもしたという。しかしながら、明治23年頃には上京するようになり、会も自然と中止になったという。音楽においても科学においても正しい進歩のためならば努力も散財も惜しまなかった牧野の若い頃の熱烈な姿が思い浮かぶ。おそらく、音感の良さは植物の細部まで見分けられる能力と相通じるものがあって、おかしいものは絶対におかしいのであり、いい加減で濁してしまうことはなかったのである。

自叙伝に「かくて明治25年は高知で音楽のために狂奔しているうちに、夢のように過ぎてしまった」と書いてあるのでそのように思いがちではあるが、牧野は植物の採集にも精を出していた。「牧野富太郎植物採集行動録　明治・大正篇」を見れば、その年に高知県内の各地に出掛けて採集した標本が東京都立大学牧野標本館に現存していることが分かる。また、この年に牧野が描いたワカキノサクラ・イトザクラ・トサノミツバツツジ・フジツツジなどの図も遺っている。

牧野が晩年に創刊した「牧野植物混混録、11号」（１９５２年）に、「クサリケイソウを最初に日本で見た人は誰乎」と「明治25年土佐高知で見附けた緑色淡水藻一種」という記事が載る。どちらも明治25年６月に高知市内で見つけた藻類で、顕微鏡で観察したことを述べている。前者のクサリケイソウについては、五台山南側の麓にある、海に近い池の泥を調べたところ、「実物を実地に顕微鏡で見て其活発に左右に往復運動する奇状に驚き、自然界にも此んなものが在るのかと驚異の目を瞠《みは》ったのは誰であろう、其れは拙者で、指を屈すれば今から正に六十年前、即ち明治二十五年（１８９２）の夏6月であった」という。その時に牧野が写生したと思われる図が掲載される。後者は、高知城近くにある藤並神社入口の橋下の濠の水底泥上で見つけ、後に和名をミナソコミドリモと名づけたものである。自身が写生した図が添えられる。特に前者の、前後に活発に動く珍しい運動について科学的な知見を得た大いなる喜びは、晩年になっても牧野にとって新鮮な記憶であったと想像される。牧野は、この「混混録」の記事のみならず、その後「採集と飼育」（第16巻第11号、１９５４年）に寄稿し、「奇なる硅藻《けいそう》の一種」というタイトルをもつ牧野の自筆原稿が写真で掲載され、その感動を再び伝えているからである。そこには、「混混録」に掲載の図とは異なる、牧野が描いた雁行硅藻の図も併せて示される。こうした顕微鏡による観察は当時まだ珍しいことで、牧野は植物学者として貴重な経験を積んだのである。

最後に、当時の金銭価値が現在のどのくらいに相当するかを見極めることはむずかしいと承知の上での余談である。延命軒の宿泊料が当時の80円であったと牧野は記録している。翌年帝国大学理科大学の助手を拝命することになるが、そのときの月給が15円。本人が延命軒での宿泊をかなりの散財であったと述べているが、まさしくそうであったろうと思われる。また、今までの記事で触れた牧野の購入品、つまり顕微鏡・石版印刷機・オルガンはいずれも個人が普通にすぐ買えるようなものではない。「赭鞭一撻《しゃべんいったつ》」の一つにある通り、ケチケチしていては始まらないのである。

◇

第2部では、いろいろな事が起きた。本格的な植物の調査、2度目の上京に始まる東京と郷里の二重の暮し、祖母の逝去、所帯を持って子供が生まれる、専門雑誌に論稿を載せ日本植物誌を出版する、矢田部教授との確執、郷里に帰って家財の整理と一見目まぐるしいが、牧野博士はある時は喜びある時は怒りを覚えながらも着実に歩みを進めていたと思う。第3部は、悲しい別れから始まるが、大学の助手というポストを得て大学の植物学教室と関わりを深めつつ、第二の受難を迎えることになる。

牧野31歳、悲しみからの出発(26)

明治26（1893）年を迎えた。牧野富太郎はこの年31歳になる。この年はとても悲しい出来事で始まった。郷里に帰っていた牧野の下に、最初の子である園子が亡くなったという知らせが届く。とるものもとりあえず、上京したことであろう。日記には、1月19日に「九時頃東京着」、翌20日に「墓地を改め午後3時園子の葬式をなし、夜に入りて帰る」と書かれる。牧野富太郎のお墓は、東京では谷中の天王寺（東京都台東区）にある。おそらく園子のために東京で求めた墓地であろう。

牧野が郷里を離れ、東京で所帯を持つようになって数年。前年はずっと郷里に滞在していた。東京に住み慣れたとはまだ言えない頃である。そのような状況で墓を定めなければならなくなって、困惑したはずである。自叙伝によれば、「夫婦差し向かいの愛の巣を営んだ」場所は根岸の御院殿跡（東京都台東区）であった。そこで園子が生まれたであろう。その後、牧野が郷里に戻ることになって麹町区三番町（東京都千代田区）を留守宅とした。愛しい子供の永久の安らぎの場としておそらく思い出深い新居に近い場所を探し、天王寺に決めたのではないか。

こうしたなすべきことに追われて一段落したころ、どうしようもない悲しみが募ってきたことと察せられる。すでに挙げた大原富枝著「草を褥に―小説牧野富太郎」に収載される、明治26年5月に妻・寿衛に宛てた手紙に、この世では二度と会うことのない園子への哀惜の念が語られる。5歳になるかわいい盛りの娘を思い、そばに居られなかったという後悔に責められたであろう牧野の気持ちには、ひとしお胸に迫りくるものが感じられる。

園子の死に追い打ちをかけるがごとく、郷里の家財を整理して財産がほとんどない状態となった牧野は、これ以降経済的な困窮と闘っていかねばならず、同時に大学の植物学教室における対立も起きるようになる。第2の受難の始まりである。郷里にいる間に、東京大学の松村任三（1856〜1928年）より「大学へ入れてやるから至急上京しろ」という手紙が送られてきて、牧野は「家の整理がつき次第上京する、よろしく頼む」という返信をしていた。そして、東京に戻ってから、2月に帝国大学理科大学より植物整理及び植物採集を委嘱され、9月に理科大学助手に任じられた。「民間から」（という言葉を牧野はよく使う）大学の職員になり、給料をもらうことになったのである。15円であった。その金額ではとてもつましく生活したとしても、家族がいて暮らしていくことはできず、借金がかさんでいった。

ここで松村任三に触れておくと、14回目の記事でその名は挙げたが、常陸国（現茨城県）の出身で、明治維新後大学南校で学び明治10年に小石川植物園に奉職、矢田部良吉に師事した。その後助手となり、ドイツ留学を経て明治23年から教授になった。矢田部の採集旅行に同行した松村は、標本を製作・検定し標本室に収めて、東京大学の植物標本室の基礎を築くことに尽力した。また、明治19年に和名と学名を対応させた日本植物の総覧「日本植物名彙」や、明治37年から同45年にかけて日本植物を集大成した総合目録「帝国植物名鑑」を刊行した。

話は以前にさかのぼるが、第1の受難で矢田部の圧迫を受けた牧野は、杉浦重剛（1855〜1924

年）や菊池大麓（1855〜1917年）にこの一件を話して、2人はその処置を不当として牧野に同情したと自叙伝にある。それによれば、雑誌「亜細亜」に関連する記事が載ったのは杉浦の指図があったからと聞き、牧野が助手になったのは菊池の推挙によるということである。また、矢田部の非職については、菊池との権力争いがあったという。18回目の記事で紹介した「矢田部良吉年譜稿」においても、菊池と箕作佳吉兄弟との対立関係に矢田部があったことが示されている。杉浦は、雑誌や新聞などを通して国粋主義的な言論や教育活動を行った人物である。また、菊池は幕末から明治にかけて2度イギリスに留学して数学や物理学を学び、帰国後東京大学教授となる。政治的手腕も兼ね備え、文部次官・文部大臣も務めた。菊池は父の家を継いで菊池姓になったが、父親は津山藩の洋学者・箕作秋坪であり、弟佳吉はアメリカに留学し動物学を専攻して東京大学教授に就任した人物である。

菊池は専門が異なっても同じ大学の理科大学（理学部）であるので、牧野が知遇を得る機会はあったであろう。しかし、杉浦や15回目の記事に登場した、祖母・浪子の墓誌に携わった本居豊頴《とよかい》らは東京大学で教えたことはあるが、どのようにして知り合ったのであろうかと不思議に思った。2人に出会った経緯は今のところ不明である。しかしである。牧野は、つてがあるないにかかわらず、また知り合いかどうかも関係なく、必要とあらばその人を直接に訪ね、自分の主張なり意見なりをはっきりと述べ伝えることができる行動派の人ではなかったか。

そうこうするうちに借金が増えて2000円ほどになった。そこで助け舟を出してくれたのが、土方寧《やすし》（1859〜1939年）であった。土方は牧野と同じ佐川の出身で、イギリス留学後の1891年に帝国大学法科大学教授に就任した人物である。牧野の窮状に同情を示した土方は、その頃の大学の総長・浜尾新（１８４９〜１９２５年）に、「日本植物志図篇」を見せて何とか給料を上げてやることはできないかと頼み込んでくれることになる。このことをきっかけに、牧野の金字塔と言えるあの「大日本植物志」が生み出されることになる。

牧野の交流・交友関係は幅広い。当時は今まで以上に同郷のよしみが強い時代であったと思うが、周囲には牧野を支持してくれる人がいて、このことが常に、牧野にとって前進していく大きな支えになったと思う。

異形なものムジナモ(27)

明治26（１８９３）年10月に、「植物学雑誌」第7巻第80号の「Notes on Japanese Plants, XIX」にムジナモの図が掲載された。3年前の明治23年11月に、矢田部良吉から植物学教室への出入りが差し止めになって研究が続けられなくなったあの時に調べていた植物である。そして、研究が続けられるよう帝国大学農科大学の場を提供してくれた池野成一郎の協力があった。

牧野がムジナモを見つけたのは明治23年5月11日のことである。発見の時の状況を自叙伝に次のように記している。すなわち「江戸川の土堤内の用水池の周囲にヤナギが茂っているので、その実を手折《たお》ろうとした刹那《せつな》、ふと水面を見ると異形なものが浮かんでいるので、早速とりあげて見たが、全く見慣れぬ水草なので驚いて大学へ持帰り、皆に見せると、皆も非常に驚いたが、矢田部教授は書物の中に思い当たるものがあるといい、その学名を探してくれたが、これは当時僅《わず》かに欧洲と印度と豪洲の一部とにのみ産するといわれたムジナモであった。後に黒竜江の一部、朝鮮、滿洲にも発見されるようになったが、当時この発見は正に晴天の霹靂《へきれき》の感があったものだ」とある。

16回目のヤマトグサの記事で言及した「我邦に於て学界に興味を与えし植物発見の略史」(「趣味の植物採集」三省堂、1935年所収)という記事にも、植物学界で特筆すべき発見の一つとしてムジナモが紹介されている。その中で牧野は、世界的に知られていたこの水草が日本で発見されたことが非常に興味深いと述べた。ムジナモの和名は、自分が名づけたとも言う。ムジナはタヌキの異名と言われ、形状がその尾っぽに似ていることによると「牧野日本植物図鑑」(北隆館、1940年)で説明される。すでにタヌキモという名称が使われていたので、その異名とされるムジナを名称として使ったのであろうか。ちなみにタヌキモも牧野が学名をつけた食虫植物の一つである。

ムジナモに関する牧野の記述は、現在の文体と異なりややなじみのない文章かもしれないが、ここに引用しておく。牧野は「植物学雑誌」第4巻第40号(1890年6月)に、「*Aldrovanda vesiculosa*, L. 日本否ナ東京近郊ニ産ス」と題する記事を掲載した。これはムジナモの形状や捕虫の仕組みを説明したもので、「予は創めて之を利根川畔伊豫田村(武州)の沼地に採集したり、此奇なる食蟲草はいしもちさう科に属し、水中に浮游して生活し而して根を有せず其状宛もたぬきもの如し、葉は車軸状に輪生し各小葉の頂は四五條の鍼状に分列し、中央の葉片ハ両辺蛤合して嚢状をなし内部に毛と腺とを有す、辺縁内畳《へんえんないじょう》し縁端に歯を列す、此嚢状の葉片は水中ニ在て開口し、微細の水虫之より入りて嚢中の毛に触れば両辺活溌に閉合し、腺よりは液を分泌して之を消化し其液汁を吸牧して自体を営養する」(カタカナをひらがなに直し、読点を適宜補った。以下も同じ)とある。

さらに、翌24年に学友の松田定久より花が咲いていることを教えてもらった牧野は、再び伊豫田村に赴いた。その時の様子を「植物学雑誌」第5巻第56号(1891年10月)の「緜條書屋《ようじょうしょおく》植物雑記(其一)」に「むじなも幷《ならび》ニひしもどき」と題して次のように記した。すなわち「之(筆者注:ムジナモ)を採集し始めて果実を詳悉《しょうしつ》するを得たり、予は先きに始めて之を我邦に得るや直に之を露国の植物家「マキシモ井ツチ(マキシモヴィッチ)」氏に送りて日本の「フロラ」にも亦斯の如きものあるを示したり、同氏の返書に此植物ハ欧洲にては花を開くこと少し、日本産のものは如何とありたるを以て日本産のものも恐くは花を出すこと少なからんと予想せしが其花を得しとの学友の報ニ接し期会失うべからずと思い直に産地に到りしに此沼の者は頻々花を着け居るも彼の沼のものは一向に之を見ざる有様なりき」である。ムジナモは開花することがまれで、牧野は松田のおかげでその機会に恵まれたのであった。花については開花時期が7月で、日中に開花する1日花、葉腋から出た花梗が直立し水面の上に花を持ち上げ、5片の淡緑色の花弁が半開する。花が閉じると次の日、花梗は下を向いて果実が熟していく。種子は1個の果実に10個あり、花梗の下の葉には捕虫嚢《のう》がない。このように牧野は述べている。

こうして花や実を得た牧野は、細密なムジナモの図を用意することができた。この図を含めた「日本植物志図篇」第1集第12集を出版する予定であったが、急きょ郷里に帰ることになり第12集の出版は見送られた。また、牧野が描いたムジナモの図は、A.Engler の著書'Das Pflanzenreich :regni vegetabilis conspectus'（Ｈｅｆｔ26、１９０６年）に、花冠や花弁・蕊《しべ》などを示す部分図が採用され、図の制作者として牧野の名も記された。自分が描いた図が海外の植物学の書物に掲載されたということは、大変名誉なことであり、牧野の喜びも大きかったことであろう。

第2の受難、再びの確執(28)

前々回で述べたように、同郷の土方寧《やすし》が帝国大学の総長・浜尾新に牧野の窮状を救うべく掛け合ったことにより、「日本植物志図篇」の続きを自費ではなく大学で植物誌を出版するよう取り計ってくれることになった。そうなれば牧野が特別の仕事を担当するのだから給料も多く出せるであろうという浜尾の配慮からであり、また借金の整理のために土方のみならず同郷の田中光顕や矢野勢吉郎らが奔走して土佐出身の三菱の岩崎氏の助けにより借金を片付けることもできた。しかしながら、帝国大学理科大学植物学教室の教授・松村任三が、「植物学雑誌」にドシドシ研究成果を発表する牧野に対して少し自重するようにと言い、何かにつけて敵意を示すようになってきた。松村と牧野の専攻分野は同じ分類学であった。以上は自叙伝に書かれたことである。

ここで再び、牧野富太郎が札幌の宮部金吾に宛てた手紙を取り上げたい。明治28（１８９５）年10月17日付の手紙である。この手紙には、上記のような松村との確執を補完するような内容が記される。

手紙には、まずミクリについてガマ属のものと併せて調べたく材料を収集しているので、北海道の標品と自分が持っている標本（牧野は「標品」という）とをぜひ交換したい、特に果実の標本がぜひとも欲し

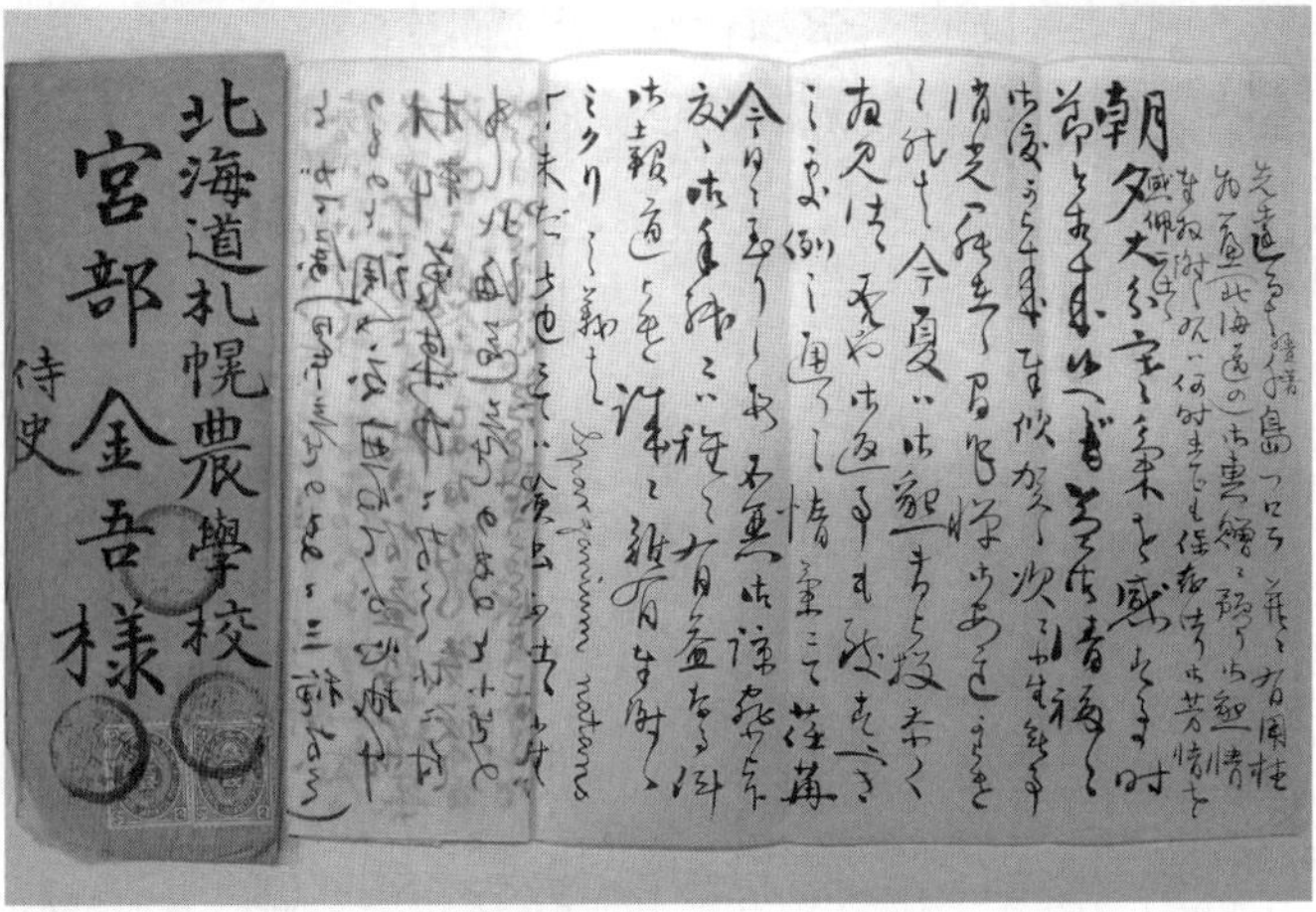

宮部金吾宛ての牧野富太郎書簡（明治 28 年 10 月 17 日付、北海道大学大学文書館蔵）

いと書かれる。続いて、ヤブジラミについての教示を謝した後、発行年の古いヨーロッパの専門雑誌がないことから、話は必要な書籍が大学になく近年書籍が集まっていないことに及ぶ。書籍がないために調べられず、そのままになってしまうことがあるが、自分には購入するだけの財力がないと嘆く。そして、三好学が帰国して、今学期より講義するようになって学生も大いに喜んでいるが、近年教室の評判が何となく悪くどこへ行っても不評である、これには原因があるが言い難いと述べる。話は自分の状況に移り、「学浅く識卑し」い自分は優待されることなく、月給15円（正味13円35銭）で財政が困窮している。しかしながら、と牧野は次のように述べる。自分のために画策してくれる恩人がいて、自分を日本フロラの執筆者にして、費用は今年の帝国議会で認められれば支出されるということになった、そうすれば自分の初志を達せられ一生この著述に取り組む覚悟であると。発行所は帝国大学植物園となり、1年に12冊を発行、その体裁は図と解説文からなり、各冊に6から8種の植物を科の順序によらないで掲載し、大きさは「日本植物志図篇」と同じことにする、とある。手紙には「本年の議会を気遣ひ申し居り候」と書いているが、まさしく議会が通れば予算がつくのであるから、その動向が注視せられたわけである。

さらに、牧野は続ける。自分は生きる道筋が立ち難くやるべき仕事もすることができずにいて、知人は自分の境遇を気の毒に思ってくれるが、「肝腎の○○」はこの境遇を察せずかのように、人に使われる程世の中にイヤなものはない、使われるのであればそれなりの人物の下でなければ不幸であると助言してくる。自分は今の待遇にいささか不平があって、困窮する一方で仕事をとがめられるのは誰であっても苦しいと述べる。そして、宮部のいる札幌農学校へ大学から植物標本を送らねばならないが、まだ選ぶべきものが終わっていないので整い次第すぐに送るようにするから今しばらくお待ちくださいと言い、松村氏にこの送付がまだであると督促するようなことはしないでくれ、そうすると大いに叱責されるので、督促の時は直接自分に言ってほしいと頼んでいる。

今年は春に秩父地方へ行きヒメニラを採集したところ、雌株ばかりで雄株を見なかったが、北海道のものもそうであるかと尋ねその標本を送ることを約し、2、3日中に土佐へ行くので何か新発見のものがあればと心に祈っていると結んで、この長い手紙は終わる。

この手紙から、牧野は助手としてやらねばならない仕事があってそれをやらなければ上司に叱責されるという自叙伝からは知られない一面を見ることができた。また、困窮も甚だしく、一生をかけてやりとげたい大目標があれどもなかなか事の運ばないジレンマにある牧野の悶々《もんもん》とした状態が感じられた。おそらく松村は教授として植物学教室を管理する立場にあり、大学間の標本交換も重要な責務の一つであった。一方、牧野は自ら望んで助手になったわけではなく、あくまでも日本の植物相の解明に尽くそう、日本植物誌の完成を目指そうという研究が牧野にはあって、その大事は他のどんな事よりも優先されるべきことと牧野は考えていた。植物学教室も教授や学生も同じ志であったことに変わりがないが、皆で協力して目標に向けて研究を進めるというのではなく、教室の責任ある立場にあって何かと助言する松村と研究を第一に進めようとする牧野とはそりが合わず平行線をたどっていたように見受けられる。

同年12月には、高知県へ行ったので「土佐産之朱欒（ザボン）若干」を「歳末之御見舞」として送呈するという内容の手紙を宮部に出した。高知の名物であるザボン（文旦）を歳暮として送ったあたりに、宮部に対する牧野の心遣いが感じられる。

台湾へ植物探検（上）(29)

その後、牧野の待ち望む帝国議会の結果はどうなったであろうか。引き続き宮部金吾に宛てた牧野の手紙を見てみよう。明治29（1896）年2月の手紙にそれへの言及がある。牧野は、宮部から来た手紙に対して「懇々の御訓諭」をありがたく承り肝に銘じたと礼を述べてから、予算の話題に移る。すなわち大学での植物誌編さんは、今年は着手する運びにはならなかったが決してやめることはなく来年度の予算に繰り込むことになった、つまり文部省は通過したが、大蔵省で戦争後の経済立て直しの点から先送りにしたからで、原稿をこしらえておくことにして今から楽しみであると書いている。以上のことから、日本の植物誌を作る話は翌年以降に先延ばしになったことが分かる。

さらに宮部宛の手紙をたどると、同年3月の手紙は、牧野の家の近くで起きた火事に対して見舞状をよこしてくれた宮部に礼を伝える内容である。翌30年9月の手紙から、宮部が上京したと分かる。牧野は大喜びで、深夜まで長話をしたようで、もう一度お会いしたいと思っていたところすでにたたれた後でひどく失望し、見送りもせずに失礼してしまったと詫びている。この手紙には「俗物先生」が「入閣」することになり教室の調和が乱れるであろうと嘆いていることが記され、その心配は次の同年10月の手紙に続くことになる。

30年10月の手紙では、宮部から植物学上有益な事柄をお知らせくださりありがたいと感謝を伝え、それらについて自分の見解を述べる。例えば、エゾウコギ（*Eleutherococcus senticosus*）と同属のものが内地にあって南は高知県まで分布し新種として記載文を近く発表するつもりだと言う。エゾウコギと異なる点があってエゾウコギの変種かもしれないが、エゾウコギの実物がなく洋書の図説と比較しているのみだということである。また、お願いしたい事として宮部の手元にある苔類の標本の交換を望み、日本とアメリカの苔類の交換をしたいのでアメリカの苔類の専門家を教示してほしいと記す。最後に、宮部から話があった米国から注文の標本の件に尽力してほしい、薄給で経済的に困難であるため他にも注文があれば応じたいとある。この内容から、牧野は注文があれば標本をそろえて売っていたことが推察される。つけ加えて、内地の高山にあるナナカマドを新種と検定したが、北海道にもあるかと尋ね、タカネナナカマドともミヤマナナカマドとも異なり「*Pyrus (Sorbus) Matsumureana*(sp. nov.)」と命名すると記す。

植物に関する話題は以上のごとくであるが、牧野にとって憂慮すべき教室の問題があった。すなわち前の手紙に登場した人物に関することである。その人物は「時事新報」に台湾植物の記事を書かせ、そこに自分一人で植物探検を引き受けたように書かせて得意になっているのはもってのほかだと言う。さらに翌明治31年8月の手紙にも続き、その人物に関する「東洋学芸雑誌」の記事も非難し、牧野の攻撃はこの人物に対してだけでは終わらず、この人物を雇った人物の失策だと手厳しい。さらに、この手紙には、アメリカよりの標本の注文があるか否かをできれば尋ねてほしいということが記され、行間には注文の件をはっきりさせたいという牧野の差し迫った思いが感じられた。

手紙に言及されている台湾の植物探検について、牧野は、前年の明治29年10月に植物採集のため台湾へ出張を命じられた。おそらく手紙の内容から牧野とその人物は一緒に植物調査に出掛けたのであろう。牧野の日記によれば、10月に護身用のピストルと弾薬を購入し、同月15日に神戸をたち20日に出発、25日に基隆（キールン）に着き、27日に台湾に着すとあり（日程については次回でも言及）、帰国は12月中旬であった。この学術調査団は、日清戦争が終結して台湾が日本の領土となった経緯から派遣されることになった。牧野が書いた台湾での採集の記録としては、「日本園芸会雑誌」（87号、1898年）に寄稿した「台湾産たかさごゆりノ記（図版附）」がある。その記事には、台北城から遠くないところにある、花々が点々として咲く丘で草間に隠れ見えるユリを発見したこと、そのユリはタカサゴユリと言い、他にタイワンユリ・ホソバノテッポウユリの名称があること、特徴はテッポウユリと似ているが花や葉がそれより細かいこと

タカサゴユリ　牧野富太郎筆（個人蔵）

が記される。記事には牧野が描いたタカサゴユリの単色図が添えられる。この台湾の出張について牧野は言葉少ないように見られる。本州とは異なる亜熱帯・熱帯気候に属する台湾で出合った植物について話したいことは山ほどあったであろうと思われるにもかかわらず、である。特に、牧野は明治27年から29年にかけてつまり台湾に赴く前まで「黒岩恒《ひさし》氏採集琉球植物」を「植物学雑誌」に連載して、南西諸島にも高い関心を寄せていた。（黒岩は同郷で、明治13年石鎚山に牧野とともに行った人物である）

台湾へ植物探検（下）(30)

台湾での植物調査について、帝国大学側の資料を見ると、これを台湾学術探検隊と称して「植物に関しては助手牧野富太郎、学生大渡忠太郎、植物園雇内山富次郎選ばれてその行に加はり、台湾滞在一ヶ月にして十二月帰京せり。当時島内の旅行甚だ困難なりしため植物の採集完からざりしが、既に多少着手せられし琉球植物の研究と相俟《あいま》ちて熱帯植物直系の研究漸くその緒に就くの機を得た」と記される（小倉謙編「東京帝国大学理学部植物学教室沿革」より）。台湾での移動が難しい状況を伝えており、牧野が護身用

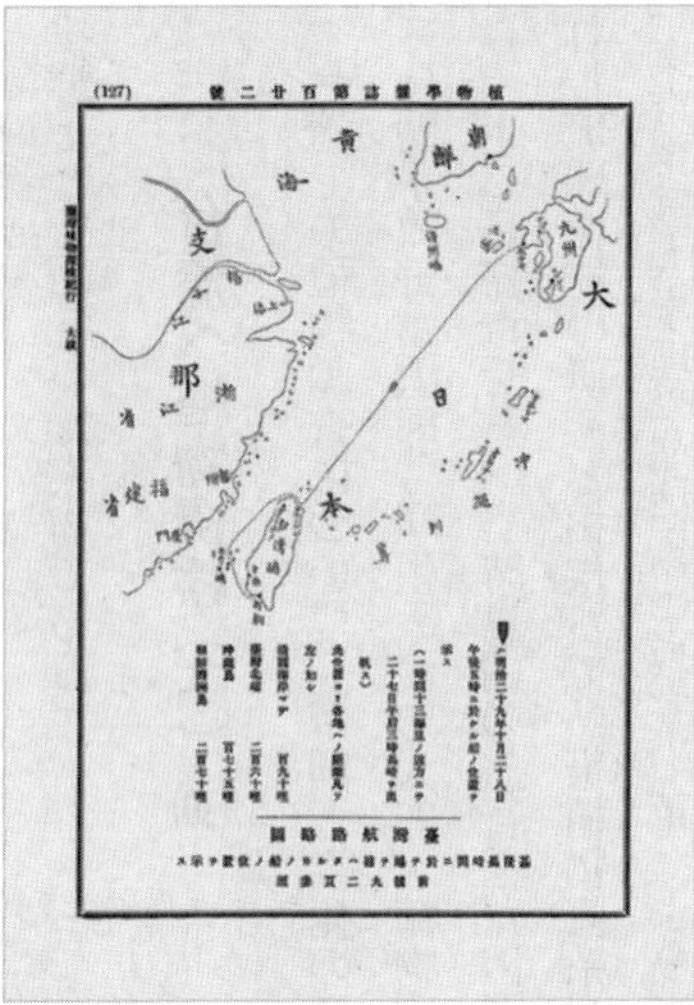

「台湾植物探検紀行」に掲載された地図（「植物学雑誌」第11巻第122号より）

にピストルを携行したこともこれと関係があろう。牧野も思うように採集ができなかったのかもしれない。

台湾行に挙げられた人名と東京大学が所蔵し現在公開されている公文書を踏まえると、牧野の手紙に登場した人物は大渡《おおわたり》忠太郎（1867～1953年）ではないかと推察される。公文書には大渡の履歴が詳細に記録され、助手となったのが明治30年9月とある。これは、前回取り上げた同年9月に書かれた牧野の手紙の内容と一致する。大渡の側に何か台湾に関する記録があるのではと思い調べると、「台湾植物探検紀行」と題する植物採集の成果をまとめた報告が「植物学雑誌」（第11巻第121号～123、126号～128号　1897年）に掲載されていることが分かった。そこにはたびたび牧野が登場し、その行動や談話が記録されていた。大渡の報告によれば、10月20日に横浜を船でたち、神戸で台湾基隆（キールン）行きの船に乗り換え23日に出帆した。30日に無事到着。ところが、軍の徴用で列車に乗ることができず、牧野が全権委員となって通信部に行くことになった。ようやく通信部の厚意を得られて宿泊するところにたどり着いた。この間言葉が通じなくて困った念が強く、台湾占領後1年を経てもこのような状況なのでこれから台湾に来る人は多少の単語の習得は必要だと勧めている。翌日、汽車に乗る許可も得られ台北に向かうことになったが、あまりにも荷物が多くて乗車を拒否されて愕然《がくぜん》とした。そこで、ここに滞在し採集を行うことにした。その後、調査を二手に分け、牧野は台湾の北部を、大渡は南部を担当することにしたということである。

牧野が担当した地域の調査については牧野の話が載る。すなわち牧野は内山とともに台北に入るが、台北城内は黒死病がはやっている状況であったためそこを避け台北城の北にある大稲埕（タトウデー）を宿とした。そして台北付近の植物を採集していく。牧野の調査報告の中で興味を引いた一例は、台北から新竹に通じる途中にある埤角（ピーグワ）に産する一種のユリのことである。牧野はこのユリに対して「たいわんゆり」という新称を付与したと言うが、このユリは白花で葉が狭くテッポウユリに似ているとある。これは、前回取り上げた牧野の記事「台湾産たかさごゆりノ記（図版附）」に一名タイワンユリとあるので、タカサゴユリのことであろう。また、芝山岩で見つけた「ぜにごけしだ」について牧野は「奇中ノ奇品」として、一見するとゼニゴケのようであるがシダであり、サモア島が産地であったがこれで新たに台湾を産地として加えることになったと強調している。牧野の報告を読むと、事前に外国の文献に当たりよく勉強していたことが分かる。

さて、大渡は明治30年10月に調査報告を書き上げ、12月に再び台湾に赴き調査のため滞在し、その後植物探検として清国へ渡航することになる。「大渡理学士」という見出しで、その意欲的な行動が紹介され、今後近隣諸国の植物研究が前進することを望むという記事が「東洋学芸雑誌」（第200号、１８９８年）に掲載された。前回述べた、牧野の手紙にある「東洋学芸雑誌」の記事は、この記事を指しているのであろう。また、同誌の明治30年2月から12月にかけて、松村任三が「台湾植物雑記」を連載し、その中には情報提供者として「大渡氏」や「牧野氏」らの名前が散見される。

以上のことから、牧野の台湾での活動はよく分からないとされてきたが、大渡の台湾報告によって牧野の現地での行動・調査内容を知ることができた。

岐阜にてサダソウの名を得る(31)

牧野富太郎は、明治32（1899）年8月、岐阜市に滞在している。日記に「飯沼氏并《ならび》ニ三浦氏ニ案内セラレテ鵜飼ヲ見ル」とある。この岐阜滞在中に、植物の名称に関して牧野はちょっとした発見をすることになる。その経緯を見てみよう。

岐阜で「飯沼氏」と言えば、岐阜県大垣の出身で医家・本草家であった飯沼慾斎《よくさい》（1783～1865年）が思い起こされる。牧野が出会ったのは、時代的に見て慾斎の一族の子孫である。慾斎は「草木図説」（1853～1862年）の著者として名高い。日本の植物図鑑の先駆けと評価される「草木図説」は、2度にわたって改訂版が出されている。最初が田中芳男と小野職愨《もとよし》によって明治8（1875）年に出版された「新訂草木図説」である。牧野は明治14年に田中と小野に初めて会ったときに飯沼の著書を教えてもらい購入したのではないかと思う。

2度目は、明治40（1907）年から大正2（1913）年にかけて、牧野が学名を再考して、慾斎が描いた全形図に部分（解剖）図を補筆し、解説も加筆して「増訂草木図説」として出版したものである。

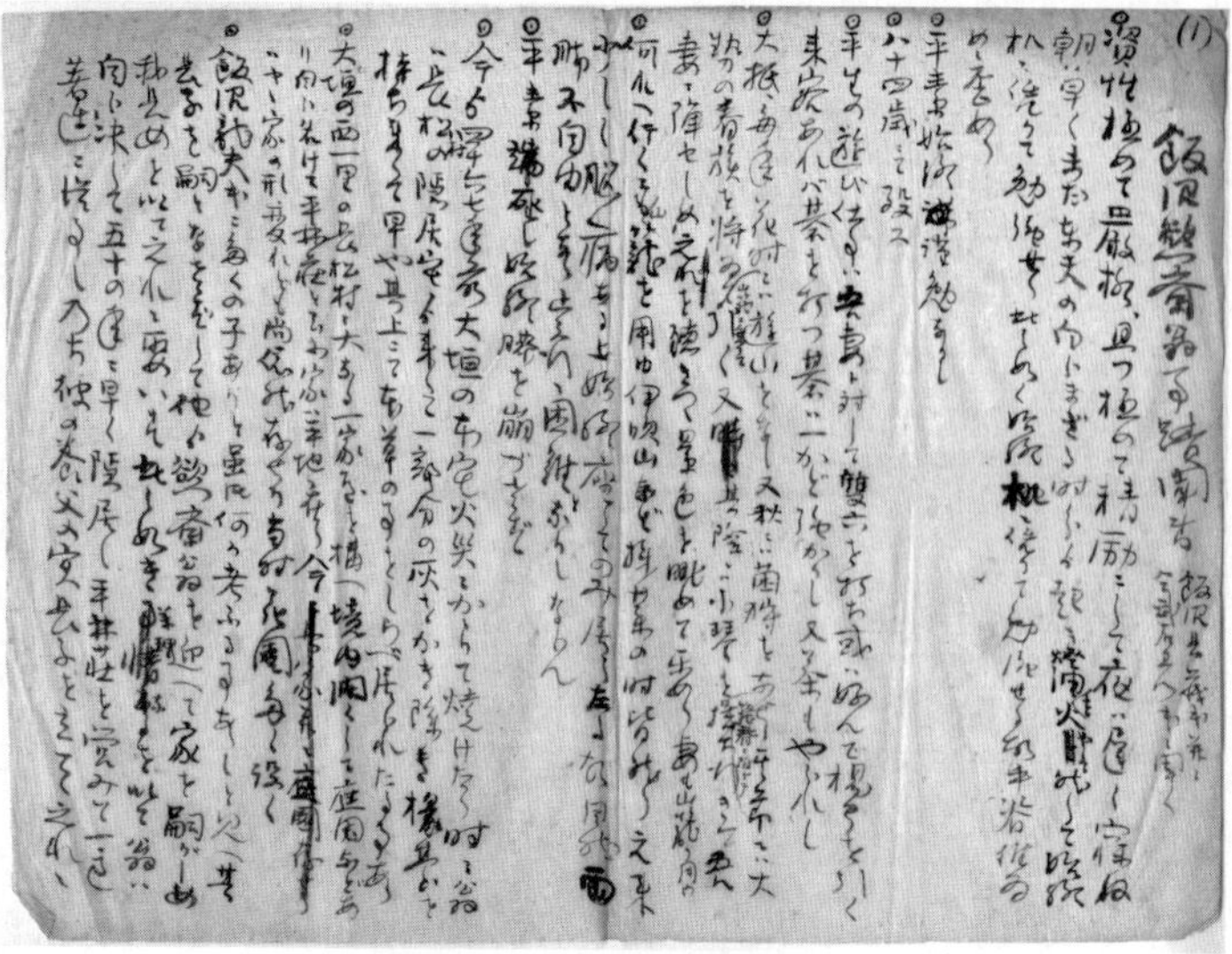

飯沼慾斎翁事跡聞書（個人蔵）

新訂版を改め新しい知見を盛り込んだものにする必要性を説き牧野にその任務を託したのは田中とされ、さらに「草木図説」には出版された「草部」の他に未出版の「木部」があり、それを修補して出版することも田中は牧野に依頼したのではないかと考えられている。ちなみに、牧野が岐阜であったもう一人「三浦氏」は、増訂版の出版社「成美堂」の三浦源助であろう。

さて、牧野は岐阜で飯沼氏に会い、そこで慾斎に関する聞き書きを行ったことが、練馬区立牧野記念庭園に保管される聞き書きの内容を書いた資料から判明した。それを読むと、慾斎の身近にいた人しか分からないようことも書かれてあり、慾斎の人となりがよく伝わる内容であるが、中に植物名のメモ書きがあった。そこに記された数種の植物のうち「佐田サウ」に興味がもたれた。というのは、牧野は同年9月発行の「植物学雑誌」（第

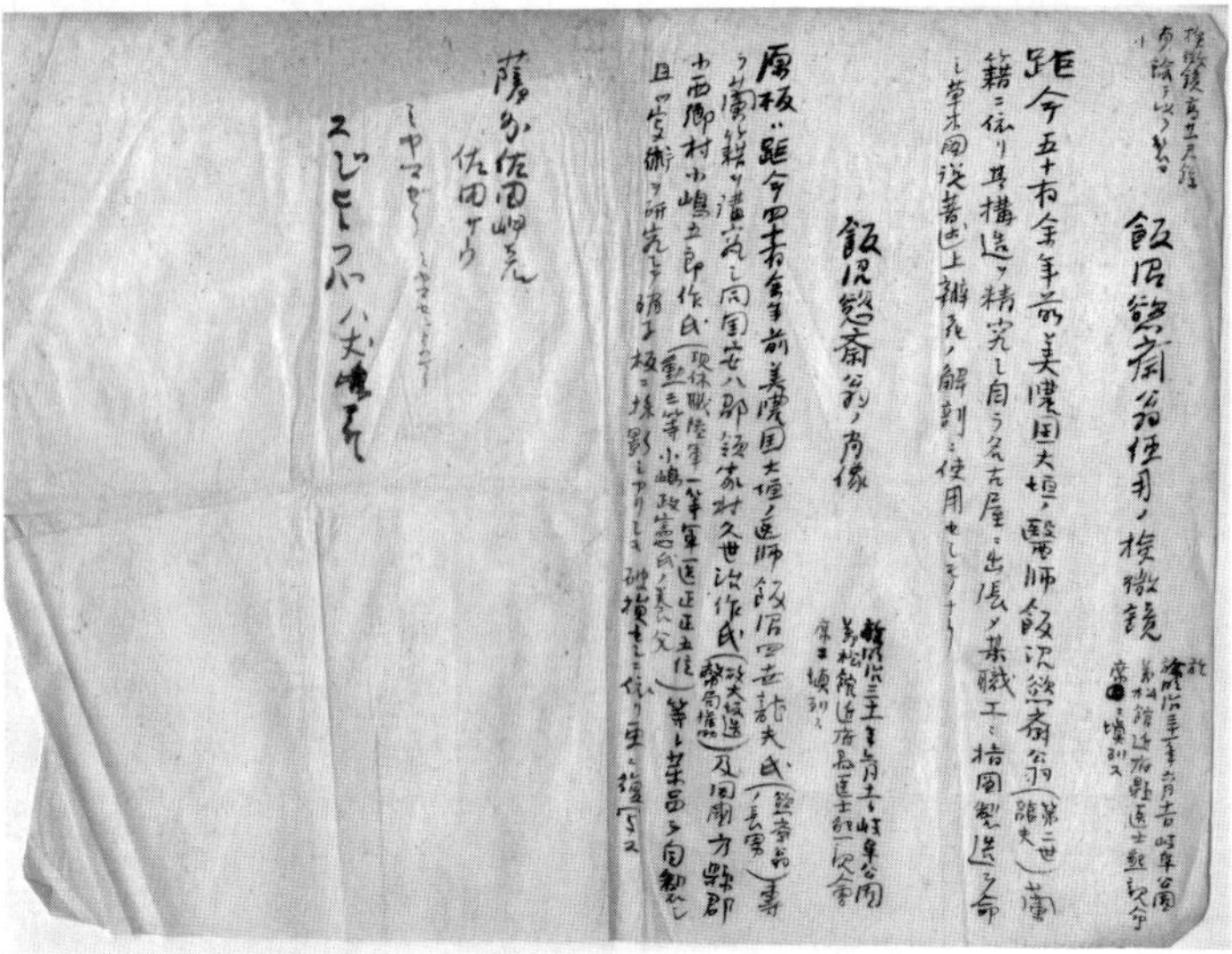

「佐田サウ」のメモ書き（個人蔵）

13巻第151号）の「日本植物調査報知第十九回」の中で、「さだそうノ名ヲ得タリ」という見出しの下、次のようなことを述べているからである。すなわち「さださう」は佐多草の意味で大隅国（現鹿児島県）佐多岬に産することから名付けられたのであるが、嘉永安政時代（1848年〜1860年）に「さださう」という呼称を使っており、最近このことを知ったので、「すなごせう」の名称をやめてこの名を立てることにしたということである。本来ならサタソウであるがサダソウにすると言っているのは、紛らわしい地名によることから起きたのであろう。日本には佐多岬と佐田岬がある。前者は鹿児島県南端に位置し、サタミサキと読む。後者は愛媛県西端にあって、サダミサキと読む。現在サダソウと言われるコショウ科の植物は、四国南部から九州、南西諸島に分布するとされる。

この植物は、牧野が戸島（現高知県須崎市）で見つけたもので、シマゴショウと名付け図を付して「植物学雑誌」（第1巻第10号、1887年）に報告した。その後「日本植物志図篇」（第1巻第2集、1888年）に第10・11版としてその図を掲載するが、その時は「すなごせう（新称）」と名称が変更された。この改名はおそらく島で見つけたがその後海岸地帯でも生育していることが分かったことによるのではないかとみられる。そして、「頃日該名ヲ得」て牧野はスナゴショウを改めサダソウと呼ぶことにしたのである。改名を発表したのは、岐阜に行った翌月のことである。飯沼氏から聞き書きをした際に、何かを見せてもらいそこにサダソウの名を見つけたのではないかと考えた。「草木図説」にはサダソウは掲載されていないからである。また、慾斎による未出版の「草木図説遺稿」と呼ばれる資料があってそれがご子孫のもとに残されていることが分かった。寄託先の岐阜市歴史博物館で閲覧したところ果して「薩州佐田岬産　佐田サウ」と書かれた図が見つかった。これを見せてもらった牧野は、自分がつけたスナゴショウより先につけられた名前があることを知り、先取権により早速改名を雑誌に掲載したということになろう。そして産地からすれば佐多草であるけれど、表記が佐田であったためサダソウと呼ばれることになった。牧野は、増訂版を出版する前に「増訂草木図説草部・

牧野が高知県須崎市の戸島で見つけたサダソウ（高知新聞社提供）

木部予約法及体裁見本」（1906年）という冊子を出しているが、その中で「補遺」としてサダソウの図（第1図版）と記載文などを載せるということを予告している。結果として「補遺」は増訂版には含まれなかったが、牧野はこの一件を重視して、慾斎がすでに図示していたサダソウを増訂版に、自身による図と文章で加えたかったということではなかろうか。

牧野は明治35年4月に、岐阜県大垣にある慾斎の別邸平林荘を訪ね、そこでトウツバキの花を得て、「新撰日本植物図説」（第2巻第6集、1902年）に第91図版として掲載した。また、牧野は慾斎の伝記を執筆したいと考えていたようで、先述の聞き書きがそのための基礎資料であったと考えられる。

全身全霊の大仕事「大日本植物志」(32)

いよいよ「大日本植物志」の出版である。不遇な立場にあるからこそ、牧野にとって日本植物誌を担当し出版できることはどんなにか喜ばしく、またやりがいのある仕事であったことか。「大日本植物志」は明治33（1900）年から明治44年まで不定期に刊行された。28回目の記事で書いたように、宮部宛の手紙には予定される出版物の体裁が詳細に記してあったが、それは牧野が明治21年から自費で出版した「日本植物志図篇」の体裁と変わるものではなかった。いつ頃から「大日本植物志」というタイトルに決めて「大」にふさわしいかのように用紙のサイズを大きくしたのであろうか。それによって、「日本植物志図篇」のどちらかというと小形の草本がメインであったのと異なり、ヤマザクラやモクレイシのように樹木の一枝やサクユリのように大形の花を持つ植物を対象とすることが可能になった。その方針転換には興味が持たれるが資料がなく経緯を辿ることはできない。いずれにせよ大きさ一つを見ても分かるように、「大日本植物志」には牧野のもてるパワーとプライドのすべてが注がれたのである。自叙伝から引用しよう。

「私は間もなく浜尾先生の任侠により、至大の歓喜、感激、乃至決心を以て欣然《きんぜん》その著述に着手した。私はこの書物について一生を捧げるつもりでいた。そして次のような抱負を持っていた。即ち第一には日本には、これ位の仕事をする人があるぞという事、その図は極めて詳細正確で世界でもまずこれ程のものがザラにはない事、且つ図中の植物の姿はもとよりその花や果実などの解剖図も極めて精密完全に書く事、その描図の技術は極めて優秀にする事、図版の大きさを大形にする事、その植物図は悉《ことごと》く皆実物から忠実に写生する事、このようにして日本の植物を極めて精密に且つ実際と違わぬよう表わす事、まずおよそこんな抱負と目的とを以って私は該著述の仕事をはじめた」

以上のように、牧野は全身全霊でもってこの大仕事に打ち込んでいく。

「大日本植物志」の概観を述べよう。まずは、刊行年について第1巻第1集が明治33年、第2集が同35年、第3集が同39年、第4集が同44年となる。次に、図版数は全部で16図版、第6図版のサクユリの写真を除いて第15図版までが単色の印刷図で、第16図版のみ多色刷である。

続いて植物の名称と種数である。巻頭を飾るのは、日本を代表するにふさわしいヤマザクラであり、続いてアズマシロガネソウ・チャルメルソウ・サクユリ・セイシカ・ヒガンバナ・ボウラン・モクレイシ・オオヤマザクラ・ホテイランの計10種が収載される。このうち数種について図解の特徴などを述べておく。ヤマザクラは、第1図版で花のついた一枝を中央に配置し、周囲を花冠や花弁・萼・雄蕊《しべ》・雌蕊などを表

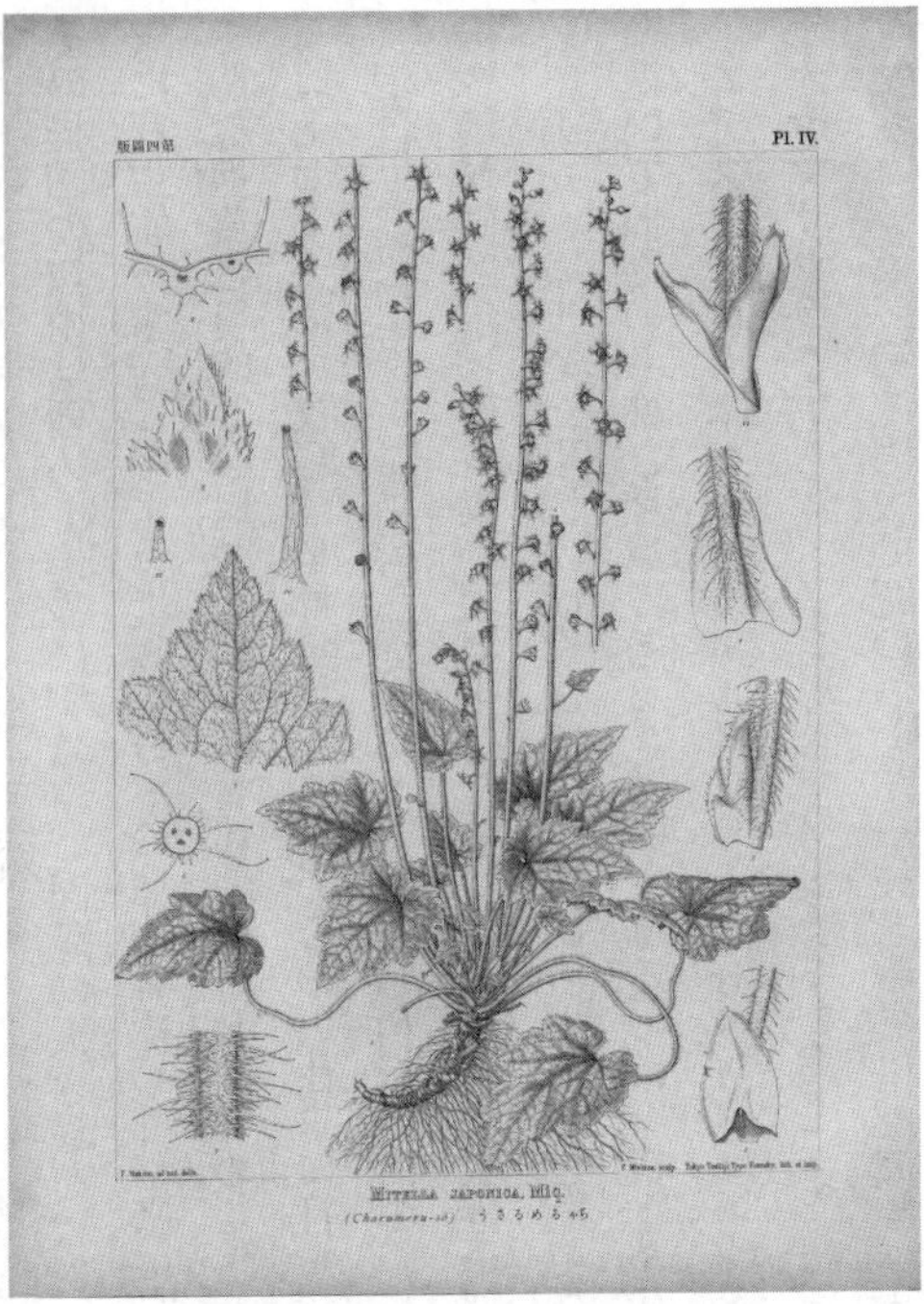

「大日本植物志」のチャルメルソウ

す部分図が埋め尽くす。続く第2図版では葉や実の形状を細部まで悉《ことごと》く描き尽くし、それぞれがどのようなつくりであるかが手に取るように示されるだけでなくサクラの1年の変化も追えるようになっている。ヤマザクラの花冠を示す図は、「牧野富太郎生誕150年」に続き2022年の生誕160年の練馬区立牧野記念庭園のロゴとしても使用したが、ほれぼれするほど美しい。やはりサクラを非常に好んだ牧野の思いが込められているのであろう。ヤマザクラの解説文中に、雲か霞か紛うほどの桜の姿はあでやかで美しく、色は優雅で、その美観はバラ科のウメ、モモ、アンズなどの植物の及ぶところではなくひときわ群を抜いていると絶賛するくだりがある。

チャルメルソウは、現在ではシコクチャルメルソウと同定されるが、牧野の正確な図があってこそそれと判定できたと言われている。これも2図からなり、第4図版に見られる茎に生える毛の細かさは超絶で、ＮＨＫの８Ｋ映像で紹介されたほどである。第５図版では、不思議な形をした花の構造が示され、羽状に裂けた花弁や果実および種子の形状などはまるでミクロの世界に潜入した感があって面白い。普通ではこのような細部まで見られないのである。続くサクユリでは2図と写真1点が掲載される。サクユリの花を正面から堂々と描いた第７図版はユリのもつ気品が印象に残る。一方で裏側から見た花もあり、抜かりはない。第８図版は、食用に供される鱗茎《りんけい》がこれまた立派に、かつ克明に描かれた。図に記入された学名 *Lilium auratum* Lindl. var. *Hamaoanum* Makino は、「大日本植物志」刊行にあたりよき理解者であった大学総長の浜尾新に献呈されたものである。

「大日本植物志」の作者について、表紙には「東京帝国大学理科大学植物学教室編纂」とあるが、10種の植物の解説は牧野によるものであり、第1から11図版（第６図版の写真を除く）と16図版は牧野単独の制作であり、第12・13・14図版のモクレイシ・第15図版のオオヤマザクラは牧野の名とともに「T.Y.」のイニシャルが記され、共作であることが分かる。自叙伝にも「後には幾枚かのその原図を写生図に巧みで、私の信任する若手の画工に手伝わした事もあった」という記述が見出される。「T.Y.」は山田壽雄のイニシャルである。山田は、牧野の指導の下に一生涯にわたり植物図の制作に携わった人物である。牧野との出会いの時期は不明であるが、高知県立牧野植物園に所蔵される山田の植物図の制作年から推測して、出会いは明治40年（１９０７）年以前のことと見られる。山田は今後しばしば登場することになろう。

さらに述べると、第17図版と記されたカンツワブキの全形図の原図と、第18図版としてカンツワブキの部分図からなる印刷図（試し刷）の現存が確認された。これにより「大日本植物志」は未完であり、続きが準備され印刷の段階に進んでいたことが判明した。制作者は、牧野と山田である。ちなみに、カンツワブキは明治42年9月に牧野が屋久島でその自生を見つけたもので、新種として学名を発表した。江戸時代の「本草図譜」に描かれた図だけで知り、それまで実物を見たことがなかったと「植物学雑誌」（第24巻第277号、1910年）で述べている。

次回は、「大日本植物志」における印刷を担った人物や牧野の印刷のこだわりについて考えてみたい。

印刷技術への執念（上）(33)

「大日本植物志」の各図には、図の描き手の名前とともに印刷担当者の名前が明記されている。4集のうち第1集から第3集までは、彫刻として三品福三郎が、石版印刷として東京築地活版製造所が担当であったことが分かる。この三品という人物については、松岡司「牧野富太郎 通信―知らざれる実像―」（トンボ出版、2017年）が参考になる。同書では、牧野に宛てた三品の手紙2通の内容が紹介され、三品が優れた銅版の彫り師であり、明治38年に清国の招きで中国へ渡って紙幣の発行に携わったことが記される。そして、2通の手紙からは、牧野のためにより質の高い銅版をつくりだすことに非常に熱心であった三品の姿がうかがわれた。

また、練馬区立牧野記念庭園にも三品からの5通の書簡が保管される。そのうち、明治36（1903）年11月7日付の手紙には、修正の指示を示す赤の書き込みのある印刷図の紙片と、その下に、おそらくその部分を修正したと思われる同じ図の紙片が貼り付けてあった。封筒に「校正刷在中」とあるので、これら2図は封筒に入っていた刷り物を切って後から牧野が手紙に貼り付けたものかもしれない。印刷図は、植物の全形図ではなく部分図で、花冠の横切りの断面図と見られた。一見しただけでは、牧野がどんな指示を出したのか分からず、それを読み解くためにまずはその部分図が何の植物に該当するか調べてみた。三品は「大日本植物志」の担当であると思い込んでいたので調べたが該当の図が見つからなかった。ふとしたことから「植物学雑誌」に掲載される牧野の記載文に添える図も三品が担当していると知り、ようやく巡り合うことができた。手紙にある紙片の図は、「植物学雑誌」第17巻第199号（1903年）に第5版として載るサクライソウの図の一部であった。

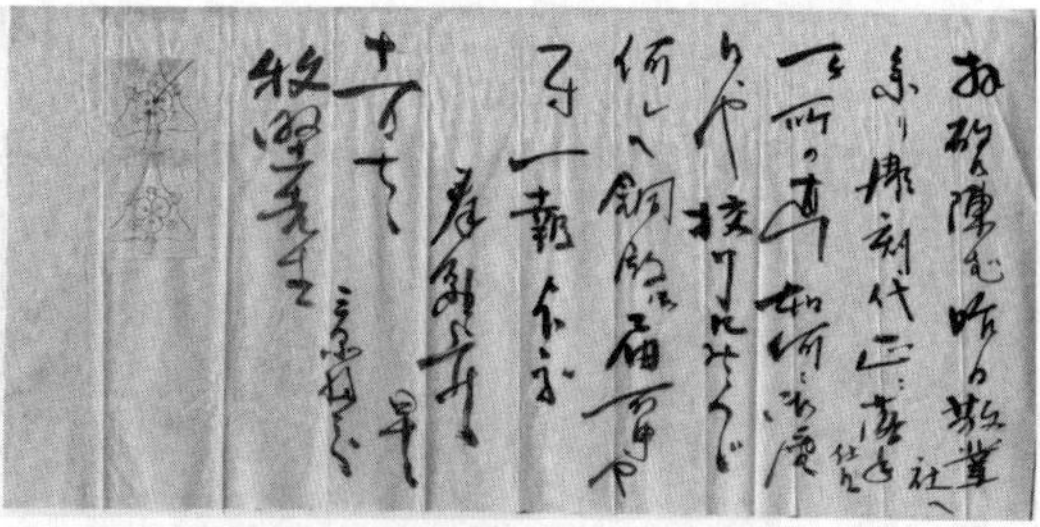

牧野富太郎宛て三品福三郎筆書簡（明治36年11月7日付）個人蔵

サクライソウは牧野命名の植物の一つで、16回目で紹介した「我邦に於て学界に興味を与えし植物発見の略史」（「趣味の植物採集」三省堂、1910年所収）にも挙げられている。手紙と同じ明治36年に、櫻井半三郎が美濃（現岐阜県）の恵那山付近で見つけ牧野に送ったものを研究して新種と判断したものであった。牧野が付与した学名 *Miyoshia Sakuraii* Makino は、発見者櫻井と美濃出身の三好学に献呈したものである。

サクライソウの一部であると分かった図について牧野は何を修正すように指示したのか。それは、3室からなる子房において隣り合う各室の境目が問題であった。上から見た図で境目を描くには曲線ではなく、直線にするようにという指示であったと考えられる。曲線にすれば重なったどちらかが上になることを示すのである。このように牧野は細部までチェックし、間違いがあれば修正の指示を出すのであった。それに答えて三品は、松岡が掲げた手紙に記されるように、「先生のは特別」と言ってよく勉強し細部まで丁寧な仕事をしたのであった。

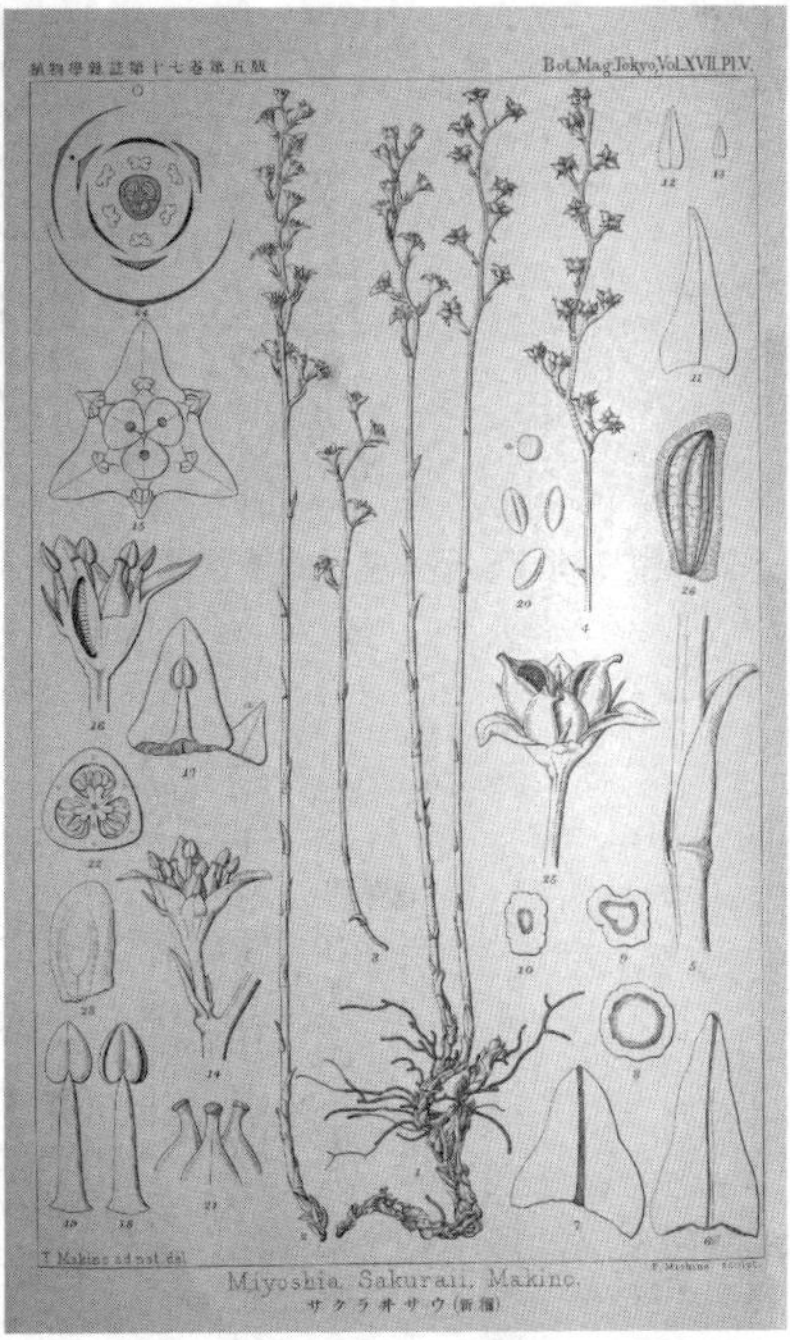

サクライソウ（「植物学雑誌」第17巻第199号より）

三品が牧野に送った合わせて7通の書簡のうち、差し出し年が明らかでないものもあるが、だいたいは明治30年代後半と言える。それはちょうど「大日本植物志」が第2集から第3集の時期に当たる。そして第4集（明治44年刊行）になると、石版印刷担当として東京築地活版製造所の名称だけが記され、三品の名は消えている。これは、先述のように中国へ三品が行ったことにより銅版彫刻を頼めなくなった状況を示しているのであろう。

以上、彫刻師三品と牧野のやりとりを考察したが、要は「大日本植物志」では石版印刷を行う業者だけではなく彫刻を担当する人も関与していたことから、牧野が石版印刷の前に、銅版に原図を彫刻させるというひと手間をかけていたことが明らかとなった。詳しい理由は分からないが、おそらく植物の形状を示すラインを版に彫った方が、ラインがくっきりときれいに仕上がるのではないかと思われる。牧野自身が描画した植物図は着色を施さない線画を基本とし（後半生、着色図の制作も進めるが、それは後述しよう）、分類学上ポイントとなる植物の形状をラインではっきりと示すことが重要であった。いわば線が命、ということになろう。したがって描画のみならず印刷する上でもラインを重視したと考えられる。

最後につけ加えると、牧野は、植物図のポイントとして、ラインに強弱をつけることで立体感を出すという話を後年している。そうすることで絵が引き立つのである。牧野の描いた図を見ると、例えば茎の左右を示すラインにハッキリとしたメリハリがあって、勢いが感じられる。

印刷技術への執念（下）(34)

前回に引き続き牧野の印刷へのこだわりをテーマとしたい。今回は「大日本植物志」第4集の印刷に関することである。

第3集までの図と第4集の第12図版〜第15図版を比較すると、明確な相違点として陰影の付け方が挙げられる。前者、つまり三品が銅版に彫っていた図は、線で影を入れているが、第4集は影がぼかしになっている。第4集の陰影は、銅版彫刻を三品に頼めなくなった牧野が（三品と同等の技術を持った彫り師を見つけることは難しかったであろうと想像される）植物図としてより適切な表現を模索した結果新たに導入した方法ではないかと思われる。

牧野はもともと短い線を連ねて、その間隔の差により陰影の濃淡を付ける方法を採用していた。明治10年代から20年代にかけて高知県で採集し写生した図や、それらの図をもとに制作した「日本植物志図篇」に収載される各図にその陰影が見られる。牧野がこのやり方を採ったのは、おそらく若い頃から勉強したさまざまな植物学の書籍、特に当時の洋書に収載される銅版印刷図の表現方法を踏まえたことによるのであろう。言葉では簡単に言ってしまうが、ラインを影らしく違和感のないように入れるのはなかなか難しい技術であるとボタニカルアーティストから伺ったことがある。

第4集では前回述べたように、第16図版以外の図は牧野と山田壽雄（1882～1941年）との共作である。若い頃から線を得意とし陰影も線で付けていた牧野は、ぼかしによる陰影を工夫して山田を指導したのかもしれない。というのは、高知県立牧野植物園に収蔵される牧野が描いたバショウの線画には、陰影がぼかしで入っていることに気が付いたからである。制作年は「42．12．2．」とあるので明治42年であろう。また、同園に多数収蔵される山田の植物図の中に、牧野が植物のアウトラインを描き、山田が影をぼかしにしたということが書き込まれたミズオトギリの図がある。その図は制作年が分からないので断定的なことは言えないが、他にも、同一の構図をもつキツネノボタンの図が3点ある。比べると、二図は花弁にラインで影を付けた図で、残り一図はぼかしをつけた図である。3点のうちラインの一図とぼかしの図は明治42年5月7日に描画されたものである。明治42年と言えば、2年後に出版となる第4集の準備時期に当たると見られる。植物図における陰影のつけ方を山田に試みさせ、山田がその技術を習得して牧野が認めた結果、第4集で用いられたと想像する。

線による陰影とぼかした陰影は表現としてどう異なるのであろうか。両方を比べると、前者は線に動きがあって、例えばサクユリ（第7図版）の葉のように形状を示す輪郭線とともに伸びやかさが見られる。一方、ぼかしの陰影は面の広がりが見られ、一例であるモクレイシ（第12・13図版）の葉の表側では主脈により2分された一面にぼかしを付けることで立体感を出し、その面に均一な質感がある。こうした手法は、後年山田が描く着色図を思い起こさせる。ぼかしにしても着色にしても、それによるむらが葉の面にあって葉の文様かどうか区別がつかないようでは植物図として意味をなさないのである。したがって、陰影を最小限に抑えてむらのない密な面を追求したと考えられる。

全体の印象では、線の方がすっきりとしたハッキリ感があり、ぼかしの方はやわらかさがあるがややくすんだ感が否めない。そこで次に考案されたのが色付きのホテイラン（第16図版）ということになるのではないか。つまり牧野は、第3集の後第4集が出版されるまで、陰影としてぼかしを付けることで面の質感を意識するようになり、そこから均一に色を付けるという方法も採り入れることにしたという推測も成り立つのではないか。両集の間に約5年の開きがあるのもこのような事情が関係しているのかもしれない。

山田については32回目で紹介したが、牧野の指導により「桜花図譜」や「牧野日本植物図鑑」などの図を担当し、また他の植物学者の依頼も受け多数の植物図を描いた。牧野が育て指導することにより牧野流の植物図を描くと評価されるほど植物図に長じた人物である。特に着色の技に秀でて、牧野に代わって着色図を引き受けたといっても言い過ぎではないであろう。

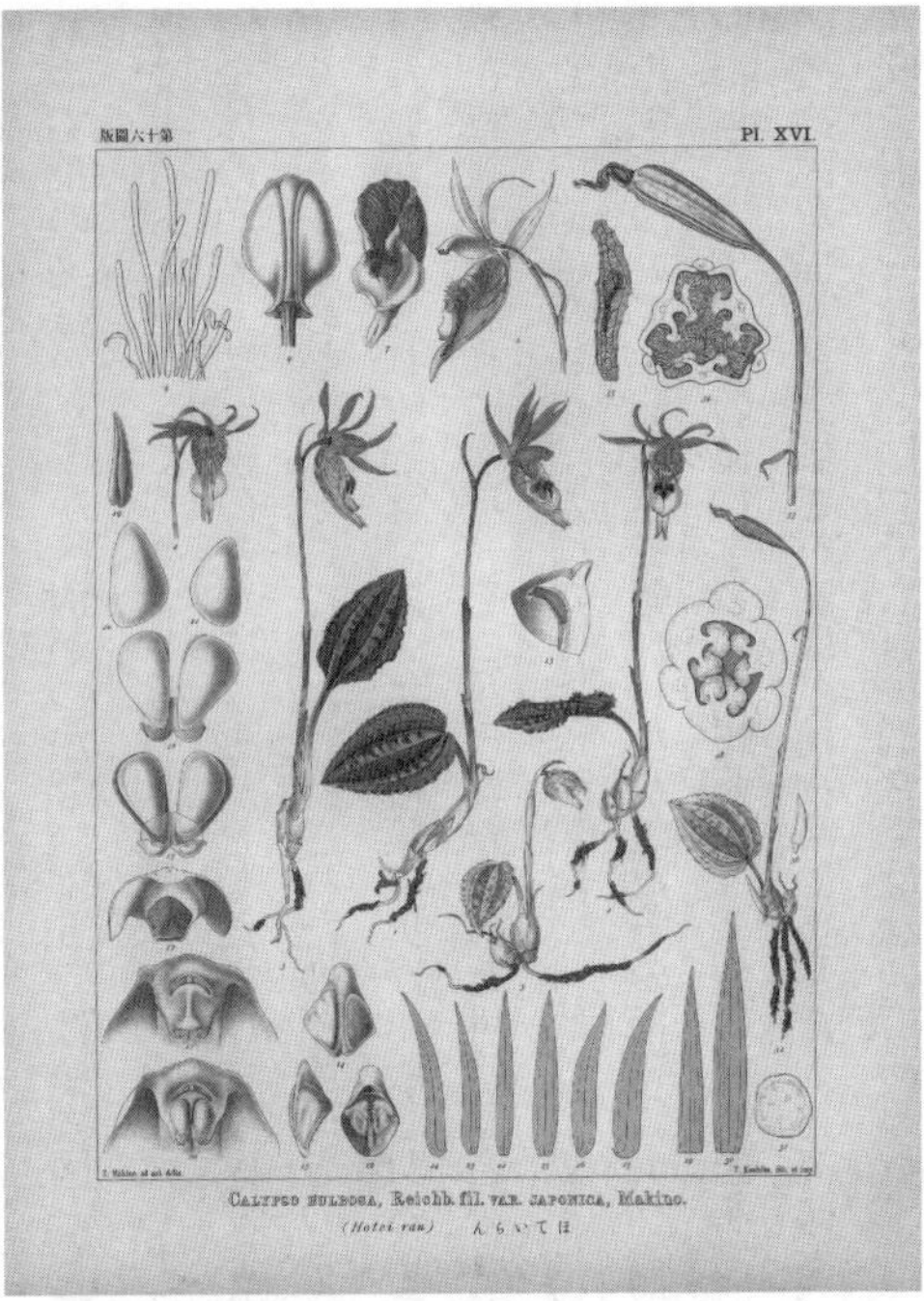

「大日本植物志」第16図版ホテイラン

第16図版の印刷に言及しよう。この多色刷りを行ったのが、「Y. Koshiba」つまり小柴英（１８５８～１９３６年）である。小柴は、明治時代に日本の石版印刷の発達に尽力した石版技術者である。銅版彫刻の技術者・梅村翠山に師事し、製版師・スモリックに石版技術を習い、小柴印刷所を開業（号は有声堂）。明治中期に刊行された東海散士の政治小説「佳人之奇遇」などの印刷を手掛けた。牧野は、大正期に編さんを企画した「桜花図譜」の印刷を小柴に依頼することになる。第16図版をもって出版は終わるが、前回述べたようにカンツワブキの第17図版の原図および第18図版の試し刷りが現存する。17・18図版にも小柴の名がある。そうであれば、ホテイランのように色の着いた印刷であったろう。続きの印刷を牧野が何度もやり直しをさせたが、関東大震災で焼けてしまったという話も聞く。多色刷による、より良い植物図を目指して牧野の挑戦は続くはずであった。

それにしてもわずか10種の植物を取り上げて終わったのはなんとしても惜しまれる。「大日本植物志」

は詳細な図示によって植物のつくりを知る上で十二分な情報が盛り込まれてあり興味が尽きないし、また枠内にそれだけ多くの部分図・解剖図を配しても中心にある全形図とうまく調和して均整美が感じられ、その見事さに見飽きることがない。出版をやめたことについて、自叙伝には「ある事情の下にそれは第四集で中止した。これはわが国植物書中の最も精緻を極めたものであるので、その中止はわが学界のためにこの上も無い損失であった」と記されている。また、松村から「大日本植物志」について文句を言われて面白くなくなり、「とうとう捨鉢になって」4冊を出して廃したとある。これを文字通り受け取ってよいのか、あるいは経済的な問題や関東大震災の影響などが絡んでくるのか、追及するには限界があるが、牧野の思い入れの強さから考えて余程の理由がなければ続編を諦めることはなかったと思う。「大日本植物志」の文章も図も牧野の全力投球によって生み出されたものであるが、図は材料の入手が肝要である。しかも花や実などの成長過程を追うことができる生品や標本をそろえなければならない。さらに個々の植物の特徴を見極めるためにはより多くの個体を見る必要もあろう。これだけの図を制作するということは、精も根も尽き果ててしまいかねないぐらいの偉業であったと思う。

「新撰日本植物図説」を刊行(35)

牧野は「大日本植物志」の編さんとほぼ並行して、「新撰日本植物図説」の刊行にも着手する。その理由は、自叙伝に再録した序に記されてある。つまり、日本の植物誌を完成することが自分の素志であり大学で企画した大事業を成し遂げることが自分の一生の任務と心得ているが、教育上の目的と困窮を極める家計の

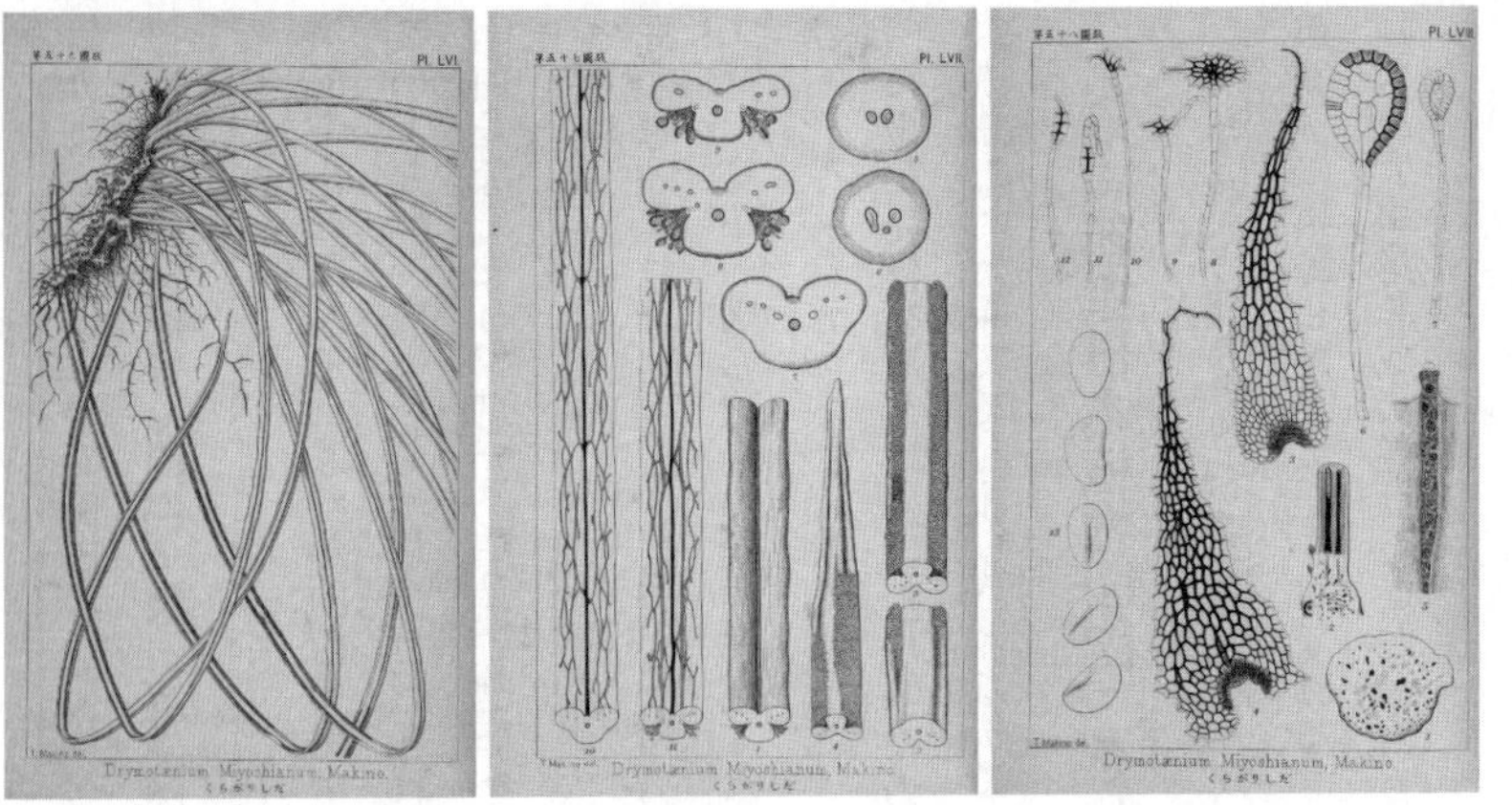

「新撰日本植物図説」のクラガリシダ（左から第56、57、58図版）

補いのためからこの書を発刊することにしたという。しかしながら、牧野の生活を救うことにはならなかったと自叙伝に書かれる。

「新撰日本植物図説」は明治32（1899）年から明治36年にかけて逐次刊行され、2巻からなり、図数は合わせて100図に及ぶ。副題に「顕花及羊歯類部」とあるように、シダ類の図が多く、細部まで詳細に描かれた力作が並ぶ。植物分類学を専門とされる大場秀章氏は、同書に載る第56から58の3図版が新属新種クラガリシダの優れた図解論文であり、「まちがいなく牧野の植物画中、植物学の立場からみた最高傑作である」と述べておられる。そしてクラガリシダとその後に続く第59・60図版のナカミシシランが外見上似ているが、属する属が異なることを牧野が喝破した、その慧眼《けいがん》は敬服に値するとされ、さらに解剖によって葉脈の走行や結合の様相を示した牧野の図解が斬新であったと高く評価されている（「牧野富太郎伝に向けた覚書き」日本植物分類学会第7回東京大会公開シンポジウム講演記録「牧野富太郎博士の植物研究とその継承」より、「分類」2009年9巻1号所収)。「新撰日本植物図説」の第2巻には、サダソウ、ナンバンギセル、シハイスミレ、ヒメノボタンなど「日本植物志図篇」に掲載された図をアレンジした図も含まれる。

同じ時期に松村任三・三好学編「新撰日本植物図説:下等隠花類部」も出版された。本書には、松村の蘚類の記載文と牧野が描画した該当図が収載されている。また、牧野に献呈された属名を持つマキノゴケ(*Makinoa crispata*)も同書に取り上げられた。命名者は三宅騏一(1876~1964年)である。三宅は、研究者ステファニ(F. Stephani 1842~1927年)が検定した属名について、牧野が清澄山で採集した生体を調査した結果、その属とは大いに異なる点を発見し一新属を定めその種を新属に属させ、記念のため牧野の姓を新属名にしたということが同書に書かれる。後年の植物図鑑の編さんにおいて、三宅は牧野をよく支え事が進捗《しんちょく》するように配慮した人物で、博士の学位を牧野にとるよう勧めそれに尽力したと言われる。牧野の晩年まで親密な交流が続いた。三宅は東京帝国大学農学部教授で、アサガオの遺伝学的研究などを行った。

蘚類に関連した牧野の事柄をここに記しておく。明治34年1月の宮部金吾宛の手紙によれば、牧野はその時からおよそ10年前に、所持していた蘚類の標本をあらかた知人に譲与してしまい、知人は外国の人にそれを渡し所在が不明になっていたところ、ブロテルスが検定した土佐産の蘚類が論文に出たことにより、それらの所在が明らかになったということである。牧野は控えを残しておかなかったため今となっては何も分からず、宮部の希望にも応じられないとある。牧野が言う蘚類の標本を譲渡した相手や経緯に関しては他に手がかりがなく、詳細は今のところ分からない。

井上浩著「日本の蘚苔類研究史（Ⅰ）」（「自然科学と博物館」第39巻第9・10号）によれば、牧野は種子植物やシダ植物の研究を進める他に、蘚苔類を採集しており、検定のために海外の研究者ステファニやブロテルス（*V.F.Brotherus* 1849〜1929年）にそれらを送っていたということである。ステファニの検定結果に基づいた、日本の苔類に関する学名の一覧表「A List of Japanese Hepaticæ determined by Mr. F. Stephani (Leipzig)」を、牧野は「植物学雑誌」（第11巻第123・124号 1897年）に掲載している。

魅惑的な牧野の写真は誰が写したのか？(36)

「大日本植物志」に収載される唯一の写真については詳しく触れなかったが、それは同第1巻第2集（1902年刊）第6図版のサクユリである。図に「K. Ogawa, phot.et imp.」と明記され、これは小川《おがわ》一《かず》真《まさ》（※7）（1860〜1929年）とされる。前回の「新撰日本植物図説：顕花及羊歯類部」にも1点だけ写真が掲載される。それは第1巻第10集（1901年刊）第46図版のイワヤシダである。こちらも「K.Ogawa phot.」とある（※8）。さらに、牧野富太郎撰「日本禾本莎草《かほんしゃそう》植物図譜」および「日本羊歯《しだ》植物図譜」（「牧野植物学全集　植物分類研究上」誠文堂新光社、1935年に再録）は「図譜」と称するが、植物標本の写真を印刷したものからなり、撮影および印刷者として小川の名が見られる。

「日本禾本莎草植物図譜」は、明治34（1901）年2月から同36年8月にかけて第1巻として第1集から第10集まで分冊の形で出版された。各集に4図版で総計40図版になるが、メダケ、ハチク、マダケ、モウソウチクは複数の写真が載る。禾本はイネ科、莎草はカヤツリグサ科である。「日本羊歯植物図譜」は、明治34年5月から同36年9月にかけて第1巻として第1集から7集まで分冊の形で出版された。各集に4図版が収められ総計28図版である。クジャクシダ・イワガネシダ・イワガネゼンマイ・リュウビンタイは2点ずつの写真が載る。シダ植物の図を多く収載する「新撰日本植物図説」と「日本羊歯植物図譜」の両方に載るものはハコネソウのみである。出版年がほぼ同時期である「日本禾本莎草植物図譜」と「日本羊歯植物図譜」は、冊子の体裁も同じであるが、表紙のタイトルの字体が異なる。

小川が撮影した写真はどれも、植物の全姿がくっきりと浮かび上がり鮮明である。被写体である標本は牧野が作製したもので、きれいにできていることも写真の仕上がりを良いものにしているのであろう。しかしながら、牧野の描画した図の方が、植物の全形図に加えて各器官のつくりを図示する部分図（解剖図）が多数並べられ、より詳細に植物の特徴を捉えることができよう。このことは、「日本禾本莎草植物図譜」の序でも、まずは所属や名称および全形を示すことを第一として、解説文と花部の解剖図などは別に一書を編さんしたいと述べていることからも頷ける。

さて、東京帝国大学理科大学植物学教室の助手室に立つ牧野の写真に注目しよう。この写真は、牧野の比較的若い頃の写真としてよく目にするもので、上記の「牧野植物学全集　植物分類研究上」の口絵に掲

※7　「一真」の読みは「かずまさ」であり、当時の新聞のルビや家族の間では「いっしん」であったとされる。この呼称を含めて小川については、岡塚章子氏「帝国の写真師　小川一真」（国書刊行会、２０２２年）を参照。

※8　松村任三・三好学編「新撰日本植物図説：下等隠花類部」に、三好の記載文と図とともに掲載される写真は、I.Ogawaという表記があり、これも小川一真のことではないかと思われる。

38歳のころ。東京帝国大学理科大学植物学教室にて（個人蔵）

載される。口絵には明治33年秋に撮影されたという説明がある。写真の構図といい、写真に写る品々の配置といい、よく練られて撮影されたものであるが、どのような経緯で撮影されたのか、撮影者は誰かといったことは分からないままであった。小石川植物園蔵の「日本羊歯植物図譜」は分冊をあわせて1冊の本の形になっているが、その第1集と第2集の間にこの写真が挟まれ、第5集には、購求者に進呈した図版が明治34年晩秋に本書の著者を植物学教室の同氏の室にて撮影したものであるという一文が印刷される[※9]。この「図版」とは、間に挟まれていた写真を指し、口絵の情報は後のものなので撮影年は明治34年が正しいのであろう。研究者が購求者に自分の写真をプレゼントするとはいかにも牧野らしい斬新な企画ではないか。

また、練馬区立牧野記念庭園には、野冊と見られるものにくるまれた多数の写真資料が収蔵される。中には、牧野の住所と名前および小川の名前が記された包み紙も含まれ、これらの筆跡は小川とされる(※10)。牧野の住所は、およそ明治33年から同36年にかけて住んでいた時のものである。写真資料を調べると、厚紙に貼られた植物の写真と印刷された植物の写真という形状の異なる2種類の資料が見つかった。前者の29点では、「日本禾本莎草植物図譜」第3集までに掲載されるものと同じ写真が9点見いだされた。第3集の刊行は明治34年4月である。その他には、「開花セル『マダケ』林」という付箋が貼られた写真や竹林の傍らにたたずむ牧野と思われる人物が写る写真などがある。また、後者の13点のうち1点が植物学教室の写真で、同一のものが7枚ほどあった。小石川植物園の蔵本にこの写真があわせられていたことを考慮すると、7枚は図譜といっしょに配布した残りと見なすこともできる。以上のことから、植物学教室の写真も小川が撮影したのではないかと思われる。

さて、小川であるが、明治前期に写真撮影およびその印刷の技術をアメリカなどで習得し、文化財調査のための撮影をはじめとして日清戦争、日露戦争、北京の紫禁城などの写真帖や「国華」などの専門雑誌の出版を通じて写真の社会的・文化的な発展に大きな功績のあった人物である。明治43年帝室技芸員に任命された。こうした経歴を持つ小川と牧野がどのようにして知り合ったのか、という疑問が湧くが、その接点を示す手がかりが、小川が撮影・出版した「東京帝国大学」である。これは東京帝国大学の教授および校舎などを撮影した写真帖で、明治33年に刊行され、パリ万国博覧会に同大学より出品された。さらに同37年には新職員や新築の建物などを加えた新バージョンが出版され、セントルイス万国博覧会に出陳さ

※9 この一文については邑田仁氏のご教示による。
※10 筆跡および写真と印刷の技術について岡塚氏よりご教示いただいた。

れた。最初の「東京帝国大学」が出版された明治33年に、同大学に勤務する牧野は、その撮影者である小川と出会うきっかけがあったのではないか。そして、植物学教室の写真および先述したさまざまな植物を小川が撮りかつ印刷することになったと推察される。植物の写真は、小川の提案で、牧野が植物を選択して撮影が行われた可能性もあろう。

植物学教室の写真では、真ん中に立つ牧野の周囲にいろいろなものが並べられていて、画像を拡大して見るとなかなか面白い。机の上には、解剖顕微鏡と光学顕微鏡が置かれ、さまざまな形の試薬瓶が並び、分厚い洋書も積み上げられる。床の上も同様に大形の試薬瓶や洋書が見られる。右の棚には未整理の標本が積まれているようである。壁には植物の束がつり下げられ、竹筒などが立て掛けられる。机上にも床にも植物が置かれ、採集道具の一つである胴乱にも多数の植物が入っている。洋書については「Icones Plantarum Indiae Orientalis」「Flora Javae」といったタイトルがかろうじて判読できた。これらは、美しい色刷りの図版を収載した植物学書である。洋書ばかりが目立つのであるが、当時は参考として洋書を利用していたことを示すのであろうか。撮影のためさまざまなものを意図的に並べたということもありうるが。

研究に使われる道具や書籍および植物に囲まれた牧野の立ち姿が、颯爽《さっそう》としている。写真からは、はつらつと研究に専心している牧野のオーラが感じられる。この写真が小川によって撮影されたかもしれないということは新たな知見である。記念庭園で保管される写真資料についてはさらに調査が必要であり、牧野が植物の写真についてどのような役割を認めていたのかが追究できたら面白いと思う。写真にしても銅版彫刻にしても多色刷にしても牧野は超一流の人と組んで仕事をしている。このあたりも牧野式なのであろう。

ようやく実物に巡り合えた(37)

牧野富太郎は、押し葉標本の束の中にあの植物が交じっているのを見つけて、狂喜乱舞したことであろう。それは、絵を通してのみ存在を知っていたコヤスノキと呼ばれる植物であった。「絵」というのは、江戸時代につくられた「富山藩調製ノ草木帖」と飯沼慾斎《よくさい》の「草木図説木部」であって、牧野はコヤスノキの実物を見たことがなかった。そのため、何属のものなのか、産地はどこか、分からないでいた。一度見たいと思っていたその標本を、矢部吉禎《よしただ》（１８７６〜１９３１年、植物学者）を通じて得た、兵庫県の「植物熱心家」大上宇市（※11）（一とも書く、１８６５〜１９４１年）の採集品中に見いだしたのであった。検定した結果、トベラ属に属する新種と判明した。牧野がなかなか実物を見ることができなかったのも無理はなかろう。というのは、コヤスノキは兵庫県と岡山県に生育するという分布が限定された、珍しい植物であったからである。

早速、牧野は「植物学雑誌」（第14巻第156号、１９００年）の「日本植物調査報知第23回」において、「とべら属ノ一新種」という見出しの下、コヤスノキの学名を発表した。ちょうど「大日本植物志」第1巻第1集を出版したのと同時期である。この記事の中で、コヤスノキは播磨国（現兵庫県）に自生するが、その付近の諸州にも産するかもしれないから見つけたら知らせてほしいと頼んでいる。そして、詳細は後日

※11　兵庫県出身で、苦学して博物学を勉強、コヤスノキ・タキミシダの発見に関わり、陸産貝類に和名をつけるなど動植物の分類に功績を残した。橋本光政著「兵庫県　花の歴史探訪」（２０１３年）参照。

に回すとして、コヤスノキの英文の記載文も載せている。

その後、明治40（1907）年になって、雑誌「科学世界」（第1巻第3号）に「本邦稀有植物の一なるコヤスノキ」を発表した。この記事には牧野が描画したと思われる図が掲載され、その図は「牧野日本植物図鑑」の改訂版（1950年）に利用されることになる。

さて、牧野が見たというコヤスノキの図のうち、「草木図説木部」というのは、飯沼慾斎の「草木図説」に草部と木部の2部があって、前者は安政3（1856）年～文久2（1862）年に出版されたが、後者は未出版のままで、その出版が待たれていた稿本である。その稿本中にコヤスノキの図が見られる。また、「富山藩調製ノ草木帖」に関しては、「科学世界」の記事でそれが関根雲停によると記されることから、雲停が描いた図からなる富山藩の植物図譜がかつてあったということになり、博物学に関心の高かった富山藩主・前田利保が関わったものと推察される。利保は雲停を重用し動植物の図を描かせていたからである。雲停は動きのある動植物画を得意とする江戸後期に活躍した絵師である。高知県立牧野植物園（以下牧野植物園）に多くの雲停の植物画が伝わるが、このコヤスノキの図は今のところ見いだされていない。

牧野は、一生の間にさまざまな植物と出合い、学名をつけ植物の形状を文章や図にして発表した。出合った植物は、自ら発見したものもあれば、他の人が見つけたものを牧野が検定したものもある。個々の植物についてその発見や命名に至るまでの隠されたエピソードがあるはずである。それらを明らかにできたら面白いと思うのであるが、関係した人たちが記録していない限りたどっていくことは難しい。それでも牧野はいろいろなところにいろいろと書き残している。それらの記録から、コヤスノキの他にも、牧野が江戸時代に描画された植物を見てから久しい間、実物に出合うことなく、ようやく実物に巡り合えたという例があることが分かった。

その一例が「大日本植物志」の第16図版ホテイランである。この植物に関しては、雲停の描いた図が牧野植物園に現存する。5回目の記事ですでに述べたように、おそらく明治12年頃に牧野が高知市で知り合った為本寶三から譲られた前田利保旧蔵の資料にこの図が含まれていたのであろう。この図を目にして牧野は、自分が見たことのないランであると判断しその姿に惹《ひ》かれ、生本を見つけることを心に誓ったと想像される。雲停のその図が弘化嘉永年間（1844〜1854年）の制作と牧野は捉えている。その後、巣鴨の植木屋内山某が描かせた蘭品の書にあるホテイランの写生図を目にした（これを牧野は江戸末期の作としている）。これは松平子爵の秘蔵であり、今は所在が確認できないと牧野は言う。松平子爵とは元津山藩主の家系で、明治30年代中頃から活動した東京の山草会のメンバーであった松平康民のことではないかと思う。山草会は高山植物を栽培する愛好家たちの集まりで、一般公開の陳列会を開催することもあった。牧野も同会に参加していた。

牧野は明治38（1905）年「日本園芸会雑誌」（第10号）に「布袋らん」というタイトルの文章を載せ、そこに雲停の図を掲載した。冒頭に、書物では見たことがあるが、その生本あるいは標本を入手できていない植物がホテイランであると書かれ、それを発見する「第一ノ功名ハ抑モ誰ニカ帰スル」と富太郎が期待を寄せる一文が続く。その2年後、富太郎は、「科学世界」（第1巻第1号、1907年）に「稀有珍奇ナル二種ノ蘭科植物」という文を書いた。ここでいう2種というのは、ホテイランとムカゴサイシン（後述）のことである。文の終わりに、これら2種のランについて非常に珍しいもので40年余り誰も採集しておらず植物学界において残念であるので、本誌の読者で率先してこの実在を報告してくれるのは誰であろうか、その知らせをひたすら待ち望むと述べ、その文章に黒点を付け強調している。さらに、「注意」として該当の植物を採集し本社へ寄せられた方には相当の謝礼を呈し本誌に名前を掲載するとある。

こうした牧野の呼びかけに答えるかのように、明治40年6月にホテイランの多数の生本が東京団子坂下の花戸（植木屋）薫風園主・蔵石光三郎より寄贈される。続いて同43年には乾腊《かんさく》標本や果実のついた生本の提供があり、ついにホテイランの図が完成する。先に述べた「科学世界」の刊行は明治40年11月で、蔵石の発見はそれに先行する。牧野は、果実を含めてより多くの標本を望み、再び「科学世界」で呼び掛けたと思われる。

「科学世界」に挙げられたもう1種のラン、ムカゴサイシンに関しては、牧野は「植物学雑誌」（第16巻第189号、1902年、その後1909年に学名を改める）に記載発表した。その際によりどころとしたのが、染井と記された図と飯沼慾斎の写生図であった。前者は、牧野植物園に収蔵される雲停の図に「染井」とあるのでその図を指していると考えられる。また、後者の図は「植物研究雑誌」（第4巻第5号、1927年）に口絵として載る図であるが、図の所在が確認されていない。牧野がムカゴサイシンの実物に接することができたのは、同誌に発表する直前の昭和2（1927）年3月15日であった。雲停の図がホテイランと同時期（19世紀中頃）に描かれ、慾斎の図がそれより少し遅いとしてそれから60年以上は時がたっていることになろうか。口絵に添えられた解説によれば、ムカゴサイシンは、葉が細辛《さいしん》の葉のようで、地中に零余子《むかご》のような塊状地下茎があるからその名があるということで、矢野宗幹《むねもと》（1883～1970年、昆虫学者）のおかげでようやく見ることができ、「死んだ子に出会いしほどの嬉し哉ノ一句ガ口ヲ衝イテ出タ」とその感激を語っている。

ちなみに、「科学世界」には稀有《けう》な植物シリーズが5回連載され、上記の他に、ヒメトケンラン、コオロギラン、ナツズイセンも紹介された。いずれも色刷りの図が掲載され、コオロギランの図は「日本植物志図篇」の同図に色をつけたものである。牧野植物園には、コオロギラン以外にも、ジョウロウホトトギス、ツチトリモチ、ヤッコソウなど印刷図に着色した図が収蔵される。牧野がこうした着色図を用意した目的の一つが、「科学世界」において稀有な植物シリーズをもっと続ける意向であったとも考えられる。「科学世界」の記事は、後に「牧野植物学全集」に再録されるが、着色図は単色の図に変わっているためか、「科学世界」の図が多色刷りであることはあまり知られていないと思う。植物の形状を線で示すことを重視した牧野が植物を色付きで表わすようになる時期や経緯は明らかにされていないが、上記の牧野植物園蔵の着色図および「大日本植物志」のホテイランの図とともに、「科学世界」の掲載図は手掛かりの一つを提供するものとして興味を惹《ひ》く。

信濃博物学会への献身(38)

ここに1枚の写真がある。明治37（1904）年8月27日に撮影されたものである。10人が写るこの写真で、後列・向かって右から3番目の人物が牧野富太郎である。撮影場所は、長野市と写真裏にある。裏

牧野富太郎と信濃博物学会のメンバー（明治37年8月27日、長野市にて撮影、個人蔵）

には、撮影年・場所とともに、10人の名前も記されるので、ここに挙げておく。牧野の他に、八木貞助、宮本邦基、宮脇音松、志村寛、田中貢一、小川正直、高橋貞吉、金城三郎、本須恭郎である。牧野は、帽子をかぶっていないが手に持ち、眼鏡と蝶ネクタイをつけている。他の人たちの持ち物に胴乱があることから、植物採集の時の写真と推察される。牧野の日記には、同日に長野市で採集した標本の記録があり、続いて29日戸隠山、30日野尻湖とあり、この頃長野県内に滞在していたことが分かる。そして9月3日に、長野市内の矢澤方から妻・寿衛宛に郵便物を出している。

この写真を取り上げたのは、牧野と信濃博物学会との関わり、ひいては牧野が植物採集会（講習会）の指導に当たるようになるきっかけがここにあるのではないかと考えたからである。信濃博物学会は、明治35年に設立された、信濃（長野県）の自然を研究する会で、会誌として「信濃博物学雑誌」を発行した。

「信濃博物学雑誌」を調べると、先の写真に関連する事項が見つかった。すなわち第12号（１９０４年10月）の中で、9月3日に同会の第23回例会が開催され、「今回戸隠地方植物採集として来長せられたる牧野富太郎氏を聘《へい》して講演を乞う等の事ありて来会者二百名以上に達し頗《すこぶ》る盛会なりき」と書かれてあった。牧野の演目は、「飯沼慾斎《よくさい》先生の事蹟《じせき》」というものであった。これは、すでに31回目で触れたが、明治32年の慾斎の一族より聞き書きしたことを踏まえて牧野が講演の話題としたものと考えられる。参加した人数が200人以上であったということから、すでに牧野の名は知られ、その話を聞いてみたいと思う人が多かったと推察される。

第23回の例会で牧野の他に講演を行った人物として高橋貞吉の名が、同誌に載る第22回例会の記録に話者として高橋の他に八木貞助、志村寛の名が見られた。3人とも写真に写る人物である。八木は、明治42年に「植物記載帖」という本を出版しているが、牧野が校閲者となっている。植物採集を行う人に向けて記載の方法とそのための用紙からなるものである。八木は長野県の地質鉱物の研究をなした。

先に挙げた10名のうち、田中貢一（1881~1965年）は牧野富太郎との共著「科属検索日本植物志」（大日本図書、1928年）がある。田中は、師範学校在籍中に信濃博物学会の設立に関わり、明治37年、牧野の斡旋《あっせん》で東京帝国大学農科大学の池野成一郎の助手になった。後に帝国駒場農園に勤める。また、明治36年に出版した「信濃の花：植物美観」（荻原朝陽館）では、牧野が校閲している。同書に取り上げられた植物のうち、ヒメスミレサイシンは牧野が命名したスミレである。その経緯は以下のようである。明治33年に田中が戸隠山で採集したが花期を逸していた。同35年5月に矢澤と戸隠山で春季の植物分布を調査していた折に花のある個体を見つけ、牧野に検定を頼んだところ、牧野は種小名を矢澤の姓にした学名を同年8月に「植物学雑誌」（第16巻第186号）で発表した。田中は、信州の地で博物学界に貢献している矢澤の名を牧野に推薦したようで、矢澤の名がこのスミレの学名に永遠に残ることになったのを喜んでいる。

牧野の日記（先述の9月3日）にも田中の著書にも登場する矢澤とは、この信濃博物学会の中心人物である矢澤米三郎（１８６８～１９４２年）のことである。矢澤は師範学校卒業後博物学の教員となり、明治35（１９０２）年に仲間とともに信濃博物学会を設立し会長に就任した。日本アルプスの登山家であり高山の学術的な研究にも着手し、日本のライチョウの研究で知られる。日記に書かれた29日戸隠山では、矢澤がその頂上で見つけたシダ植物について、牧野はトガクシデンダの和名とともに矢澤に献呈した学名をつけた（「植物学雑誌」第18巻第212号、１９０４年）。

以上のことから、ここで紹介した写真は、戸隠で植物調査をするため長野に来た牧野が市内で採集をした時に撮影されたもので、一緒に写る人々のうち少なくとも4名は信濃博物学会のメンバーであったことが明らかとなった。この滞在中に、同会の例会に講師として牧野が招かれたことも分かった。写真の右端に写る人物は、裏書では八木とあるが、他の写真と見比べて矢澤であろう。八木の顔が分からないので断定はできないが、会の中心人物である矢澤が写っていてもよいと思う。撮影者が八木かもしれない。

その後信濃博物学会では、明治40年7月に同会主催の「高山植物採集会」を八ヶ岳連峰にて開くことになり、牧野が指導の任に当たることになった。応募は多数を極め、北は宮城から、南は高知からの参加者があった。仙台からは宮澤文吾（１８８４～１９６８年）であり、宮澤は長野県出身で当時仙台の

牧野富太郎と高山植物採集会のメンバー（明治41年8月、白馬山頂にて撮影、個人蔵）

旧制第2高等学校に在籍し、後にハナショウブやシャクヤクの作出など園芸界で活躍した植物学者である。牧野とは終生交流があった。採集会の会期は7月27日〜8月2日。牧野は、家族に事故があって遅れ、29日の夕刻に到着したという。待ち望んだ講師の到着を参加者は歓呼の声で迎えたようである。この会での牧野の活躍は素晴らしいものであった。「信濃博物学雑誌」（第27号、1907年）に収録された会の記録によれば、「此夜、牧野講師は、各会員の採集に係る標本を鑑定し、深更に及びて尚倦むことなく、会員皆氏の蒲柳《ほりゅう》の容姿を以てして、能く其体力と気力の無限的耐久性なると、斯学の為に熱心精励所謂膏油《こうゆ》を焚きて以て晷《かげ》に亜《つ》ぎ（筆者注：日夜勉強に励む意味）、尚以て足れりとせざる慨あるを歎称《たんしょう》せざるは無し」とある。すなわち、牧野が夜遅くまで各会員が採集した標本の鑑定に精を出し、牧野の体力と気力が限界を知らぬことと、植物学のために熱心で日夜研究に励んでもなお足りないとする気概に会員が感嘆したと伝えている。

翌41年8月に長野県の白馬岳で開催された「高山植物採集会」に牧野は参加した。このことは、その時に撮影された写真の、牧野による書き込みから明らかとなった（日記には、8月8日から15日が白馬岳とある）。写真には大勢の参加者が写るが、書き込みにより中央の牧野の隣が矢澤、更に隣が河野齢蔵と分かる。河野は、矢澤とともに信濃博物学会の創設から参加し、矢澤と同様に教育者であり、高山植物の研究をなし、山岳写真家の草分け的存在である。2人の名前があることからおそらく開催したのは信濃博物学会であり、前年に続いて高山植物を対象とした採集会を、本年は白馬岳で行ったということであろう。

牧野の日本における植物学への貢献は、新種の発見や学名の付与をはじめとする日本のフローラの解明であるが、それと並んで植物趣味と植物知識の普及も見落とせない大事な貢献である。具体的には各地で行われる植物採集会や講習会で講師として採集の指導に当たりかつ講話も行うことであり、牧野自身が創設した東京植物同好会（後に牧野植物同好会、現在も活動中）では会長となって活躍した。こうした動きの先駆けの一つが、信濃博物学会であったと考える。ただし、信濃博物学会のメンバーと牧野が写る明治37年の写真が、牧野を講師として行われた採集会であったかどうかは判断がつかないが、翌月の例会は、明らかに講演を頼まれたのである。

長野とほぼ同じころ牧野が指導に当たった例として、明治39年8月に開催された滋賀県伊吹山で開かれた植物講習会が挙げられる。参加者は約300名という。そして、日記によれば、牧野は精力的にこの伊吹山から岡山に向い、師範学校で講話を行い講習会に参加し、津山で大山に登っている。これも講習会であったようである。さらに、津山から博多に足をのばし、英彦山で講話をなしている。

九州に関して付け加えておくと、翌42年8月に多良山と阿蘇山で第2回植物夏期講習会が開かれその後も行われた記録があることから、英彦山が第1回目の講習会であったと思われる。

このように植物観察・採集の指導を頼まれるようになったのは、牧野の植物研究の業績が認められた結果であろう。それに加えて信濃博物学会との結びつきは、牧野自身の高山植物研究への関心によるところもあると思われる。次回は牧野と高山植物について述べたい。

高山植物への深い関心(39)

牧野は高山植物にどのような興味を持ったのであろうか。「農事新報」(第12巻第10号、1918年)に掲載された「高山植物に就いて」という記事を見てみよう。そこではまず名称の概念から説明する。高山植物というのは高山にのみ生育するから名付けたと考えると誤りで、平地にも海岸にも見られる。寒帯では平地に生じるので、寒地植物という方が適切かもしれない。温帯にあれば高山に見いだすのでこのように称したものであろうから、明確に表すには「高山型植物」とか「高山式植物」と呼びたい。こう述べる。

高山植物研究のどこに興味が持たれるのかというと、高地では下界と異なって気象条件が厳しいことや広い地面がないことなど種々の条件があって、平地の研究よりも難しいところに研究の価値があるという。すなわち「親密且つ普通なる下界のそれと、近づき易からざる雲表のそれとは此の如く其研究に難易があるが、然《しか》し亦《また》、それが頗《すこぶ》る面白いのである」と述べる。さらに高山植物が生える土壌の状態を述べ、こうした環境にある高山植物がどのような特徴を持っているかを、植物の例を挙げて解説する内容となっている。

また、高山植物についての注意として近年、これらの植物がもてはやされ採られることが多くなったため、数少ない植物は絶滅せんとするものがあることを指摘している。そのため「自分は、其好んで是等の植物を濫採《らんさい》する人達に告げて言いたい。即ち其の人達が花を愛して高山植物を採らんとならば、研究者等のために花のみを摘んで、根は残して置いて貰いたいと、枝をのみ採って、株を其ままにして置かれよと」と述べ、注意を促したのである。

上記のように高山植物が盛んに観賞されるようになった一因として、牧野は、東京で成立した「山草会」の存在を挙げている。牧野は言う、「其人達は、高山植物に対する趣味が深く、各方より高山植物を採集し来て、平地に移植し真面目に其培養法を工夫研究して展覧会を催しなどした」と。同会が陳列会を催して世間の関心を引き、高山植物の流行をもたらしたということである。牧野はこの会で植物の検定を受け持っていた。

「山草会」に関しては、「実際園芸臨時増刊　高山植物　観察と栽培」（第7巻第2号、1929年）の「本邦に於ける高山植物研究の歴史」で牧野は詳細に述べた。その中で、明治38年と同41年に開催の会で陳列された植物の目録を収載し、当時どのような植物が出品されたかを示している。また、牧野は、同会の果たした意義として学会への貢献を挙げ、その活動が高山植物への関心を高めたことにより東京帝国大学でも採集や研究が進み、同会の存在は歴史上忘れられないとした。

さらに、「山草会」での自身の役割を牧野は強調する。同会では陳列された植物にすべて名称が記されたのは、日本で知られていなかったり命名されていなかったりする高山植物について検定する役割を担う専門家がいたからだと牧野は自負する。そして、メンバーが見つけた高山植物について学問的な研究を行い発表したのが牧野であった。その一例がアオキランである。これは、メンバーの一人・青木信光子爵が日光で発見したラン科の植物で、牧野が研究した結果、日本のみならず世界に知られていない面白い植物であることが判明した。牧野は発見者の名にちなみ和名をアオキランとし、学名も発表した（「植物学雑誌」第18巻第212号、１９０４年）。その他、ニョホウチドリはメンバーである城数馬と五百城文哉《いおきぶんさい》（※12）が見つけ、牧野が２人に献呈してその学名を定めた（同誌第16巻第181号、１９０２年、現在は組み替えられた学名が標準とされる）。ツクモグサは、和名を発見者である城が付け、牧野は新変種としてそれを記載した（同誌第17巻第192号、１９０３年、現在は一種とされる）（※13）。また、メンバーの一人・加藤泰秋子爵は北海道洞爺湖畔に別邸があって牧野はそこに行き、そこから加藤とともに利尻島に向い植物採集を行った。これについては、牧野が書いた記事「利尻山と其植物」（「山岳」第1巻第2号、１９０６年）がある（※14）。

さて、高知県立牧野植物園には松平康民子爵から牧野に送られた葉書が収蔵される。松平は、前々回にホテイランのところで紹介したが、「山草会」のメンバーの一人である。葉書は明治37年から明治38年に

※12　「日本高山植物写生図」など美しい高山植物画を制作したことで知られる洋画家。
※13　「山草会」や関連する事項に関して、「みねはな」に「明治山草史」を連載された森和男氏よりご教示いただいた。
※14　「高知新聞連載記事を書籍化した「MAKINO—牧野富太郎生誕150年記念出版」（北隆館、２０１４年）、新書判の「MAKINO～生誕160年、牧野富太郎を旅する～」（北隆館、２０２２年）参照。

かけての5通と、消印のかすれにより判然としないがおそらく明治41年とみられる1通がある。内容は、「山草小集会」を開催するのでお出でいただきたいと牧野に参会を依頼するものである。現存する葉書は、会の活動時期の一部を伝えるものであろうが、メンバーのみで集まる「小集会」に牧野が呼ばれていたことを示す資料である。「本邦に於ける高山植物研究の歴史」によると、「山草会」は明治34、5年ごろに創立され、同42、43年ごろまで続いたとある。これに基づけば、5通の葉書は同会の中頃の活動を示すものであり、明治41年の葉書は会の活動の終わりに近いころである。後者の葉書には城が韓国へ赴くことになったのでその送別会も兼ねたい旨が記され、城がその後は参加できない状況になったと推察される。また、五百城は明治39年に逝去したことから、牧野が同記事で言うように、同会の終焉《しゅうえん》にはこうしたメンバーが減ったことも影響したのかもしれない。

最後に、牧野は高山植物に関する図譜を出版している。一つは、三好学・牧野富太郎共著「日本高山植物図譜 第1・2巻」（東京成美堂、1906年・1907年）である。もう一つは、晩年に刊行された「原色日本高山植物図譜」（誠文堂新光社、1953年）である。どちらも色刷りで、描き手は不明であるが、前者では関根雲停の植物画を参考にした図が、後者では東京大学総合研究博物館所蔵の山田壽雄の写生図をもとに制作された図が見られる。

理解してくれる人に出会いたい (40)

牧野富太郎が宮部金吾に宛てた手紙を何回か取り上げたが、宮部は牧野にどのような返事をしたのであろうか。宮部からの書簡があるのかどうかを高知県立牧野植物園で調べてみた。その結果、4通の葉書と1通の手紙が残されていることが分かった。これらの書簡は、消印と牧野の住所などを手掛かりに明治34年から同37年までに書かれたものと判明した。葉書の内容は、東京に着いたので滞在中面会したい旨を伝えたものや見送りと恵贈品のお礼を述べたものなどである。手紙は、牧野が明治33年に刊行した「大日本植物志」の第1集などを送ったことに対する礼状であり、これについてのアドバイスや松村任三との仲を気遣うようなことも書かれてあり興味深いものであった。ここに紹介したいと思う。

宮部が牧野に送った手紙は、明治34（1901）年1月2日付で、北海道の登別温泉から出されたものである。新年の挨拶も兼ねたこの手紙は、昨年病気のため詳細な手紙も差し上げたいと思いつつ先に延ばしご無沙汰してしまったというお詫びの言葉で始まる。続いて、昨年恵与くだされた貴著と苔類の標本のお礼が述べられる。標本については、これから保養のため上京するので研究に必要な標本があればご用立てするし、重複標本がなければ本校の貸付標本を持参すると申し出ている。「大日本植物志」に関しては「精巧確実比類稀ナリ」であるが、これだけの「大著述」に欧文の説明が欠如しているのは誠に残念であり、このことは松村君にも伝えてあり、第2集を出すときには第1集の分とともに欧文の説明を掲載することが望ましいと書かれる。さらに、松村君には欧文について意見があるようだから、松村君を満足させるように、かつ貴兄の意見も通るよう記載して、その上でイギリス人に校閲してもらい出版となれば、日本の学術界にとって喜ばしいことである。解説については、日本文と欧文を全く同一にする必要がなく、欧文はかなり略したものでもよいので、ご一考されたしと述べる。今年か来年は北海道に採集がてらお出かけ下されという一文もある。以上が宮部の手紙のあらましである。

18回目の記事において、牧野著「日本植物志図篇」に対する松村の評を紹介したが、それは、図の絶賛に加えて、仮名や漢数字だけでなくローマ字やローマ数字の表記があった方が外国人には良いのではないかというアドバイスもあった。これを受けたのであろう、同第3集（1889年1月刊）からは、図版番号にローマ数字が、植物名にローマ字が加えられた。「大日本植物志」についての松村の評は、自叙伝に「その精細な植物の記載文を見て、松村氏は文章が牛の小便のようにだらだら長いとか何とかいってこれに非を打つという風で私も甚だ面白くない」と書かれてあるが、宮部の記述からは欧文についても松村は何か意見があったように読み取れる。宮部は、植物の解説に欧文の必要性を指摘している。しかしながら刊行された2集以降に、サクユリに関する英文の記載以外は、他の植物について英語による解説は見られない。

この手紙をもらって、というよりは行き違いになったであろうか、牧野が宮部に送った1月5日付の手紙がある。すなわち35回目の記事において、蘚類の標本に関してすでに言及した手紙であるが、その他に、牧野は目下日本の竹類の研究をしており、北海道の標本に関してはぜひとも先生（筆者注：宮部のこと）の助力を仰ぎたいと願い、本州の標本は一そろいまとめて進呈すると述べている。さらに、牧野が勤務する大学の標品館は根本的改良が必要であるため、牧野は標本の完備など抱負を抱くが、自分は微妙な立場にあって、国のため学術のためそれを実行しがたく、自分のことを本当に理解してくれる人に出会えることができたらどんなにうれしいことかと言い、現実は自分のことを曲解され悪しざまに言われており、それは本当に遺憾であると胸の内を吐露している。自分を受け入れてくれる人と一緒に国家や学問のために尽くしたいのに、という牧野の無念さが伝わって余りある内容の手紙である。

さて、話が変わるがマキノスミレという牧野の名を持つスミレがある。なぜ「マキノ」なのかという問い合わせがあったので、「新分類牧野日本植物図鑑」（北隆館、２０１７年）を調べると、学名 *Viola makinoi* H.Boissieu を和名に訳したものという説明があった。そこで、この学名が発表された論考を探してみると、命名者であるフランスの植物学者 H. de Boissieu（１８７１〜１９１２年）による「フォーリー神父の採集品に基づいた、日本の植物に関する新種と産地のリスト」（１９００年）に、マキノスミレの学名と記載文が掲げられてあったが、特に牧野に献呈した理由は書かれていなかった。論考の初めには、日本の植物についてヨーロッパの研究者による先行研究があって、そこへ日本人が熱心に研究に取り組むようになったが、日本の植物学の出版物は限られた部数でヨーロッパでは入手が難しく、そのため両地域の研究者が互いの成果を知ることなく2回命名し記載することが起きていると問題点が提示される。そして、その最も混乱したスミレ属において詳細な再検討が必要であるとしてその結果を一覧にしたとある。それを見ていくと、スミレ属の中で新種に命名した日本人は牧野一人である。したがってこの属における日本人としての牧野の貢献を記念して、Boissieu は新種のスミレに牧野の名を付けたのであろうと推察される。この推察は、2年後に牧野が Boissieu に献呈した学名を発表した時の説明を根拠としている。すなわち、牧野は新種のスミレに *Viola Boissieuana*（ヒメミヤマスミレ）という学名を付与し「植物学雑誌」（第16巻第184号）に掲載した。その中で、学名は日本のスミレについて貴重な研究をした Boissieu 博士を記念して定めたという説明がなされているからである。牧野は、Boissieu の自分に対する命名を受けて、ここでBoissieuに献呈したと思われる。

牧野の図説集に対して松村や宮部が英語など欧文で示す必要性を主張した。一方、Boissieuは日本の研究成果の入手がヨーロッパでは困難であることを述べている。たとえ入手できたとしても、日本語のみの表記であったならば理解は難しいであろうと想像される。たまたまマキノスミレの由来を調べたことから、Boissieuの論考に出合ったのであるが、当時の欧米において牧野の研究は、植物図を含めてどう受け止められていたのであろうか。図は言葉がなくても相通じるものである。27回目の記事で触れたようにムジナモの花の図はドイツの植物学書に掲載された。海外での牧野の評価という課題が一つできた。

◇

第3部は、明治26年から始めた。牧野の自叙伝は、幼い頃の記憶から松村とうまく行かなくなる第2の受難と「大日本植物志」の出版あたりまでは時間的にほとんど途切れなく書かれるが、その後は植物採集会の話題を除いて「池長植物研究所」の話になり間があく。「シン・マキノ伝」は基本的に自叙伝をたどっているのであるが、3部は「大日本植物志」を中心に自叙伝では書かれていない牧野の活躍を追ってみた。特に植物との出合いのエピソードを盛り込んでみた。これらは牧野の本来の研究である分類学からはそれるが、こうしたエピソードも牧野の幅の広さというか、ユニークな面を現すというか、牧野のありさまを伝えることに間違いはないと思う。第4部では、牧野の大学のポストについて大きな局面を迎えるとともに、経済的なピンチに陥るところに救いの手が差し伸べられる。一方、雑誌の創刊、図譜編さん、そして図鑑の仕事というように新たな挑戦が続く。

大学での危うい立ち位置(41)

牧野富太郎は自叙伝を残している。「シン・マキノ伝」でも常に参照している基本文献である。「牧野富太郎自叙伝」という書名で出版されたのは昭和31(1956)年であるが、その時に書き下ろした文章ではなく、大半は約15年前に書かれ公にされたものである。すなわち自叙伝の中で大学を辞めた後の心境を語った「私の今の心境」という短文の最後に「終りに臨み、私のために永らく貴重な誌面を提供された白柳秀湖先生のご厚意に対し、深甚なる感謝の意を表したいと思う」という一文が挿入されている。これは、「日本民族」という雑誌に昭和14年から翌年にかけて7回にわたって「牧野富太郎自叙伝」というタイトルで牧野が寄稿したことを指している。その雑誌は入手が難しいものであるが、早稲田大学の図書館に収蔵されていると、長年牧野と交流のあった人物について研究されてきた故・澁川《こしかわ》葵人《きじん》氏(筆者注:ペンネーム)にご教示いただいた。そして、「私の今の心境」の次に来る「八十五歳のわれは今何をしているか」および「花と私—半生の記」は「牧野富太郎自叙伝」に後から追加された部分で、後者は最後に「昭和28年9月」という年紀がある。

さて、「霧生関」第25号(1911年)に掲載される、すでに紹介したことがある「佐川と学術の関係—附現代植物学界に対する意見」は、自分の人生を振り返って牧野が記者に語った記録と思われる。数えで50歳の時である。若い頃の思い出ばかりでなく、当時の牧野のありようや見解を伝えるものとしても非常に興味深い。

牧野は、当時の状況をこう述べる。

「私はこの十数年来、常に大きい岩の下に座って、その岩の落ち来らん事を今か今かと待つ身となった。その岩は本年の四月に果然私の頭上に落ち来って休職となった。私は予想した事ではあり、敢《あえ》て驚きもしなかったが。この事は反って多くの知己、学友を驚かして、皆一同に反対の声を揚げた、中には日本の植物学者に一々檄を飛して、是を学界の一問題として総長以下関係者一同の責任を問うという様な運動を始めるといった風で、時に一つの問題になろうとした、が幸いにも学長総長が私と松村さんとの関係を知って下さって、夫《それ》は迂闊《うかつ》であったというような訳で早速その月の内に又復職という事になった。私であるから好いけれども、相当の地位あり名望ある人に対して如此き軽々たる事が出来ようか。随分と問題とするに足ることであったと私は思う」。

ここで語られている牧野の休職という事件は、牧野の日記に基づくと明治43年3月に起きたことであり、また、同日記には翌月18日に植物取り調べ嘱託となったことも見出されるので、牧野が言うその月の内に復職したことはこの嘱託を示すのであろう。明治45年1月には嘱託を解かれ、東京帝国大学理科大学の講師に任じられる。休職の事態を牧野は予想していたようで、そうなる経緯は、植物学界における学問の著しい進歩にあって新種の命名や学名の改正を巡って松村と牧野の意見が度々衝突したことに起因している。牧野は学問のためであるから、正当と自分が信ずる点は遠慮なく発表したし誤りを正しもした。地位が低く給料も安いのはここに原因があるという。そしてついに岩が落ちたのである。

自叙伝では、この事件が起きる以前は、東京帝国大学理科大学の学長・箕作《みつくり》佳吉《かきち》（1858～1909年）

が、「松村氏が私へ対する内情をよく知っておられたので、松村氏が私を密かに罷免しようとしても」それをすることができなかったが、学長が代わって、「松村氏の言を聴いて私を罷職にしてしまった」とある。そして、箕作に対する感謝の念を今も忘れずにいることを記している。牧野は、マツカサススキの学名を箕作に捧げたものとし、その学名を1903年に「植物学雑誌」（第17巻第191号）に発表した。こうして箕作の名を永久に記念として残すことができた。

「霧生関」の記事に話を戻して、牧野の主張は続く。「けれども私はただ研究の為である、地位や金の為に大学へ行って居るのではないから、何とも思わなかった。大学で貰う丈の金の補助は外へ出ても得られるし、家計に困難も生じはしない。唯《た》だ研究のために大学の教室を借りて居るのである。従って私は辞令を見た時も、慌てなかった。心配もしなかった。其の代り復職と聞いても驚きもせず、嬉しいとも思わなかった」と、研究一筋の牧野の姿勢が貫かれる。

牧野の落ち着き払った態度の裏には、それだけの準備も覚悟もなされているからであった。それは自分がたくさん持っている植物標本であった。牧野はそれについてこう述べる。「植物学者には標品（筆者注：標本のこと）は一つの勢力であり、パワーである。この標本を離れると植物学者の生命は覚束《おぼつか》なくなる。私が標品を斯麽《こんな》に集めているのは、実は何時大学から逐《お》われて、この勢力でありパワーである標品に依り掛らねばならぬがしれぬからである。この点からして私はこの標本を大切にして一つの宝視しているのである。もし大学にして私に相当の地位を与えて呉れて、夫《それ》を保証してさえ呉れれば私は今夜にでもこの標本は（大学に）やって終う考である、地位の保証さえあるならば（大学で）私は此の標本に永久に接する事が出来る。地位の保証がないとすれば、これを寄贈して置く以上何時この標品と縁を切って再び相逢う事が出来なくなるかもしれぬ」（筆者注：文中の（）内は筆者が補筆した）と。標本を手放さない理由が牧野の地位の不安定さにある。しかしながらこれから先、牧野は経済的に困窮を極め、この大切な標本を手放さなければならない状況に陥ることになる。

最後に、日本の植物学界の現状について意見する。すなわち、大学を辞めるようなことが起きたら、植物学に関する機関雑誌を出し、日本の植物学は頗《すこぶ》る幼稚で基礎がないことを踏まえて、植物園の拡充や園芸植物の分類の遅れなど、幼稚である原因を発表し世間に訴えていきたいと述べる。また、植物学者は愛国心がないとして、植物学は国家のために十分尽くすことができると主張する。加えて、支那という国が将来恐るべき国になるであろうことから、学問の基礎を築いておくことが学者としての責務であり、また愛国心ある国民の義務だと批判している。行を改め、「牧野富太郎」という見出しの下、爵位・位階・勲等・学位というような肩書で学者の価値を判断する世の中において、「植物学に無肩書の牧野富太郎あり」として、自分を教えたのはあくまで自然界そのものであると記す。

牧野は、大学で危うい立場にあることをよく理解していた。標本を大切に思う気持ち、植物学でもって国家への奉仕を目指す志は常に変わらない牧野のありようであった。

日本植物界の名誉「ヤッコソウ発見」(42)

ヤッコソウは、牧野富太郎の長年収集した標本が収蔵される東京都立大学牧野標本館のロゴとして知られる、全長わずか数センチの愛らしい植物である。牧野ゆかりの代表的植物の一つであることは言うまでもない。和名は、牧野が名づけ親で、奴の踊る姿に似ている形状による。学名も牧野が付与し、さらに新科を創出した。新科名を定めるということは、当時めったにないことで、牧野自身にとっても日本の植物学界においても非常に名誉なこととされた。今回は、このヤッコソウの発見を話題とする。参考とするのは「霧生関」（26号、１９１２年）に寄稿した「新発見のやっこさう」という牧野の記事と、学名等を発表した「植物学雑誌」である。

ヤッコソウ発見の経緯は次のようなことである。すなわち、高知県幡多郡の中村から数里離れた土地で中学生が見つけた植物を、博物学の教師山本一《はじめ》が調べたが判断がつかなかったので、明治40（１９０７）年に、高知に来ていた東京帝国大学農科大学教授の草野俊助（１８７４〜１９６２年）に見てもらったところ、草野はあまりに珍奇なことに驚いて東京に戻り牧野に調べてもらうことにした。そこで詳しく検査した牧野は、「植物学雑誌」（第21巻第241号、１９０７年）に「奇植物ノ発見」という短文を寄せ、上記の経緯を記し、近いうちに詳細を発表するとした。また、形状の記述とともに、「雌雄異様ノ植物ナリ」と述べた。実は、牧野が調べた個体はアルコールに漬けた古いもので、それには雄蕊《しべ》がなく雌蕊ばかりだったので、これは雌本で別に雄本があると牧野

冬の訪れを告げるヤッコソウ（高知県土佐清水市以布利、高知新聞社提供）

は考察した。一方、高知では山本が「何里もの道を遠しとせず」一生懸命ヤッコソウを探して新材料や写真などを送ったことから、今度は正確な検査を行うことができたのである。

この植物がどのようなものであるかについて牧野の記述を「霧生関」より引用すると、「一寸福寿草位の丈のある植物で、真直ぐに、一本立ちをして往々集合してシイノキの根の皮の上に生ずるので、茎は平滑で帯黄色で時としては薄バラ色を帯び、矢張り帯黄色の五或は六対の片鱗を以て取り囲まれ、花は梢に1個あって雌雄蕊の下部に密着した萼《がく》があるばかりです。当初観た場合に雌蕊ばかりで雄蕊がないのだと思ったのは、実は誤りで、山本君から送って下すった生本を見ると萼に取り囲まれた雌蕊の表面を更に雄蕊冠のようになって掩《おお》うているので、前に見たのは、もうこの冠状の雄蕊が取れ去っているのだと知れました」とある。

こうして、牧野は、ラフレシア科に属する植物として新しい属名および新しい種名をつけ、「新属新種やっこそう *Mitrastemma yamamotoi* **Makino, gen. et sp. nov.** ニ就テ」と題した和文と英文からなる記載文を、明治42（1909）年、「植物学雑誌」（第23巻第270）に発表した。属名は、帽子（冠）状の雄蕊という意味で、雄蕊が雌蕊の上に帽子のようにかぶさっていることからつけた名称である。種名は、この植物の発見に関わり生本や写真などの提供に労を呈した山本一を記念してつけた。日本ではラフレシア科の植物を産することは知られていなかったので、ここにその科に属する一つの植物を得たことになった。しかしながら、その後、坂東清吉が採集した宮崎県産のものを入手し、ますます研究を進めると、ヤッコソウがラフレシア科に属する植物ではないことが判明し、新しい科をたてる必要が出て来た。これは容易でない重大な問題であるためさらに研究した結果、牧野はヤッコソウ科 Mitrastemonaceae を創出したのであった。その発表は、明治44年に同雑誌（第25巻第299号）においてである（属名を *Mitrastemon* にする）。

新科の設立についての牧野の言を「霧生関」より引用して掲げる。

「元来植物学上において新属名を見出すということですら余り普通のことではないのですが、それがまた顕花植物中に新科名を見出すとなると今日では殆《ほと》んどたえて無くして僅《わず》かにあるといっても好い位のものです。（記者曰《いわく》、これは先生の申されるまでもなくとくにある方から承っていたことで、顕花植物中新科を建てるということは西洋においても近代殆んどその例は無く、特に日本においては未だ無いことでございます。従ってこれは、先生の御名誉ではなく、実に日本の植物学界の名誉、又日本の名誉と申しても不可ではあるまいと存じます。天文学者が新しい星を発見したなどとは比較になりませぬ）で私もはじめて日本にて発見されたるこの新科の設立については非常な喜を感じ、同時に草野、山本両君及び又別にそれらの標本を送って下すった坂東清吉君の御厚志に感謝している次第でございます」（旧字体および旧仮名遣いは現行のものに改め、漢字も一部ひらがなに直した）。

さらに、牧野は、1882年ごろ田代安定（※15）（1857〜1928年）が鹿児島県ですでに発見し、同氏の著書「鹿児島県柑橘図」の巻末に、不明の寄生植物として写生図が掲載されたことを、命名の後に知ったと断っている。

※15　鹿児島の出身で、田中芳男に植物学を学び、南西諸島で動植物や慣習などの調査を行い、その後台湾総督府に勤めた。牧野と交流があった。

牧野を救った神戸の大学生(43)

ついに牧野富太郎は困窮して、研究する上で絶対に欠くことできない標本を売るとまで考えざるを得ないほどになってしまった。41回目の記事で、標本は植物学者にとってパワーであって、大学を追われるときの拠り所であり、お宝のような存在であるという牧野の考えを紹介した。その標本を、である。

こうした牧野のピンチに関する記事が東京朝日新聞に掲載された。大正5（1916）年12月16日の朝刊であった。見出しは「不遇の学者牧野氏　植物標本10万点を売らん」で、さらに小文字で「▽生命を賭して収集した珍品を　▽手放さねばならぬ学者の心事」とある。そして、こんな書き出しではじまる。「植物記載学の大家として誰知らぬものなき牧野富太郎氏は年毎に迫り来る家計不如意の結果負債山積し其の始末に窮して今回三十余年間に亙《わた》りて実地採集したる植物標本の珍品十万点を売却して此急場を脱せんとして居る」と。その噂を聞いた記者が小石川にある牧野の邸宅を訪ねて、この記事となったわけである。牧野が言うには、珍しい標本があるから外国に出しても2、3万円の金はできるが、標本の価値を認めてこの急場を救ってくれる富豪が日本にいるかどうか、出来ることなら散逸しな

牧野富太郎の肖像写真（大正5年3月、個人蔵）

いで一カ所にまとめて標品館を設立してほしいということであった。牧野は、新種発見や論文・著作の発表で植物学界への貢献は大なるものであるが今日のごとく不遇の地位にあって、給料は助手になったときの15円からようやく35円になったが、薄給のゆえ東京帝室博物館や農事試験場で嘱託となり、夏期講習会の講師となって生活してきた。今までも、田中光顕・土方寧らの尽力で岩崎家から助けてもらったこともあった。世界に誇るに足る大植物記載学者が金のためにこのように辛苦をなめ、この分野で博士以上の実力をもつと定評があるのに学位さえもらっていないのである。以上のように牧野の窮状を訴える記事は、「今年五十四歳の同氏（筆者注：牧野）は「是から真実の研究をやって見たい」と言って居るが何んとか此の不遇の学者を救う道はないものか」という一文で締めくくられる。その2日後の18日に、今度は大阪朝日新聞にほぼ同じ内容の記事が掲載された。見出しは変更され、「月給三十五円の世界的学者　▽金持のケチン坊と学者の貧乏は　▽これが日本の代表的二大痛棒なり　＝牧野氏植物標本10万点を売る＝」となる。

この記事の反響はすぐにあった。すなわち翌年1月3日の東京朝日新聞の記事によれば、「救いの声は篤志の一青年によって牧野氏の上に投げられたのである。篤志の一青年とは何人であるかというに目下京都大学法律科三年に在学中の学生たる神戸市兵庫門口町の素封家池長孟《はじめ》氏（二十六）である」とあるように、神戸の素封家の若き青年・池長孟が牧野を援助すると名乗り出たのであった。記事を読んだ池長は、植物学の趣味をもっていてその名を慕っていた牧野が窮境にあって、それがために研究発展が妨げられるのであれば、牧野個人にとっても学界にとっても惜しいことなので微力ながら救済の任に当たりたいと考え、家族や親戚、支配人に諮《はか》り意を決した。折しも12月24、25日に大阪に来た牧野と妻・寿衛に会い、

1万余円の負債整理について打ち合わせをした。今度は28日に池長が上京し、債権者との交渉に当たった。こうして、財政上の憂いから離れた牧野は、学問に専念でき、大学の講師の職にも精励できるようになり、植物研究にますます貢献できることを心から感謝して、牧野の友人・藤井健次郎（東京帝国大学教授、植物学者・遺伝学者、1866〜1952年）もこの話を聞いて喜び、どこまでも援助すると話したということである。

1月3日の記事は植物研究所設置の話に及ぶ。それによれば、今月から牧野は、標本の整理に着手し、2月中に一通り作成して神戸に送ることになった。池長は、自身の所有する会下山《えげやま》の正元館《しょうげんかん》に標本を備え池長植物研究所を設け一般公開することになった。将来は、その研究所を牧野の指導の下、模範的植物標本陳列所となし、牧野個人のためのみならず植物学界に貢献するものにしたいという考えが池長にはあって、それは、一昨年亡くなった池長の父が教育に熱心で、その遺志を継いだことによるということであった。さらに池長の談話として、牧野先生の境遇に対する同情からはじまった仕事であるが、元来植物研究所を設けたいという希望があって、債務の始末が済んだからには、先生には研究に没頭してもらい、研究所はゆくゆくは公開し参考に資し、また食料・染料など有用な植物の研究を行って実益に供したいと考えていること、また自分のような微力者が先生のような大学者をどの程度助けられるか分からないが、今回の行動が世の富豪なる人に影響を及ぼし真の金の使い道を考えてもらえることになれば本望であることが記される。また、牧野の談話として、自分の私的な生活を援護してくださることになって感謝に堪えないこと、再びこうした境遇を繰り返さないように注意して公的な生活も池長氏に対する義務もできうる限り奮闘する所存であり、また池長氏のようなまじめな青年を見出したことは現代の青年にとってよい手本となるであろうし、自分は篤志家らとともに学問上の抱負を実行して厚意に報いたいというものであった。

池長植物研究所の明暗（上）(44)

前回で話題となった、池長孟と牧野富太郎の2人の夢であり、実現に向けて協働すべき池長植物研究所はその後どうなったであろうか。大正6（1917）年8月5日の朝日新聞に、「日本に唯一の植物標本館 神戸に出来る池長研究所 ◇今秋までには一通り完成」という見出しで次のような内容の記事が掲載された。植物分類学の泰斗牧野は、素封家の池長と提携して、長年の苦心の植物標本を世に出すためにその準備が着々と進められている。牧野は標本整理に従事し、池長は神戸の会下山《えげやま》にある正元館《しょうげんかん》修築をはじめとして諸事に当たっている。その正元館は、池長家が所有する洋風の建物で、建坪が約百坪、階上に大広間、階下に数室あって、広間を陳列室となし階下を研究室に充て、名称を「池長植物研究所」としてこの秋開館の予定である。標本は出来次第送ることになっているが、多数の材料であり、また標本として最も完全を期するためにも比較的多くの日数を要する見込みである。一通り秋に完成するため牧野は池長家の別所にて急ぐことになった。開館となれば、池長植物研究所は日本において唯一の植物標本館および研究所として学会に役立つところとなるであろう。牧野はこの研究所について、標本の陳列からはじめてゆくゆくは押し葉に加えて根、幹、果実など植物のすべてを網羅した参考資料を取りそろえた植物博物館

池長植物研究所の正面に腰掛ける牧野富太郎
（昭和４年12月、個人蔵）

にして、人間にとって最も関係のある植物に重きを置いた陳列をなすことで学界、美術工芸ないし工業界に貢献したい、また所内の講習会や野外講習も催したいという壮大な計画を語った。以上が記事の内容である。

今まで長々と新聞を引用したが、単に新聞の見出しだけではなく、その記事の中で当時の牧野の状況がどのように伝えられていたのか、また申し出た池長孟と援助を受けることになった牧野がそれぞれどのような思いであったのか、さらに開設を決めた植物研究所に対して2人がどのような抱負を抱いていたのかなどをこの機会にしっかり見ておきたいと考えたからであった。

池長と牧野に関しては、すでに白岩卓郎氏と勝盛典子氏による詳細な先行研究がある。白岩氏は、牧野の伝記などで大正5年から約25年間東京と神戸を行ったり来たりした時代についてほとんど語られてこなかったことを指摘して、いろいろと関連する資料を集めて、平成5（1993）年、神戸市教育委員会の広報誌「教育こうべ」に「神戸植物学事はじめ」を4回にわたって連載され、後に「神戸と牧野富太郎」（神戸新聞総合出版センター、2008年）という本を出版された。その研究は、神戸における牧野の行動について池長との関わりや新たな人々との交流などを明らかにしたものであった。勝盛氏は、池長のコレクションと美術館を引き継いだ神戸市立南蛮美術館を前身とする神戸市立博物館の学芸員である。同氏は、高知県立牧野植物園牧野文庫に所蔵される牧野の蔵書や関連資料と、池長のコレクションとの比較を通して2人の関係を考察され、「池長孟と牧野富太郎」（「神戸市立博物館　研究紀要」第19号、2003年）というタイトルの論文を発表された。

ここでは、両者の研究を参考にしながら牧野の日記や自叙伝に基づき、池長植物研究所の開所までの経緯や、やがて起きることになる池長問題をたどってみようと思う。池長と牧野は当初、池長の支援により牧野の研究が進展するという目的だけでなく、牧野がそれまでに収集した標本を生かした池長植物研究所の公開という社会への貢献を含めて目標を定め協働してことに当たっていく。また、標本に加えて牧野が自分の書籍も東京から送り、池長植物研究所を標本館兼図書館にして同好者の利用に供することを企図していた。しかしながら、牧野の標本整理が思うように進まず、牧野は植物採集や折しも発足した阪神植物研究会などの採集指導に忙しくしていたため、池長は、自分の家や親族のことを慮《おもんぱか》り、また社会的な貢献をしたいという自分の願いも達成することが難しいのではないかと危惧の念を抱いたようである。

そのようなところへ大正7（1918）年6月に、池長は志願兵として徴兵検査を受け合格し、いずれは入隊することになる。志願した理由は明らかではないが、池長が困難な状況に立たされていたであろうとされている。そして、池長の入営日が迫っていたことから取りもなおさず開所式の段取りとなる。その直前の10月29日に、以下のような要求が出されたことが牧野の日記に記される。すなわち「要求の件。・池長氏ノ別邸幷ニ別荘ニ滞在セザル事。・池長氏宅ノ女中ヲ使用セヌ事。・標本貼付紙ヲ買ウ事」とある。これらのことから、池長と牧野は良好な関係ではなくなっていたとされるのである。

池長植物研究所は、大正7年10月31日に1日目を迎え、学校関係者を招いて式が行われた。11月1日に池長の親族を招き、3日に知事をはじめ神戸市の主要な人々を迎えて開館式が挙行された。11月26日には「ヂーナスカバー四千枚を注文し置く」（**Genus cover.** 属ごとに標本をはさんでまとめておく厚紙）とも書かれ、牧野が標本整理を進めなければいけないと考えていた様子が伺われる。そして池長は12月1日に姫路の連隊に入り、牧野も見送りに行った。

牧野富太郎と田中貢一（昭和2年10月、個人蔵）

翌大正8年になると、6月に「池長問題」が起き、7月初旬に牧野は姫路に行き連隊にいる池長に面会にしている。この間、田中貢一（後述）、渡辺忠吾、長谷川如是閑、山本松之助（以上の3人は次回で言及）、竹下英一（46回目で紹介）らが度々牧野を訪ね、また牧野が彼らに会いに行くことも多かった。牧野の家族も加わり相談することもあった。「池長問題」とは、牧野が研究所に送ったが整理の進まない標本を京都大学に寄付するという話が持ち上がり、本人は軍隊にいるため池長の仲介者がその話を持ち来り、それに対して牧野が大学への寄付を断固反対し、本人と直接談判すると主張した一件である。標本こそがいざというときによりどころになると牧野は考えていたのであるから、なんとしても全身全霊でもって標本は守らねばならなかった。

この問題が起きる前の6月9日に、夜に田中貢一を訪ね、「以後の標品は予検定するにあらざれば神戸へ発送せざる由を話置く」と、11日には「九日附書状を池長氏に送り、標品は以後は検定して送付する旨申送り置く」と書かれる。これらの内容から、標本がこの時期も神戸に送られていたこと、牧野が検定しないで送ったものがあること、田中が発送に携わっていたことなどが推測される。これがその直後に起きる問題と関連するかどうかは不明であるが、牧野は標本の扱いには非常に注意していた様子が伺われる。この田中は、38回目ですでに紹介した信濃博物学会のメンバーで、「科属検索日本植物志」（牧野富太郎と共著）・「信濃の花：植物美観」などの著書があり、上京し帝国駒場農園に勤務していた。田中は「池長問題」に深く関わっていたことが日記から読み取れる。

池長植物研究所の明暗（下）（45）

池長が牧野の標本を京都大学に寄付するという「池長問題」の続きである。大正9（1920）年5月に池長が除隊した後、翌大正10年7月に牧野は妻と一緒に池長と面会している。牧野の日記には、同年12月に神戸で「日本植物志趣意書」を作成したことが、11年2月に「大坂植物研究所」の目的書や設計の図面などを大坂市に出したことなどが記される。この行動は、実を結ばなかったが、「池長問題」に対処するための牧野側のリアクション（つまり牧野が目指す日本植物誌の編さんや公立の研究所の設置）のように見受けられる。

その後昭和4（1929）年までは牧野は神戸に滞在し研究所に登館しているが、池長問題は決着を見ずに2人の関係は平行線をたどり続けたようである。研究所は一般に公開されることはなかった。そして、自叙伝では、いつ頃のことかははっきりしないが（勝盛氏によれば昭和5年ごろ）、池長からの支援について、「私はここへ毎月行って面倒を見る事になってはいるが、いろいろの事情があって今は池長氏の援助は途切れ途切れになっている」と述べられる。

昭和5年以降は、牧野は兵庫や大阪での研究会・同好会に参加するため神戸を訪れるが、池長とはほぼ没交渉となる。池長は、この頃から南蛮美術の収集に力を入れ、豪華な図録を出版し池長美術館を公開するに至る。昭和15年のことであった。社会へ貢献したいという宿願がようやく自身の手で果たされたのである。その翌年に、30万点と言われる牧野の標本が返却されることになる。その辺りは後に取り上げることにしたい。

池長植物研究所は、一般の利用に供せられなかった点で社会的に貢献することは叶わなかったが、勝盛氏は同研究所の果たした役割をもっと肯定的に評価すべきではないかと提言している。すなわち、牧野の標本や蔵書が散逸してしまうことを防ぐことができ、結果牧野のコレクションはまとまって後世に伝わることになった。また、牧野にとって神戸での滞在が増えたことにより、神戸や大阪で発足した植物同好会や研究会などを指導することができ、より多くの人たちとの交流がなされ、植物研究も進展した。一方、池長にとって、牧野との出会いは、牧野の横溢《おういつ》な探求心や蔵書の豊かさなどを知る貴重な機会となり、それが後の南蛮コレクションに実を結んだのであろう。池長植物研究所は2人にとって一定の役目を果たしたと言えよう。

ちょっと余談である。2人が同じ目標に向かって心を一にしていた頃に撮られたのではないかと思われる写真がある。被写体の3人の内、椅子に腰掛ける中央の人物が松村任三。向かって右に池長孟、左に牧野富太郎。松村の足元には、バラの鉢植えが置かれている。撮影場所は、松村邸の前庭。今度神戸に池長植物研究所を設けますのでどうぞよろしく、という挨拶をするため2人が松村の自宅を訪問したと想像したくなるような写真である。また、牧野は研究所の開館に当たり、賛助者を募ったようである。

左から牧野富太郎、松村任三、池長孟（個人蔵）

すなわち、宮部金吾に宛てた大正7年10月20日の手紙には、池長植物研究所の準備が段々に進み、遠からず開館となるに当たり、斯学界の主な先生方に賛助員になっていただくようお願いし、山川帝大総長をはじめ多数の方の快諾を得ている、ついては、宮部にもその旨を承諾してほしいと頼み、何ら責任はなく本館の名誉のために名前を列ねるものであると説明している。

さて、自叙伝には、新聞記事を執筆してくれた人物や池長と牧野をつなぐ役目を果たした人物の名を挙げ、世話になったとして感謝の念が記される。前者は「農学士の渡辺忠吾」である。すなわち、渡辺は、絶体絶命となって標本を西洋にでも売って一時の急を救おうと覚悟した牧野を心配して東京朝日新聞にこの窮状を書いた。そして、大阪朝日新聞にも転載され、図らずも神戸に2人の篤志家（筆者注：池長孟と、もう一人は日立製作所などの創立者・久原房之助）が現われ、結果、池長氏の厚意を受けることになったのである。

渡辺は、朝日新聞に載る記事をたどって明らかになった経歴を述べると、明治44年東京帝国大学農科大学を卒業、朝日新聞の記者として農村問題や農政問題などの部門を担当した。その後農業教育に従事して京都府立農林学校の校長になり、昭和10年帝国農会幹事長に就任。昭和19年逝去。自叙伝には、記事を書いた後に健康の関係で房州に去り、大網の農学校の校長をしているとある。

後者、つまり池長と牧野をつないだ人物は、大阪朝日新聞社会部長の長谷川如是閑《によぜかん》（１８７５～１９６９年）と東京朝日新聞社会部長の山本松之助（長谷川の兄、１８７３～１９３７年）の２人で、いろいろ厚意を示してくれたと牧野は言う。

長谷川は本名を山本萬次郎といい、日本のジャーナリストで自由主義の立場に立つ思想家、日本文化を研究した。大阪毎日新聞に入社し、大正5年から同新聞社会部長を務めた後に退社、「日本的性格」（１９３８年）、「ある心の自叙伝」（１９５０年）などの著書がある。山本も弟の長谷川と同業で、退職後江戸・明治文化を研究した。

牧野が亡くなる1年前に出版した植物随筆集「植物学九十年」（宝文館、１９５６年）に、長谷川が「序に代えて　牧野老と私」という文を寄せている。これは最晩年にある牧野の「体質と不屈の精神力」についての話に始まり、牧野の窮地を告げる記事が掲載され池長より申し出があって2人の間を取り持ったころの思い出が語られる。さらに、牧野が押し葉を台紙に置いて標本を作る様子について言及した箇所があって、牧野の標本に対する姿勢を伝える文として興味深いのでここに引用する。それは、標本製作が一向に進まないため、困った池長から牧野に催促してほしいと頼まれた長谷川が、その旨を伝えるため牧野を訪ねるところから始まる。

「二階の、老（筆者注：長谷川は牧野のことをこう呼ぶ）の仕事をしている部屋へ通されたが、私は老に、かまわず仕事を続けるようにといって、今机の上にある標本の一枚が出来上がるのを待っていた。ところが見ていると、その手にしていた押葉を、紙の上に置いて、それを上下左右に置き換えながらしきりに考え込んでいる。そしてまた置き直して、それをじっと見ていたが、やがてその出来上がらない台紙を片寄せて、私の方に向き直って、いささか疲れたような顔色で私に話しかけるのだった。私の見ていた時間が相当長かったので、私は標本の一枚一枚をこのように念を入れて作るのだったら、一日に何枚も出来ないのではないかと思った」

この後牧野はだんだん元気になって話が弾んできた様子から、長谷川は牧野の心持ちがはっきり分かった気がして池長からの要望は伝えないまま帰った。そして、池長に牧野の標本製作が「まるで中世の名人芸」で、出来上がったものは「立派な芸術作品」であることを伝え、催促などはできないことを池長の母にも了解してもらったとある。

長谷川は「学者肌で名人肌を兼ねている」牧野に敬意を表し、池長も、研究所のことは遺憾としてもそれをよく了解し牧野に対して何の感情も残していなかったと書いている。「植物学九十年」に序を書いてほしいと長谷川に頼んだのは牧野自身ではないだろうか。そして牧野の池長への感謝の意を汲んだ長谷川が引き受けたのであろうと思う。この本が出る前年に池長が亡くなっており、2人が再び交わることなしに終わった関係について誠に適切な幕引きの文章である。

広がる関西人との交流(46)

これぞまさしく牧野富太郎が採集会で指導するその様子を的確に捉えたスナップ写真であろう。ここに掲げた写真は、牧野の裏書きによれば、大正8(1919)年夏、比叡山にて、会員にウバユリを説明しているところの牧野富太郎とある。大勢の人に囲まれて、牧野が、葉が網状脈を持ち、花が押しつぶされたような左右相称の傾向を持つなどウバユリの特徴を説明しているのであろう。牧野は、ウバユリやオオウバユリが従来のユリ属ではなく別属であることに気づき、長らく欧米の学者に無視されていた *Cardiocrinum* 属を起用して新学名をつけ「植物学雑誌」(第27巻第318号、1913年)に発表した。また、「植物研究雑誌」(第8巻第7号、1929年)の「断枝片葉(其五十九)」では、ウバユリの花の数という小見出しで、ウバユリの花は肥えたものであると七つの花をつけることを大正8年8月20日に比叡山で実見したと牧野は述べている(通常は3〜4個)(※16)。したがって、写真もこの日に撮影されたものではない

比叡山でウバユリを手にして解説をする牧野富太郎（1919年夏、個人蔵）

かと考える。写真では、おそろいと思われる夏用の帽子をかぶる人がちらほら写る。牧野はいつもの三つぞろいでなくハイカラーの白い上着を着ている。同様な装いの人が数人いる。幹事たちかもしれない。牧野がさっそうと植物の指導をしている様子が印象に残る。この採集会に関しては、牧野の日記に同月19日比叡山で1泊、20日午前中採集指導をなしたという記録がある。しかしながらその記録には「採集会会員」とあるだけで何という名称の会であったかは分からない。

この写真の裏面には、「竹下英一氏撮影」という情報もある。この撮影者である竹下は、44回目の「池長問題」で名を挙げた人物である。竹下については関西の人で学校の教師、大阪植物同好会の幹事ということは分かっていたが、この機会にもう少し調べてみようと思った。インターネットで検索した結果、牧野が竹下に送った書簡集が出版されていることを知り、連絡を取りお願いしたところ、著者・川端一弘氏が「牧野富太郎竹下英一宛書簡」（2020年3月）という冊子を送付してくださった。

※16「新分類牧野日本植物図鑑」（北隆館、2017年）のウバユリ・オオウバユリの項を参照。

牧野筆竹下宛の書簡類は、竹下の没後ご遺族が大阪市立自然史博物館へ寄贈されたものである。全部で130余り現存するようで、最初の書簡は大正7年9月16日消印のはがきとされ、年代不明のものもあるが、最後が昭和31(1956)年の年賀状と、同年10月9日消印の封書である。後者は次女・牧野鶴代の筆跡である。

竹下と牧野との出会いは、牧野が池長の支援を受け神戸に行くようになってからのことで、日記には大正7年4月20日に樟蔭女学校に竹下氏を訪ねたことが記され、これが最初の出会いではないかと思う。同学校は、正式名称「樟蔭高等女学校」で、同年4月に開校したばかりの学校である。竹下は大阪府立夕陽丘高等女学校に教諭として勤めていたが、同校長の伊賀駒吉郎が樟蔭高等女学校の設立に参画したことから、樟蔭高等女学校の教師となったようである。日記の同月1日には、「樟蔭高等女学校植物乾腊《かんさく》標品ラベルの原稿記載」とある。川端氏によれば、2人が知り合うことになったのは竹下が牧野の標本を教材として購入したことがきっかけとしている。新しく設立された学校に備えるべき教材として標本が必要であると竹下が判断したのであろう。また、池長孟をはじめ阪神地方の名士数名が、植物の知識と趣味の普及を目的に毎月1回牧野を講師として野外採集を行う阪神植物研究会を立ち上げた。大正7年9月8日に第1

向かって右より原宮男、牧野富太郎、竹下英一、堀江聰男（大阪市内の白樺の喫茶店にて撮影、個人蔵）

回が六甲山で開催された。その際、入会希望者の申し込み先が、竹下方同会宛てになっている。この竹下も同一人物とみられる。

以上のことから牧野の神戸滞在の早い段階から竹下と交流があったことが分かる。また、2人の交流から大阪植物同好会が生まれたと見られ、大正10年11月6日に第1回の採集会が春日山で行われて牧野が指導し、同月27日に箕面での開催があった。川端氏の調査によれば、翌大正11年5月六甲山、9月二上山などで例会があり、その後途絶えて昭和に入って再開されたということである。同会については、牧野を講師として招くと旅費・宿泊代などの費用がかさんだことから会の運営がうまくいかなくなってきた状況が、牧野の竹下宛て書簡から伺われる。牧野旧蔵の写真には、大阪植物同好会の幹事（あるいは主だったメンバー）と思われる人たちと牧野が写る写真が数枚含まれる。また、牧野の竹下宛書簡には「池長問題」に言及したものがあり、牧野を取り巻く周囲の人たちが気をもんで行動に出ようとしていた様子が伝わる。当の本人はやはり自分で解決したいと思っていたようである。

最後に、川端氏のご指摘により気がついたのであるが、牧野はカツラキグミ[※17]の新学名と新和名を「植物研究雑誌」（第5巻第6号、1928年）に発表した。この中に、学名 *Elaeagnus takeshitae* Makino の *takeshitae* は、樟蔭高等女学校の博物学教師である竹下英一を記念したものであるという記述があった。

※17　牧野は和名の読みをローマ字で「Katsuraki-gumi」としているが、「改訂新版　日本の野生植物2」（平凡社、2016年）ではカツラギグミとされる。また、同書によれば、分布は、奈良県・大阪府・和歌山県の県境である葛城山・金剛山に極限されるとある。

牧野の竹下宛て書簡は、長い期間にわたって送られた書簡で、さまざまな事柄に言及した貴重な資料である。その期間は、牧野の後半生をほぼ網羅している。筆者もほぼ同じ時期として向坂道治や石井勇義に宛てた牧野の書簡類を調査しているが、これらを年代順に整理し内容を比較したら新しい発見があるかもしれない。楽しみである。

東京全市を桜の花で埋めよ (47)

牧野富太郎は、東京帝国大学理科大学の講師として勤務する傍ら、東京帝室博物館や西ヶ原農事試験場などで仕事をしていた。ことに東京帝室博物館に関しては、そこでサクラの図譜を制作したことがあるという牧野の回想談が伝わる。しかしながら、その図譜が現存するのか、どこにあるのかなど分からなかったが、調査を試みると同館の後身である東京国立博物館にサクラの図が所蔵されていることが明らかになった。今回は、幻のサクラの図譜を中心に、東京帝室博物館時代の牧野によるサクラの調査を話題とする。

東京帝室博物館の前身は、明治22（1889）年に発足した帝国博物館であるが、その歴史は、明治4年に文部省博物局が設置され、翌5年に同局による最初の「博覧会」として湯島聖堂博覧会が開かれたことにさかのぼる。その後博物局は、東京博覧会事務局、内務省博物館、農商務省と所管を替え、明治19年に廃止された。この博物局および博物館の主な仕事は、各地に産する自然物の収集と展示・出版などを通じての啓蒙活動であり、当初から中心的な存在であったのが田中芳男である。同19年から博物館は宮内省に属することになり、帝国博物館には天産部（のち天産課）(※18)が置かれた。

牧野は、明治40年10月東京帝室博物館天産部の嘱託として植物分類調査事務の任に就いた。大正2（1913）年および同4年の4月に、埼玉県足立郡江北村の荒川堤で八重桜の調査を行い、採集したさまざまな栽培品種の標本を作製し同館に収蔵した。同3年には標本整理の成果をまとめ、根本莞爾（※19）（1860~1936年）と共編で「東京帝室博物館　日本植物乾腊《かんせき》標本目録」を出版した。リスト化された標本は、自生品や栽培品、移植品からなり、植物の和名・学名とともに採集地名も記入される。サクラの標本では博物館や荒川堤で採ったものが多く挙げられている。

牧野は、博物館に勤務のため通うようになって、新たなサクラと出合う機会に恵まれた。それはオオヤマザクラとカンザクラである。前者については、明治44年に出版された「大日本植物志」第1巻第4集に、第15図版として山田壽雄との共作であるオオヤマザクラの図と文章が掲載される。その図は、博物館内にあった2本の木をそれぞれ描いたもので、2本とも第2回内国勧業博覧会のために北海道から送られたさまざまな樹木の一つであった。不幸なことにこれら2本のオオヤマザクラは、その後移植され枯れ死にしてしまったという記述が「公園ニ植エンガ為メニおほやまざくら苗木ノ寄附」（「植物研究雑誌」第4巻第3号、1927年）に見いだされた。東京で見ることのほとんどないオオヤマザクラが絶えたことを

※18　人工物に対して自然科学系の物品を扱う部署。

※19　宮城県の出身。東京師範学校を卒業後、長野・福島師範学校へ。退職後明治43年から東京帝室博物館天産部植物区事務嘱託として勤務した。押し葉標本の収集作製を担当し、解嘱後東京博物館（後東京科学博物館、現国立科学博物館）で、天産部から譲渡された標本の整理に従事し、在職中に逝去。主な著書は、牧野との共著で「日本植物総覧」（日本植物総覧刊行会、1925年）、単著で「日本植物総覧補遺」（春陽堂、1936年）。

残念に思い、牧野は大正8年にオオヤマザクラを北海道から200本取り寄せ、そのうち100本（数えて見ると99本だったという）を東京帝室博物館に献納した。オオヤマザクラの手配に関しては、北海道の宮部金吾に100本の苗木がいかほどになるかを調べて教えてほしいと頼む大正8年2月19日付の手紙が残っているので、宮部がこの手配に関わったと想像される。また、当時東京帝室博物館総長であった森鴎外（1862〜1922年）よりこの献納に対する感謝状を牧野はもらった。

カンザクラについては、その老樹が同館にあって、それから接ぎ枝を採り台木に接いで増やそうとしたこともあった。牧野は上野公園にいろいろな種類のサクラを植えて咲く時期のズレや花弁の色の違いを、公園を訪れる人々が楽しめるようにしたいと考えていたのである。また、「東京全市を桜の花で埋めよ」（『続植物記』櫻井書店、1944年所収）という記事では、東京市で何千万本の苗木を用意して東京の都を桜の花で埋めねばならないと言い、「花の雲で東京を埋めりゃよい」と主張した。

さて、大正7年3月に書かれた「桜花図譜編纂大綱」の原稿用紙が、練馬区立牧野記念庭園で牧野一浡氏よりお預かりしている資料中に見つかった。また、先述した回想談は、牧野が米寿を迎えた明治24年に「植物研究雑誌」で牧野博士米寿記念特集号が組まれ、その中に掲載された「牧野先生一夕話Ⅰ〜Ⅹ」というインタビュー記事の一つで、その見出しは「Ⅴ　博物館で出版した〝桜の図譜〟について」であった。この記事において、東京帝室博物館で桜花図譜を制作しそのうち3図を印刷したが後が続かないで、「国立博物館」に保管されたことを牧野が語っている。編纂《さん》大綱を記した原稿と牧野が桜花図譜を作ったという談話を手掛かりにどこかに必ずサクラの図が現存していると信じて調査したところ、東京国立博物館に16

点のサクラの図が保管されていることが確認され、それとともに3点の印刷図（多色刷）と浄書された「桜花図譜編纂大綱」も見つかった（したがって、記念庭園にある原稿用紙は下書きであったことが判明した）。16点の図は印刷図ではなく手書きの着色図で、牧野の指導の下、山田壽雄が描画したものである。どの図も牧野が良い枝ぶりのサクラを選んで描かせたことを察するに値するもので、山田の着色もむらなく均一になされ美しい仕上がりの図であった。そのうちソメイヨシノ・ナラヤエザクラ・タカネザクラの3図が印刷図の原図であった。16図には牧野の自筆でサクラの名称などが記入された図もあり、印刷用のキャプションと見られる。また、別の筆跡も見られ、それは山田の書き込みと考えられる。印刷を受け持ったのが、「大日本植物志」のホテイランを担当した小柴英である。

ナラヤエザクラ（牧野富太郎指導、山田壽雄写生、小柴英製版印刷、東京帝室博物館発行、個人蔵）

編さんの大綱には、桜花図譜の目的が記される。それによれば、複数の研究者によってサクラの研究がなされて名称の混乱が生じたことから、図と文で個々のサクラの特徴を正確に伝える図譜が必要となったということである。大綱には、91種類のサクラの名称が掲げられ、随時新種があれば増やすとしている。牧野の日記を調べると、大綱を作成した年から大正10年まで、春になるとサクラの枝を探しに各地に赴き山田に枝を渡したなどの記述が見られる。同9年には、牧野は大島に行き自らオオシマザクラを写生している。また、「博物館で出版した桜の図譜中ミネザクラに就て（牧野先生一夕話IX）」では、富士山から持ち帰ったミネザクラの蕾《つぼみ》が東京の暖かさで開き始めたため状態が変わらないよう氷を立てて山田に描かせたというエピソードが語られた。

その後日記にはサクラの図譜に関わる記述が見られなくなり、桜花図譜の編さんを承認してくれたと思われる総長の森が大正11年に亡くなり、翌12年に関東大震災が起る。なんとか出版したいと考えていた牧野は、大正14年8月に解嘱となっていたが博物館に頼んでソメイヨシノとミネザクラを同年10月ごろに、ナラヤエザクラを同15年5月ごろに印刷に回した。しかしながら、それらが一般に広く知られることはなかった。

田中芳男との親密な交流(48)

田中芳男は、江戸末期から明治・大正期にかけて日本における博物学と農林水産業の発展に貢献し、博物館および動物園の設置や農学の教育にも寄与した人物である。牧野富太郎との関わりでは、明治14（1881）年に牧野が初上京した時に博物局を訪ね田中に会ったことは知られるが、田中が亡くなる大正5（1916）年まで交流があったことはほとんど知られていない。

牧野は、講演会や「植物研究雑誌」において日本の植物学の歴史の一端を語ることがあって、その中で田中が植物学と産業の発展に果たした役割は大きいとして「田中先生」の名前を忘れることができないと述べた。具体的には、明治10年に東京大学が創設される以前に植物学を担っていたところが博物局であり、その中心に田中がいて、植物学用語の辞書である小野職愨《もとよし》著「植学訳筌《やくせん》」や小学校で教える際に用いる「博物図」などの有益な書物が刊行されたこと、及び小学校に初めて博物学が取り入れられたことなどを挙げて、田中の活躍を示した。また、田中の仕事は幅が広く中でも日本の殖産における功績は驚嘆すべきものであったとも評価している。

ここで言う「博物図」は、牧野が小学校に通うようになって、文部省発行の「博物図」4枚が学校へ来て、これらの図に興味を持ち植物の名前を覚えていったと自叙伝に書かれている、あの図である。だからこそ明治14年に田中や小野を訪ねることにもつながるのであろうし、前回取り上げた東京帝室博物館天産部に嘱託として勤務することになった時も牧野は、田中のかつていたところとして喜んでその任を引き受けたと思われる。また、その天産部が大正14年に廃止になったことも、田中の後を継ぐつもりでいた牧野にとって痛恨の極みであったであろう。その廃止について、田中が去った後、天産部が半死半生の状態でかろうじて生きながらえていたが、関東大震災の直後博物館から消えてしまったと表現している。

さて、田中が牧野に送った書簡類のうち約40点を調査したことがある。大部分のものが明治30年代に集中していた。内容は、「草木図説」を巡って飯沼慾斎の郷里大垣や岐阜の人々と牧野との間を田中が取り持ったこと、坪井伊助[※20]（1843～1925年）が頼んだ竹の花の図を間に入った田中が牧野に催促した

※20　岐阜県揖斐郡本郷村（現揖斐郡池田町の一部）の出身。先祖伝来の農林業に従事し、県会議員や郡農会役員などの公職に就いた。竹林を有し、竹林業の改良発達に尽力した。晩年池田村（現揖斐郡池田町の一部）に隠棲し、庭園内に竹類標本園を設けた。著書として「竹林造成法」（1913年、再版は1917年）と「竹類図譜」（1914年、二版は1916年）がある。

こと、田中と牧野がそれぞれ関心を持つ植物の情報の授受などであった。田中が牧野に、実のなる仕事をして実入りのない仕事は引き受けないようにすべきだと諭す内容の手紙もあり、田中は、牧野の仕事や収入などを親身になって心配していた様子が推察される。

植物の情報に関して一例を挙げると、アイギョクシ（愛玉子）について言及したはがきがある。それは明治38年の牧野宛ての田中のはがきで、台湾へ行った人から愛玉子をもらったところ、その札に「土名澳玉（ヲーギョ）和名ヲーイタビ」という書き込みがあったことが記される。牧野は、その前年、新種として *Ficus awkeotsang* と学名をつけ「植物学雑誌」（第18巻第215号）に発表した。そこには、この標本は田中の厚意によるという旨が記される。おそらく田中は、これを受けてさらに台湾での名称や和名の情報を牧野に提供したと思われる。アイギョクシはクワ科イチジク属のつる性植物で、実から寒天状のデザートが作られる。台湾に自生し、栽培もされる。また、坪井に関しては、その著書「竹類図譜」（二版）に収載される第九十図の「まだけのはな」と第九十一図の「くれたけのはな」に、「牧野富太郎写生」とあり描き手として牧野の名が明記されている。

田中と牧野の交流をたどる上でどうしても話しておきたいエピソードがある。それは、田中の76歳を記念して開催された展覧会「七六会」における田中のスピーチである。この展覧会は、田中が開会当日自らの経歴を来賓の前で語ったスピーチやその時に陳列された品々について記録した「田中君七六展覧会記念誌」（１９１３年）からその全容を知ることができる。田中は、経歴談の最後を次のように語って締めくくった。

「それから植物学者の方で今日牧野富太郎君が持参せられた腊葉《さくよう》があります、それに私の田中の名前が嘱名になった植物が一種また種名となったものが十種ばかりあります、即ち田中が属名と種名になって居る、田中芳男が盲探りで致したのが遂に斯様な名誉を得たるは私の大に喜ぶ所であります、今日牧野富太郎君の厚意で『田中』の名前の付いたのが斯くまで沢山あるかを初めて知りました、日本に初めて見出したものや、我々の名前を附けて世間に紹介せらるるになったのは面白いことと思います」

牧野が学名に田中の名がついている植物の押し葉標本11点をこの展覧会に出品し、田中が奮闘してきた歴史を物語る展示となったことを田中が大変喜んだのである。記念誌には、口絵としてこれらの標本の写真が収録され、また、「寄贈品并《ならび》祝詞其他」の見出しで、出品した標本の和名と学名が掲げられ、さらに牧野が洋書10冊を出陳したことも記録される。

牧野が田中のために作製したイワユキノシタ *Tanakaea radicans* の標本（明治25年6月、土佐安芸郡で採集、練馬区提供）

牧野が長年世話になった田中のために製作した標本は、さぞかし丹精込めたものであったろうと想像にかたくないが、まさかその実物を見ることになるとは思ってもみなかった。それは、２０２２年７月に起きたのである。田中のご子孫が練馬区立牧野記念庭園に来園され、家で見つかったという標本を持参された。それらを見て「七六会」の時の標本であるとすぐに分かり、早速ご寄贈していただくということになった。記念誌に掲載されたものと当然同一であるが、実際に手に取って標本を見ると、一点一点植物が丁寧に貼りつけられ、標本ラベルに記入された文字のなんと美しいこと！　田中に対する牧野の尊敬の念が込められているのである。これらを作製している牧野の姿が目に浮かぶ。

練馬の名木ヘラノキ(49)

練馬区立牧野記念庭園には、「ねりまの名木」とされる2本の樹木がある。一つは、ヘラノキ、もう一つはサクラ「仙台屋」。どちらも、練馬区では見られない珍しい樹木という理由で選ばれたと推測される。

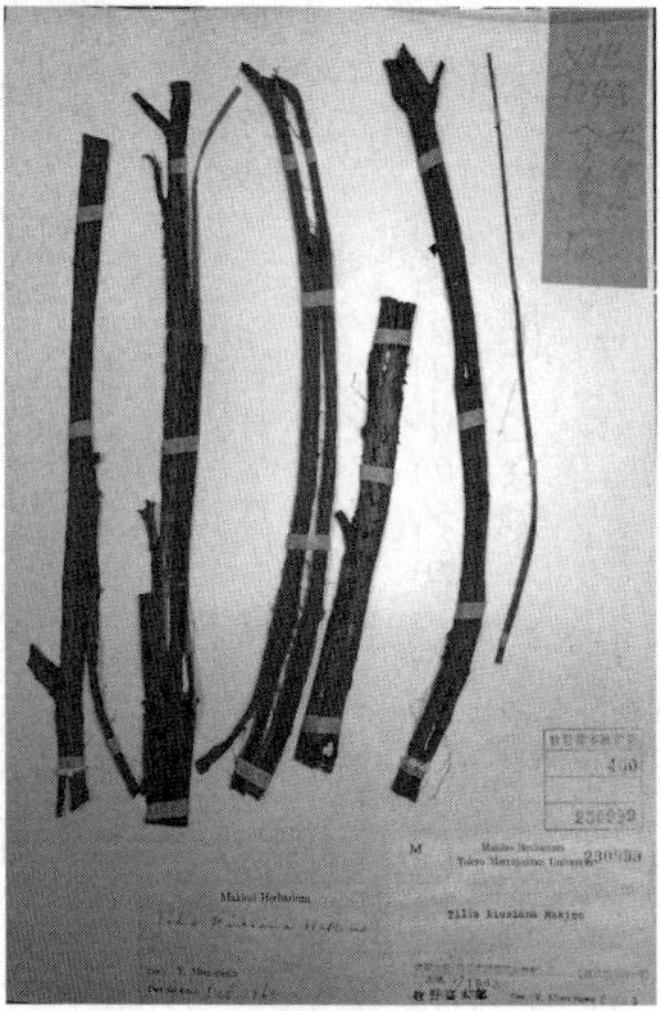
ヘラノキ皮の標本（1943年8月、東京大泉で採集、東京都立大学牧野標本館蔵）

今回は、田中芳男と牧野富太郎の交流を示す植物の一例として、8回目ですでに触れたがもう少し詳しくヘラノキを紹介したい。

ヘラノキは、シナノキ科シナノキ属の落葉高木で、本州の奈良県より西部、四国、九州に分布する。葉は互生し、ゆがんだ狭卵形、初夏に散房状集散花序を葉腋から出し、多数の花を下向きに付け、軸には苞葉があり、がく片と花弁は5枚、核果は小さい球形である（『新分類牧野

ヘラノキの標本（1896年6月亀戸で採集、東京都立大学牧野標本館蔵）

日本植物図鑑」北隆館、２０１７年より）。分布が西日本に限られ、東京では自生は見られない。花のつく軸に苞葉があって、それがヘラのような形状であることから名がついたとされる。

　東京都立大学牧野標本館には牧野が庭で採集したヘラノキの標本が多数収蔵される。高知県立牧野植物園では、牧野記念庭園より分譲されたヘラノキが「牧野お手植え植物」の一つとして植物園開園60年にあたる２０１８年４月24日（牧野の誕生日）に、植物園内にある牧野富太郎記念館の中庭に植樹された。そもそも牧野が自邸に植えたヘラノキは、筑後（現福岡県）の原田万吉（※21）より送ってもらったものである。牧野著「植物一家言」（北隆館、１９５６年）にこれについての記述があり、牧野は、大泉の自邸に植えて実をたくさん結ぶようになったが仔苗をこの樹下に見ないとも述べた。

　牧野が原田より送られたヘラノキを自分の庭に植えたのは、大泉に引っ越してから比較的早い時期のことであったと現存する標本から考えられる。しかしながら、牧野がヘラノキと出合ったのはもっと前にさ

※21　福岡県の出身で、自宅で植物園を経営、教材植物を頒布。植物学に熱心で、植物採集会や自宅での講習会を開き、九州博物研究会を組織し会長として活躍した。

かのぼる。すなわち牧野は、「植物学雑誌」(第10巻第116号、1896年)に連載した「繇條書屋《ようじょうしょおく》植物雑記(其二八)」に「へらのきハ新種ナリ」という記事を書いた。それによれば、ヘラノキはすでに江戸時代貝原益軒著「大和本草」で紹介されており、貝原は皮が農民に利用されることや、葉の間から薄葉が生じてその半ばから実がなる「奇物」であることを書いているという。続けて、田中芳男先生の厚意で東京にある一樹を得て形状を調べることができたので、花の中に鱗片を備える特徴があることから一種とし学友の白《しら》沢保美《さわほみ》氏(※22)(1868〜1947年)と学名をつくり、本種を *Tilia kiusiana* Makino et Shirasawa と称したとある。その後、白沢は「東京帝国大学農科大学学術報告　第4巻」(1900〜1902年)においてヘラノキの特徴を記載し、牧野と合意の上でこの樹木を *Tilia kiusiana* と命名したことを発表した。このなかで、白沢は明治30(1897)年に、田中芳男の教示により、この論文を書くために必要な材料を手に入れることができ、さらに、今回の九州への調査旅行で自生地や分布などについて正確な情報を得たことを述べている。

さて、田中芳男が示した東京にあるヘラノキというのはどこにあるのであろうか。手掛かりは、牧野が最晩年に作成した植物標品貼付帖に、昭和28(1953)年4月14日に採集したヘラノキの芽を入れた袋が貼りつけられ、その下にある牧野の書き込みである。それによれば、亀戸天神境内と小石川区掃除町の寺にそれぞれ1本あったが今はないとされる。さらに、田中が博物局で編さんしたとされる植物図説集である「植物集説」(東京国立博物館蔵)にヘラノキの図が収載される。図には、亀戸天神と小石川コンニャクエンマにヘラノキがあるという牧野の書き込みが見出された。掃除町の寺と小石川コンニャクエンマとは同一で、おそらく、こんにゃく閻魔と呼ばれる常光山源覚寺ではないかと思われる。

田中もヘラノキについて何か手掛かりを残しているのではないかと思い、田中がさまざまな植物の情報をまとめた「物産雑説」（東京大学総合図書館の田中文庫蔵）を調べると、田中とヘラノキの出会いの経緯が分かった。すなわち、ヘラノキは「大和本草」に記述があるが世間ではシナノキと混同されていた。明治28年に催された第4回内国勧業博覧会に大分県より出品があって出品人に照会するとそれがシナノキと異なるヘラノキであると知った。さらに亀戸天神に一樹があることを発見し、その由来は、ある藩士が明治維新の際に帰国するにあたり苗を境内に植えたということであった。そこで、境内にヘラノキがあることを「植物学家」に紹介し新学名が与えられた。以上が田中の記述であり、この「植物学家」が牧野であろう(※23)。こんにゃく閻魔は、小石川植物園に近く、近辺に住んでいたことのある牧野がその寺にあるヘラノキを見つけたと思われる。

ヘラノキについて、実用を重んじる田中が情報を提供し植物分類学者・牧野と林学者・白沢の協働により命名された経緯が明らかとなった。牧野は、植物分類学者がその植物の所属と特徴を明確にして、その

※22 林学者。東京帝国大学農科大学を卒業し、農商務省山林局の技師となり、ヨーロッパ出張後、林業試験場の所長に就任。林業行政・林学界で指導的な役割を担い、街路樹整備など都市緑化事業に貢献した。「日本森林樹木図譜」などの著書がある。

※23 田中の話には、大蔵常長の「老農茶話」に出てくる徳苧木（トクオギ）がヘラノキであると分かったことも記される。大蔵は豊後（現大分県）の出身で、「大和本草」の著者貝原は筑前（現福岡県）の福岡藩士であることから、2人ともヘラノキを見、その皮の利用を知る機会があったのであろう。

有用性を示すことで食料・染料・衣料などに利用する道が開けるという考えを持ち、基礎となる分類を重視していた。有用植物の利用と産業化を意図していた田中は、牧野にそのことを期待していたと思われ、その一例としてヘラノキをここに取り上げた次第である。

「植物研究雑誌」を創刊(50)

大正5（1916）年4月、牧野は「植物研究雑誌」を創刊した。創刊の理由について、自叙伝では、自分で自由にできる機関誌がないと不便であるからと述べている。明治20年に帝国大学の学生であった友人たちと一緒に発行した「植物学雑誌」とは別に、個人用の雑誌を望んだということである。どちらも現在まで刊行されている。牧野は「植物研究雑誌」の編集に力を入れ、他人の原稿を細かく校正したり写真を貼りつけたりしたと言う。

同雑誌第1巻第1号の巻頭は、「本誌発刊ノ辞」である。自叙伝にもこの文章を紹介しているが、まずは牧野の今までの奮進ぶりを伝える。すなわち、牧野が今まで少しも遊び怠けることなく、目先のことにとらわれずに将来を見据えて、国家のために国民としてかつ研究に勤しむ者として奮闘してきたこと、自分の利害は度外視して苦闘を重ね、今ここに本誌という武器ができたのであるが、家に出版費の余裕はなく、たまたま会った人から少額の資金を得て刊行できたことが述べられる。続いて「卑見要旨」を掲げる。これは、大正3年に時の総理大臣であった大隈重信や農商務省の一局長に進言した意見書で、植物の研究が国家にとって緊急を要することを主張した内容となっている。その骨子は、日本に産する植物の基本的な調査が必要であること、その中でもまず有用植物の調査から着手して、有用植物の陳列館と見本園の設置およびその植物誌編さんを要すること、有用植物の調査は分類学者が担当し、調査の根本となる標本を収集すること、日本は植物が豊富でその調査の完了を急ぐべきこと、有用植物の中では竹類が陳列館の主要な部分をなすことである。有用植物に重きを置いた、日本の植物の研究と標本の充実、それを分類学者が担当すべきだという牧野の持論が展開されている。なお、大隈に進言したのは「時局を鑑みて」という説明があるので、それは第一次世界大戦勃発に関連し、非常事態に直面して意見を述べたものと思われる。

雑誌を刊行するのためには当然出版費が必要で、発刊の辞に「少額の資金を得て」と書かれるが、自叙伝には50円ほど借金したと書かれている。創刊の前年8月に送った田代善太郎[※24]（1872～1947年）宛ての牧野の書簡には、近頃大困難に遭遇しその極みに達して「倒るるか立つかの境に立つこと之あり」と書かれ、研究もできないほどの大ピンチにあったようである。幸いにも、原田氏が承諾してくれ送金があり拝借したことが書かれる。この原田氏は、おそらくヘラノキを大泉の牧野の庭に送ってくれた原田万吉ではないかと思う。原田とはすでに明治末期から交流があったことが日記から読み取れる。たとえ困難な状況が極まっていたとはいえ、それで雑誌の創刊を諦めてしまうような牧野ではない。むしろ、そ

※24 福島県出身で、福島師範学校で同校の教師・根本莞爾の影響で植物に興味を持つ。東京高等師範学校に在学中、牧野に師事した。九州の学校で教鞭を執り、植物分類学や植物地理学の研究を行った。昭和14年にこれまで採集した標本を京都帝国大学に寄贈して、同大の理学部植物学教室の標本整理に携わった。九州にて講習会を開催した時、牧野を講師として招き、熱心に植物採集を行った。

の頃の牧野にとって自分用の雑誌を出すことが必要だという考えであれば、ただちに行動に移すべきものであった。その結果、どんなに借金が増えようとも。

さて、第1巻は第3号を7月に出したところでストップしてしまった。4号が大正6年4月に発行されるが、そのトップを飾った「第4号巻頭ノ辞」によれば、3号を出版した後資金難に陥り後が続かないでいたところ、「幸ナルコトニハ先般神様ノ如ク百難ノ中カラ私ヲ救ヒ出シテ下サッタ大恩人兵庫県兵庫ノ池長孟君ガ此雑誌ノ有益ナルコトヲモ認メラレテ其出版費ヲ補助シテ下サッタ」ことから「植物研究雑誌」刊行が続行となったとある。こうして第1巻は第12号（大正7年5月）まで出版された。号が進むにつれて牧野以外の人たちが投稿した記事が多く載るようになる。第2巻第1号（大正7年9月）から、表紙に四角の枠付きで掲示された文章が載せられるようになる。これは、牧野が本雑誌を出す目的を述べた文章である。その目的とは、雑誌の題名は難しいものに思うかもしれないが、英文の記載や大学程度でないと分からない内容を除けば、家庭向けおよび小学中学高等学校程度のやさしいまじめな内容で、植物の知識の普及と植物趣味の鼓吹《こすい》を目指す雑誌であるという。表紙に続いて口絵のページが設けられ、植物学者の肖像写真や植物の写真などがそこで取り上げられるようになる。肖像写真に関しては、すでに第1巻第9号にフランス人の医者で植物研究家でもあるリュドヴィク・

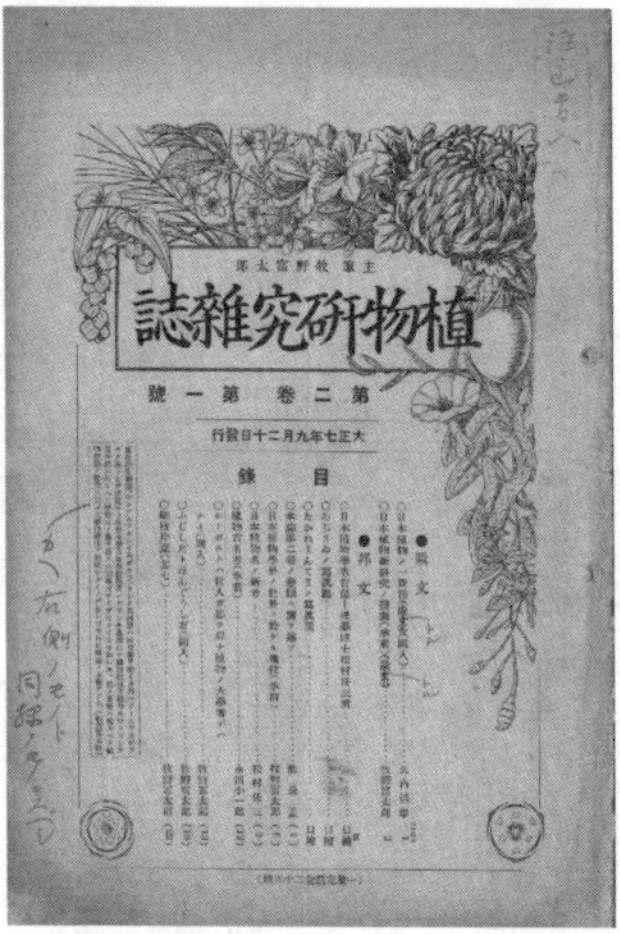

「植物研究雑誌」の表紙（第2巻第1号、1918年、個人蔵）

サヴァティエ（※25）（1830〜1891年）の肖像が掲載され、これを先駆けとしたものである。口絵の掲載は、これ以降「植物研究雑誌」の特徴となり、活字ばかりの雑誌と異なって本雑誌を親しみやすいものにし、ここに牧野の本や雑誌などの作り手としての巧みな手腕が示される。第1号では、口絵に「日本植物学者肖像―理学博士松村任三君」の写真が、本文に松村著「日本植物名ノ新考」が載せられる。

本文の巻頭を飾ったのは、池長孟の「本誌第二巻ノ巻頭ニ懐ヲ述ブ」である。以前に池長植物研究所について紹介したので重複する内容と思われるかもしれないが、「植物研究雑誌」の続行には池長の援助による時期があったのでここでもう一度取り上げたい。池長は、植物研究所の事業を志した動機として、寄付をするならば何かまとまった事業に資力を注ぎたいという思い、金持ちに寄付のあり方について反省を促したいという願い、一般の人たちの科学に対する関心の低さ、富豪が学者を援助する「いんすちちゅーと」が必要であることを挙げ、すでに民間に昆虫の名和研究所と貝類の平瀬研究所があることから植物の研究所が最適であると考えていた。そこへあの大正5年の新聞記事を目にしたということである。支援が始まったものの財源不足および時間の足りないことが事業進捗の障壁となり、さらに「牧野先生ハ実ニ今ノ世ニ得難イ神秘ナル学者」であるが「学者トシテ是レ程ムツカシイ性癖ヲ有セラルル方」もいないであろうという。膨大な標本が新聞紙に挟まれたままでは反古になってしまうので、この整理に専心してもら

※25　幕末から明治初期に日本に滞在した海軍軍医で、横須賀製鉄所で医師として勤務した。一方、日本の植物を収集し標本をヨーロッパへ送り、アドリアン・ルネ・フランシェと共著で「日本植物目録」を出版した。この目録は日本の植物分類学の基礎的な文献の一つとなった。

いたい、たとえそうなっても先生の生涯には到底出来上がらないであろうという無念やるかたない思いが語られる。標本整理にしても雑誌編集にしても牧野先生が一人でなさるということであったが、このたび本雑誌の会計事務を「手腕ト信用トヲ併有スル合資会社帝国駒場農園社長田中貢一君」に任せることになったので本雑誌の基礎は盤石となり、引き続き発行していくことになった。貼付ができた標本について「長イ月日ガカケレラレタダケアッテソノ一枚一枚毎ニ不滅なる先生ノ人格ガ活躍シテ居マス」という池長の言からは牧野への尊敬の念が伺われる。

さて、第2巻は第2号を大正7年10月に発行した後、1年に1回ほどの刊行になって6号（大正11年12月）をもって終わる。池長の援助を受けることが困難となり、継続的な刊行ができなくなったと自叙伝にある。

日光で出会った恩人・中村春二(51)

大正11（1922）年7月に牧野富太郎は日光に行った。それは植物採集の指導に当たるためで、同月11日に成蹊学園の女学生60名ばかりと校長その他の職員とともに東京を出発した。10日余りの日光滞在であった。この時に成蹊学園の創設者・中村春二に初めて出会う。中村は、宿の部屋が隣となった牧野より、身の上話や「植物研究雑誌」の刊行などの話を聞いて、牧野に対し同情の心を寄せられたという。

牧野が創刊した「植物研究雑誌」は、大正10年7月に第2巻第5号を発行してから、出版がストップしていた。しかしながら中村の知遇を得て、同雑誌を継続することができたと牧野は自叙伝で述べる。そのことを「枯草が雨に逢い、轍鮒《てっぷ》が水を得たような幸運である」と表現し中村に対する感謝の念を示した。

成蹊学園の創設者中村春二
（学校法人成蹊学園蔵）

次の第6号は大正11年12月に出版された。続いて第3巻は「植物ノ知識ト趣味」に題名を改め翌12年8月に出版される予定であったが、なんと9月1日に起こった関東大震災により焼けてしまった。7部の見本刷りが残っただけであると自叙伝に書かれるが、筆者はそれを見たことがない。

ところが、中村は病が重くなって、見舞いとして牧野は、春の七草を採集しこれに名称をつけて籠に盛って差し上げたところ、正しい春の七草を初めて見たと言って喜ばれたという話が自叙伝にある。大正13年2月に中村は逝去した。牧野は「最もよき理解者、心の友を失った悲しみは耐え難いものがあった」と語る。中村の急逝により同雑誌の続行は危ぶまれることになり、中村が支援していたもう一つの牧野の事業も打撃を受けた。その事業というのは「植物図説」の刊行であり、そのため中村は毎月何百円かを牧野に支出していたのであった。それにより、80枚ほどの図が出来たということである。牧野の日記にも、大正11年9月に中村の邸宅を訪ね、成蹊学園の職員や出版部の人と「図説の件ニ付相談」する、10月に「植物図説の用談」や「種々図説ニ関せる用談」をなすなどの記録が散見する。

また、その数日後に山田壽雄を訪ねて「画の事を取纏《とりまと》め同氏と神田の文房堂ニ行キ、五円ニテケント紙を買い同氏に与え」たともある。それ以降山田に材料を渡したり、山田が図を持参したりするようになる。

さらに、46回目で言及した竹下英一宛て牧野の書簡のうち大正11年11月25日付のはがきには、「関西で事をなそうとして計画した日本植物の図説、即チ私の一生の総勘定ともすべき此書が幸ニ東京で遂行する事が出来る様ニなり、去る十月より着手して居ます、六年計画です、来年の末ニ第一巻を出版したいと思って居ます、これは本年の夏に成蹊学園の女学校の学生を日光で指導したのが縁の元です」と書かれ、中村のおかげで日本植物図説の編さんに取り組むことになり、おそらく分冊形式で最初の巻を大正12年末までには出版したいという牧野の意向が明らかとなった。当初関西で行う計画であったというのは、45回目で触れたように大正10年12月に神戸で「日本植物志趣意書」を作成したという日記の記述を踏まえていると推察される。

牧野は第4集まで刊行した「大日本植物志」の続きが出版されるめどが立たない状況にあって、なんとかして日本の植物の図説集を出したいという思いを常に抱いていた。中村の援助を受けられるこの機会を生かしたかったのであろう。それを日記にあるように山田に制作させたのであれば、どこかに図が現存しているのではないか。成蹊学園からもだいぶ以前に問い合わせがあって、なんとか図の所在を突き止めたいと思った。山田の植物図は、現在、高知県立牧野植物園に収蔵されている。これらは、牧野が画料を払って山田に描かせ、山田が牧野に渡して牧野の所蔵となった図であろうと考える。牧野の日記における大正11年10月から山田と植物図に言及する記述をたどりながら植物園所蔵の図を確認すると、記述のあるアキノウナギツカミ・ウメモドキ・ガクアジサイ・マメシオギク・ヤブニッケイなどは植物園に山田の描いた図が見いだされ、制作年月日も一致することが明らかとなった。制作時期の明記がなくても植物園所蔵の山田の図で、牧野の日記の記述と植物名が一致するものがあることも把握できた。いずれの図も、ほぼ同じサイズの紙に枠を設けて枠内に植物を描いた線画である。自叙伝に言う80枚という数にはとても及ばないが、こうした図が中村の援助により牧野が山田に描かせた「植物図説」の一部ではないであろうか。

話は「植物研究雑誌」に戻るが、大正15年1月30日に題名を元に復して第3巻第1号が発刊された。口絵には本誌主筆として牧野の写真が掲載され、本文の巻頭は「成蹊学園長中村春二先生ノ高誼《こうぎ》ヲ感謝スル」という見出しで、本誌の継続は中村先生の情義によるところが大きいと感謝の念を示し、今後奮励して価値ある記事を本誌に満載し中村の恩義に報いたいという抱負を語っている。

救荒植物のちゃんとした図と説明を(52)

牧野富太郎は、「植物研究雑誌」第3巻第2号（1926年2月28日）に「私ガ内務省ノ栄養研究所ヲ退イタ経緯」という記事を寄せた。これによれば、大正11年12月から栄養研究所で嘱託として勤務することになったが、翌12年3月に研究所所長から高圧的で専断的な意見を聞かされ、ついに牧野の方から見限り辞表を提出したのであった。所長が、自分を無給にして1週間に1個ずつの仕事が出来たらそれについてお礼をすると言われ、金で釣って仕事をさせようとするやり方が気に入らなかったとその経緯を述べている。

そもそも牧野は同研究所に就職する前に、大正11年6月27日付の意見書を所長に提出していた。タイトルは、「食用トナル野生ノ植物ノ調査ニ就キ卑見ト希望」。それは次のような内容であった。すなわち、国家の最も重大な問題である国民の食料の問題は、山野にある野生の植物を、日常の作物よりなる食物の不足を補うために利用するべきもので、野生品に恵まれたわが国では、徹底的に研究して食品になる植物はすぐにでも利用し食品を増やしていくことが大切である。山野の植物を食料として利用する備えは、平素から心がけて、いざ食料の欠乏が起きた時に困らないようにする必要もある。牧野は以前からこうした野生植物の利用に注意しいろいろと試食し、各地を旅行する際にはその土地の食用になる植物の種類や調理法を尋ねることも怠らないでやってきた。明治維新以前には、飢饉が一大事であったことからそれに備えて「救荒」の植物を図示した書物が作られたが、中国の「救荒本草」に倣う書が多く、実際の植物の知識が不十分であるなどの弊害があった。したがって、実地に基づいてわが国で食用としつつある実物を精査し、その植物の品種を検査し名称を明らかにして、食法も調べることをしなければ、完全なる解決は難しい。書物も古書からの抜粋ばかりでは意味をなさない。こうした見解を述べて、牧野は、日本の各地で食用としつつある植物の調査およびその食法の調査、標本製作および澱粉類や乾果類といった製品の収集、それらの解説付き陳列、生本の採集および研究所への送付・見本園での栽培、野生食用植物の書物の編さんを、栄養研究所で担当したいという考えを明らかにした。特に見本園での栽培は、生本を採り試食したり、来観者に見せたりして有益であるし、説明文や図画を作る上でも便利であると強調している。

牧野の日記では、大正11年6月28日に意見書を栄養研究所の嘱託・岡崎桂一郎（?～1941年）に渡し、11月1日に意見書と書面を所長に送ったとある。岡崎は牧野の学問を信じ牧野を推薦してくれた人物なのであろう。12月5日に所長より辞令を受け「同所へ関係スルコトトナル」。12月22日には、神奈川県横須賀市の秋谷に行きアシタバを採集し翌日同研究所に植えている。「栄養《やしない》の草を採らんト相模なる秋谷の里に我れハ今日来り」と詠んだ。24日には同県三浦郡の葉山に行き長者ケ崎でボタンボウフウを採集し、「名のしるき栄養草のあしたぐさ　生うる秋谷に一と日暮しつ民の糧の補い草を採らんとて葉山の浜にきょうも来にけり」と詠んだ。どちらの歌からも、野生食用植物を採集し研究所での調査に供しようとした牧野の熱心さが伝わる。だが、急転直下、翌12年3月29日、研究所に辞表を提出した。日記では、牧野がその後も岡崎を訪ねる記述が見られる。それは補食植物書の出版の用件であった。岡崎は、補食植物調査の主任を務めていた。

また牧野は、野生食用植物の書を編さんする必要を主張している。牧野は前11年11月に画家の西野猪久馬(※26)（1870〜1933年）に栄養研究所のことについて話をし、翌年2月には採集した材料を渡していることから、西野に植物図の制作を託していたと思われる。

牧野著「続植物記」（櫻井書店、1944年）には「野生食用植物の話」と題した講演会の記録が収載される。その中で、野生食用植物の知識普及のため、それらの図を作る必要があって、どのように図解すべきかが具体的に示されている。植物図に秀でていた牧野だからこそ、図のあり方が適確に説明されているので、やや長いが以下に引用する。

「例えばナズナの食用になることは誰でも御承知でしょうが、ナズナの枝の先を図にして花の咲いたり

※26　東京帝国大学の植物学教室及び栄養研究所で植物写生に従事した。同大学教授・三好学著「桜花図譜」の一部の図を描き、西野はその後も三好の依頼でサクラの図を制作した（未刊）。

実の生《な》ったところを図にして、それでいいかというと、そんなものではいかぬ。種類を知るにはそういうものでも結構でありますけれども、食べるにはどういうところを食べるという、その食べる時の状態の図を作らなければならぬ。時候でいえば十二月とか一月とかいう、まだ茎の立たぬ芽立ちの食べられる時代の形をちゃんと入れて作って、これは何という種類だということをハッキリさすために、花や実のある図をそれに添える、そういう図を作らなければならぬ。根を食べるものはちゃんと根の付いた図を作る。主体が食べるところだから、そういう方に重きを置いた図を作るのですね。それからその形状を解説したものをそれに付けて、その次にはその栄養価値とか、それに含まれている成分とかいうものの研究が書かれ、その次にはどういう風にして食べるのが一番美味いというような調理法を研究して記入する。それから野に行けばそれがあるとか河原に行けばそこにあるとかの、それの育っている場所をそれに記入します。こういうものができ上がれば完成するわけであります。ただちょっとした書物でちょっとした図を入れてちょっとした解釈をする、そんなことでは駄目だ。ちゃんと色まで入れて、どんな百姓が見ても、どんな教育のないものが見ても、これはあの草だ、これはこの草だということが判るような図を作らなければ徹底しない」

牧野が理想とする、食用になる野生植物の図と説明が満載された本が世に出たとしたら、どんなに面白いものになったことであろうか。

津村の支援で「植物研究雑誌」復刊 (53)

「植物研究雑誌」第3巻第3号が大正15（1926）年3月31日に発行された。口絵のトップを占めたのが、「本誌ノ恩人、津村重舎君肖像」である。本文のトップは「本誌ノ復活ニ臨ミ津村重舎《じゅうしゃ》氏ニ深厚ナル感謝ノ意ヲ表ス」という牧野の記事である。これによれば、成蹊学園長・中村春二が大正13年2月21日に亡くなって本誌の発行（第2巻第6号まで刊行）が不可能になり出版中止となっていたところへ、同14年も半ばになった頃に再び救いの手が差し伸べられた。それが津村重舎（1882～1941年）であり、牧野は一面識もないという。津村は、「薬業界ノ重鎮」、中将湯本舗津村順天堂（現株式会社ツムラ）の主人であり、貴族院議員であった。津村の厚意によって、「植物研究雑誌」第3巻は大正15年1月から月刊の予定で刊行を継続できるようになった。発行を担うのが「津村研究所」に設置された出版部で、研究所は生薬研究に貢献するために上目黒に創設された施設である。重舎の令息・津村良平をはじめ所員の木村雄四郎、松浦龍鑁《りゅうばん》らが親切に世話してくれることを感謝している。このように牧野は述べた。

初代津村重舎（株式会社ツムラ提供）

　牧野の日記を調べると、大正14年7月に津村研究所調査部の松浦龍鑁が牧野を訪問し、11月には木村雄四

津村研究所薬用植物園にて。中央が牧野富太郎、隣が木村雄四郎（昭和５年、個人蔵）

郎が訪ねている。翌15年1月26日、津村研究所に行って、「朝比奈、久内、木村等の諸氏と雑誌編集上の相談を遂げ帰宅」するとある。29日には、木村雄四郎が津村の写真と研究雑誌1冊を持って来た。この写真が第3号に掲載されたもので、この雑誌は第1号であろう。同号は翌30日に発行されたからである。

さて、上記に登場する「朝比奈」、「久内」、「木村」は朝比奈泰彦（1881〜1975年）、久内清孝（1884〜1981年）、木村雄四郎（1898〜1997年）であり、牧野とは深い交流があった人物である。三者の協力があって牧野の「植物研究雑誌」は津村研究所から出版され、継続されることになったのである。

この経緯については木村が記録を残している（※27）。木村は、「植物研究雑誌」が関東大震災や経済事情から休刊されていたので、津村研究所に出版部を設け復刊することを企図した。まず久内に、次いで朝比奈に相談し、牧野にも相談した。もちろん重舎の了解を得てのことであった。こうして皆の賛同を得て大正15年1月から復刊の運びとなった。

木村雄四郎は、京都薬学校を卒業後、大正12年12月から東京衛生試験所（現国立衛生試験所）の薬用植物栽培試験部に勤務し、翌13年秋に重舎によって創設された津村研究所に、朝比奈らに推薦されて入った。研究所と前後して津村薬用植物園が、東京府北多摩郡神代村下仙川（現調布市仙川町）につくられ、園長を兼務した。研究所も植物園も、関東大震災復興の社会的事業として重舎が設立したもので、生薬学研究の発展に寄与した。同園を訪れたときの牧野の写真が現存する。それらは昭和5年に撮影された写真で、同園付近のサツマイモ畑で行われたイモ掘会の時のものと10月に園内で薬用植物とともに撮られたものである。写真には、牧野と一緒に木村も写るものが多い。

木村は、大正9年5月に牧野が率いる東京植物同好会に入会した。その時の採集会は、中央線與瀬駅（現相模湖駅）から相模川上流の沿岸へ向かう会であった。木村は「折から新緑の山麓に赤いヤマツツジの花が満開で美しく、ヤシャゼンマイやウワミズザクラを採取したことなど深く印象づけられている」と述べている。その後、木村の出席率が良かったことから同会の世話係の幹事を牧野から委嘱されたという。また、木村は同会の採集会で起きた珍騒動を伝えている。その採集会は、昭和5年4月13日に膝折の平林寺（埼玉県新座市野火止）方面で行われた。そのころ牧野はササ類の分類に熱中し、平林寺境内でササの新種を発見した。昼食後に牧野は鐘楼に登り、会員一同に向かって新種発見の経緯を述べ、新種に「ヘイリンジザサ」と命名したい旨を発表し、勢いに乗じてゴーンと鐘を突いた。平林寺は禅宗の古刹《こさつ》として知られる寺で、日課はすべて点鐘によって進められるという厳しい点鐘であった。「そのとき座禅を修行中だった

※27　木村雄四郎著「和漢薬の世界」（創元社、1975年）。

らしい雲水が素足のまま大挙して鐘楼に迫り、われわれ一同を包囲して一喝した」と、その時の緊迫した状況を木村は記す。牧野をはじめ会員一同は驚き、幹事らが交渉し了解してもらって雲水の退散となったが、「土佐っ子の先生（筆者注：牧野のこと）は顔面に色を浮かべて再び鐘楼に登り、大音声を発して『笹の新種にヘイリンジザサの名を取り消し、ヒザオリザサ（*Sasa hizaoriensis* Makino）と命名する』と訂正された」ことで決着した。木村は、ヒザオリザサ命名の裏話であるという。

木村は、牧野に植物の鑑定を依頼した話も残している。対象の植物は、大正14年7月に伊豆の天城山で見つけた、ヤマアジサイに似て葉に甘味のあるアマチャの一新種かと思われるもので、木村は津村薬用植物園に移植し観察していたが、新種かどうかを解決せねばならなかった。昭和7年7月25日に富士山麓須走口で開催された東京植物同好会の帰路、木村は天城山でちょうど開花している問題のアマチャを牧野に鑑定してもらった。その結果、牧野はアマチャの一新変種としてアマギアマチャの学名をつけ「植物研究雑誌」（第8巻第7号、1932年）に発表した。ただ、同号は7月15日発行で、牧野の記載に産地情報として伊豆天城山とあり、採集者が牧野で、「1931－32」と続いて記される。これは採集年を示すものであることから、それ以前に牧野は調査していたのではないかと思われる。

朝比奈泰彦と久内清孝については次回以降の話題としたい。

朝比奈泰彦と「植物研究雑誌」の主幹交代(54)

今回は、朝比奈泰彦（※28）と牧野富太郎について、「植物研究雑誌」含めてどのような交友関係であった

千葉県武射田にて。朝比奈泰彦（右）と牧野富太郎（個人蔵）

のかをたどってみたい。

朝比奈は東京帝国大学医学部薬学科を卒業し、ヨーロッパ留学を経て、同大学の生薬学および植物化学の教授となった。津村重舎（初代）が津村研究所を設置するに当たり最初に相談した人物が、漢薬の化学的研究の権威である朝比奈であった。朝比奈と牧野の接点は植物であると思うが、いつ頃からの知り合いであったかは分からない。2人の交流と言えば、東京植物同好会会員の篠崎信四郎による「曾《かつ》テ東京植物同好会会員千葉県下へ採集ニ出掛ケシ記事」（『植物研究雑誌』第6巻第4号、昭和4年）に掲載された2人の写真が思い起こされる。写真のキャプションには「無射田（筆者注：武射田《むざた》）ノ野ニ立テル朝比奈泰彦、牧野富太郎両先生」とある。篠崎の記事は、千葉県山武郡成東町にある食虫植物群落で行われた同会の採集会を記録したもので、大正15年5月9日のことであった。この採集会は、牧野を筆頭に朝比奈以下46名の参加者があって、木村も久内も参加している。そして朝比奈は地衣

※28　朝比奈の生涯と業績については、黒川逍「朝比奈泰彦先生の地衣学への貢献」（『植物研究雑誌』第50巻第9号、1975年）、木村雄四郎「本会の創立に寄与された朝比奈泰彦、山科樵作、清水藤太郎先生の想い出」（『薬史学雑誌』創立三十周年記念号、1985年）、指田豊「朝比奈泰彦先生と『植物研究雑誌』」（『植物研究雑誌』第91巻創刊100周年記念号、2016年）などを参照。

類に関する講話をなした（朝比奈は、生薬の研究だけでなく地衣成分の研究も行い、多数の研究報告をなした。地衣類の採集のため日本中を旅行したとされる）。朝比奈と牧野が肩を並べたこの写真について「永代ニ伝エラルベキモノデアロウ」と書かれているので、貴重な一シーンであったと想像される。

朝比奈は、「植物研究雑誌」第3巻第2号（1926年）から、牧野の依頼があって「蕾軒独語《らいけんどくご》」を連載することになり、50回続いて昭和8年の第8巻第9・10号をもって終えた。「蕾軒」は地衣類の英語Lichenに由来する朝比奈の雅号である。また、同誌には「日本産地衣ノ記」を昭和7年から同8年にかけて、「地衣類雑記」を昭和8年から同48年まで連載した。そして、昭和8年5月の第9巻第1号から牧野に代わって同誌の主幹を務めることになる。同号には、「〇本誌ノ主筆ヲ罷ムルニ臨ミ本誌ニ対スル我ガ回想ト述懐」を牧野が執筆した。そこには、牧野が雑誌の印刷について活字やインキを購入して印刷所へこれらを使うよう渡したり、あるいはインクの色や擦過した傷を問題として印刷をやり直させたりしたことがあって、「むつかしやの評判」が印刷屋の間で広まってしまったことが書かれている。その分、印刷が見事であると好評を博したという。本誌の印刷を担当したのは三秀舎であり、牧野の注文をよく聞き入れてくれたその主人・島連太郎に牧野は感謝の辞を捧げている。しかしながら、牧野も段々年を取ってきて、元気なうちにやらねばならないことがあって、本誌の「養育」に専念できなくなり、「養子」に遣わすことにしたとある。親切にも「育てて遣ろう」と引き受けてくれた「第二ノ養い親」が朝比奈ということである。

この背景には、雑誌の編集に牧野があまりに凝って、いつ出版されるか分からないことから、津村研究所も困って朝比奈に依頼したという事情があったようである。この事情は、津村重舎（二代目）が書いた朝比奈の追悼記事に見出される[※29]。確かに、交代の前年、昭和7年に第8巻の第1号から第7号までは月刊として順調に出版されたが、第8号および第9・10号はそれぞれ翌8年1月と4月になり、間が空いている。同記事によれば、朝比奈が編集の主幹となって以降、「雑誌の体裁も確定し内容も一段と整備され、海外にも大いに名声を博すことになった」ということである。さらに、第二次世界大戦中、用紙の配給を朝比奈が自身で文部省に出向き交渉したことから刊行が続けられたと朝比奈の熱意ある行動も記されている。朝比奈は、亡くなるまで本誌の編集員代表を続けた。

「植物研究雑誌」の体裁を見ると、牧野が創始者として名を残し朝比奈が主幹となった第9巻からは、表裏両面のイラスト（第8巻までの図は牧野の考案で山田壽雄が描いた）がなくなり、縦書きが横書きに代わり、各頁の外縁に示された子持の枠もなくなり、ガラリと変わった感は否めないように思われる。

牧野との関わりでは「植物研究雑誌」の他に、牧野の莫大な未整理の標本をどう保存していくかという課題に対処するべく昭和26年に「牧野富太郎博士植物標本保存委員会」が文部省に設置された際に、その委員長に朝比奈が就任した。また、東京植物同好会が昭和30年に牧野植物同好会と改名するが、その時から朝比奈が牧野に代わって会長となった。このように朝比奈は、数々の牧野の重要な仕事を引き継いで責任を果たした。さらに、昭和33年12月1日に行われた練馬区立牧野記念庭園の開園式では、朝比奈が祝辞を述べた。

※29　津村重舎「朝比奈先生の霊に捧ぐ」（「植物研究雑誌」第50巻第9号　1975年）。

「何とかなるろう」の支援者たち(55)

すでに述べてきたように、「植物研究雑誌」が津村研究所出版部から刊行されるようになったのは、刊行を企図した木村雄四郎と、相談を受けた朝比奈泰彦および久内清孝の厚意によるところが大きかった。今回は、久内清孝についてである。

久内と牧野の交流についていては、久内が亡くなった翌年の昭和57（1982）年に刊行された「久内清孝名誉教授追悼集」に掲載される略歴によれば、久内は、私立横浜英語学校を卒業した後、神奈川県雇となり、明治42（1909）年に「牧野富太郎研究室に入る（隠花植物・高等植物の分類学的研究）」。これは、牧野に師事したということであろう。その頃から大阪商船に勤める。明治42年と言えば「横浜植物会」が発足し、牧野を指導者として迎える。久内は同会の古くからの会員であったので、この会にて牧野と出会った可能性もあろう。その後、ジャパンタイムス社に入り、大正12（1923）年に退社して「朝比奈泰彦先生研究室に入る（一般植物薬用植物学を研究）」。学校で英語を教えたり、植物調査を依頼されたりして、帝国女子医学薬学専門学校（後の東邦大学）の教授となった。追悼集に載る木村の思い出によれば「植物研究雑誌」では久内に編集同人の人選などで並々ならないお世話になり、久内は亡くなる2～3カ月前まで毎月の編集会に出席していたという。もちろん同雑誌に多数の記事を寄せている。久内は杜仲軒の号を用いており、「杜仲軒赭鞭《しゃべん》夜話」を寄稿したこともある。その号は朝比奈の蕾軒《らいけん》にそろえたとされる。

久内は、東京植物同好会の会員であったが、戦後同会の中断が続き昭和30年に会の復活を牧野が希望し

箱根にて。右より久内清孝、朝比奈泰彦、緒方正資、木村雄四郎、佐々木舜一、前列は牧野富太郎（大正 15 年、個人蔵）

た。しかしながら、牧野の年齢や健康状態から他の人に助けてもらわなければ会の運営は難しく、幹事たちが久内に会長役を継いでもらいたいと懇請したが、どうしても引き受けてもらえなかった。そこで会長以外のことでは協力はするということで、会長を朝比奈に、牧野は名誉会長に、会の名称は牧野植物同好会とすることなど大綱を久内がつくった。以上の事柄は、その後長い間牧野植物同好会の代表であった故・笠原基知治氏が上記の追悼集に書いたもので、笠原は久内と牧野の関係について「特別なものであったようである。親子ほどの年齢差であること、若い頃からの長いつき合いであること、それより何より牧野先生の学識に強く傾倒していたらしい」と述べておられる。

久内の蔵書は、東邦大学に収蔵される。それらを調査したことがあるが、その中には牧野が著者謹呈として久内に送った書籍が存在した。ある本には、牧野が久内の宛名を書いた封筒とみられるものが挟まれてあった。昭和22年の消印が押されてある。しおりとして用いたのであろうか。

裏を見ると、罫のある便箋の一部であった。上段に「（3）」と番号が振られ3枚目を意味するのであろう。記された文章には修正が加わっているので何かの原稿のように思われる。内容は一部であるため前後が分からないが、研究する余年は少ないので健康なうちに仕事に励みたい、植物学者の最長老として宮部金吾を挙げ、宮部が年上で自分が2歳下である、宮部は勉学に励んでいるので、年下の自分もまだまだ負けずに仕事に励みたいと考えている。このような内容である。

久内と牧野の交流については、牧野に捧げた久内の追悼文が、長く親密な交流が2人の間にあったことを推察させるに十分なほど適確に、牧野先生の人生と功績を評している。そのタイトルは、「偉人牧野先生を偲ぶ　凡べてのことを、われなし終えて」である。もとは日本読書新聞の昭和32年1月28日付の記事で、「久内清孝名誉教授追悼集」に再録された。久内によれば、牧野の人となりは偉人に共通するもので、古代ローマの詩人ヴァージル（Viagillus）の名句「Trahit sua quenque voluptus（すべて人は自分の好む処に誘れる）」が、牧野の人生を表現するのに最もふさわしい言葉であると言う。牧野自身は、自叙伝で、天性草木が好きで、植物の研究がどんな困難があっても続けられたのは植物に対していると楽しく、何もかも忘れて夢中になれるからだと言っている。まさにその通りのことを、久内はラテン語の言葉を選んで示したと言えよう。そして続ける、「この不羈《ふき》の碩学《せきがく》は一世紀にわたる偉業を終えて不帰の旅路につかれた。まさに〝凡べてのことをわれなし終えて〟の感が深い。しかし先生は『大日本植物志』の完成という高齢者としては不可能に近い大きな夢を最後までもっていられたので、先生としては心のこりであったであろうが、それは無理なことであった」と。また、牧野が後世に残した業績については2期に分けて、「前半における学的功績と、後半における大衆を文化的に指導したこと」を挙げ、「私はこの二大業績が牧野伝を貫くバックボーンであると信ずる」と述べた。そして、「民衆的指導者を失った感なきを得ないことはさみしい」と結んだ。

「植物研究雑誌」第56巻第8号（1981年）に載る「久内清孝先生の霊に捧ぐ」において、植物分類学者・原寛（1911〜86年）は、久内が生き物、特に植物を愛好し、「鋭い観察力で続々興味ある植物を見出して牧野先生をおどろかせました」と伝える。

時間的に多少前後はするが、筆者としてはようやく大正末期までできたと思っている。第4部では、池長孟《はじめ》との出会いおよび池長植物研究所の開設が一つのテーマであった。先行研究を参考にしながら、自分なりに理解することに時間がかかってしまった。竹下英一宛ての牧野の書簡も知らなかった資料であり、丹念に調査する大切さを改めて痛感した。また、「植物研究雑誌」の創刊と継続が、第4部のもう一つのテーマ。最初の資金援助を皮切りに、池長、中村、津村の支援があって続いていく。何が起こっても、何とかなるろうと言って牧野先生はひょうひょうとしておられたかもしれない。やはり、牧野を支えてくれる気心の知れた仲間たちとの採集活動は楽しそうである。

◇

第5部は、東京の郊外への移転、最愛の妻・寿衛の逝去、「牧野日本植物図鑑」編さんの経緯など牧野の晩年を扱うが、翁や老と呼ばれることを好まなかった牧野先生にそう言ったら怒られそうである。前途洋々、まだまだ先は長い。

関東大震災を体感する(56)

大正12（1923）年9月1日、東京を激震が襲った。関東大震災である。その時、牧野は渋谷の自宅にいた。暑かったので猿股一つで標本を調べていた牧野は、座って揺れ具合を見ていたが、隣の家の石垣が崩れてきたのを見て、家がつぶれては大変と思い庭に出て、樹木につかまっていた。つかまっている時間はそんなに長くはなく、揺れは収まった。揺れている間は八畳座敷の中央に座って、揺れ具合がどのようなものか味わっていた。その時、家のギシギシと動く音に気を取られて、体に感じた揺れ方をはっきり記憶していない。そう自叙伝で述べている。牧野は、地面が左右に急激に揺れた、その揺れ方をしっかりと体得したかったのにそれをはっきりと覚えていないのが残念でたまらない、という。幸いに、家は多少の瓦が落ちた程度で済み、家族も無事であった。

地震と言えば、高知出身で著名な物理学者・寺田寅彦（1878〜1935年）も関東大震災に関する著書がある。「震災日記より」（『地震雑感／津波と人間―寺田寅彦随筆選集』中央公論新社、2011年所収）には、寺田が上野の二科会展を見た後、喫茶店にいた時に地震が起き、建物での揺れ具合やその後の状況が克明に記録されている。また、「天災は忘れた頃にやって来る」という寺田の名言がよく知られるが、寺田の旧宅跡にある記念碑には「寺田寅彦先生邸址」および「天災は忘れられたる頃来る」という言葉が刻まれ、さらに「牧野富太郎書」とある。牧野が関わっていたのである。

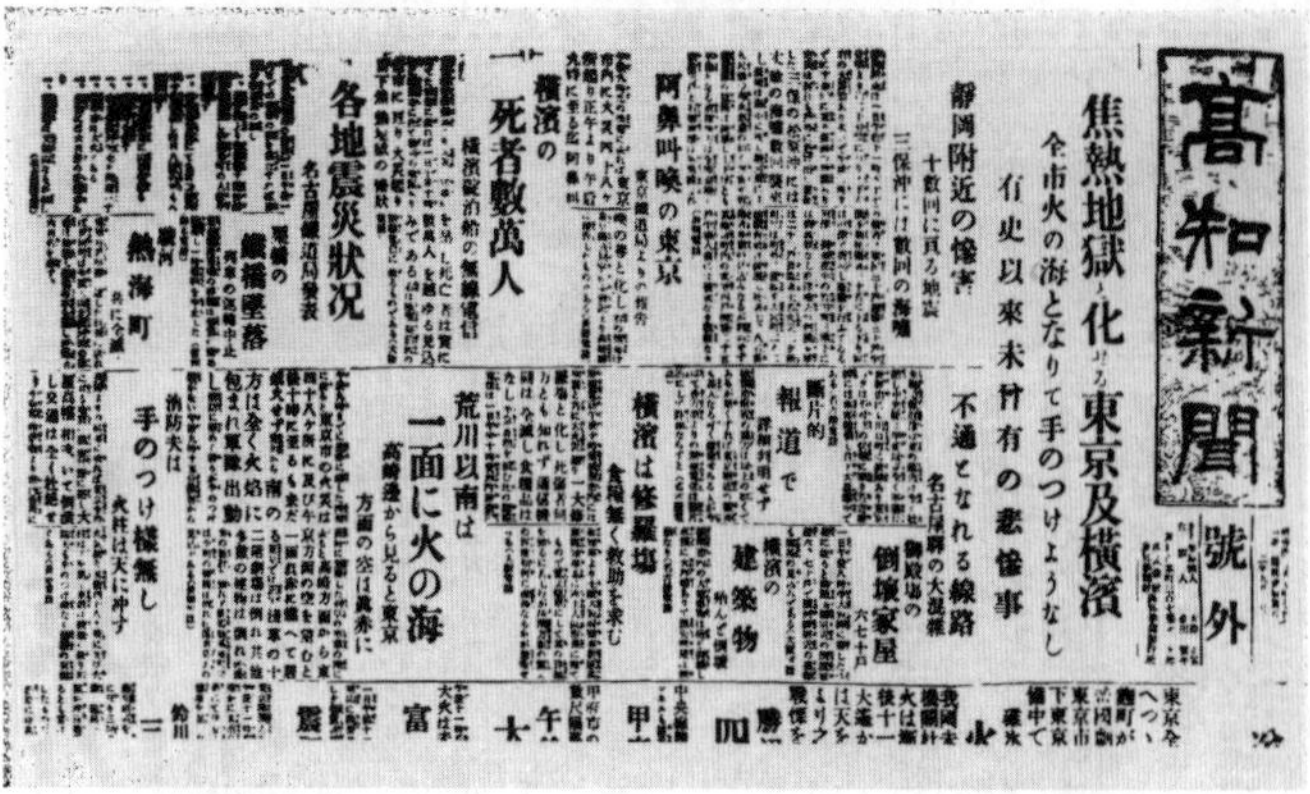

高知新聞
號外
焦熱地獄と化せる東京及横濱
全市火の海となりて手のつけようなし
有史以來未曾有の悲慘事
不通となれる線路
靜岡附近の慘害
阿鼻叫喚の東京
横濱は修羅場
一面に火の海
荒川以南は
横濱の
死者數萬人
各地震災狀況
熱海町
手のつけ樣無し

関東大震災を報じる高知新聞号外（大正12年9月2日付）

牧野は、もともと天変地異に非常に興味を持っていたので、これ以降、もう一度地震の揺れ加減を体験したいと思うようになった。また、火山の爆発にも関心があり、自叙伝に載る「富士山の美容を整える」や「富士山の大爆発」などを読むと、牧野の奇想天外なアイデアにびっくりする。太平洋戦争後刊行した「牧野植物混混録」第二号（1947年）では、「火山を半分に縦割りにして見たい」という見出しの記事が掲載される。それによれば、山を半分に割ってその半分の岩塊を除いて山の断面を見たい、それには大きい山ではなくなるべく小さい山の方がよい、候補となるのは伊豆の小室山がちょうど手ごろである、休火山なのでなおさら都合がよいと牧野は考えた。

この考えは、元火山の断面を見れば、山の成り立ち、組織、年代などが判明し諸科学にとって好資料を提供することになるからということであった。同記事には、昭和12年1月12日に伊豆の小室山を有望であると眺めている牧野の写真が掲載される（日記にはこの日小室山に行った記録がある）。小室山に行ってこの着想を得たのか、この着想のためにそこに行ったのか分からないが、この記事は、もとは昭和12(1937)年1月の「科学知識」に発表したものである。

さて地震が起きた時、牧野家は渋谷に住んでいた。大正8年2月に、小石川区戸崎町(現東京都文京区)から渋谷町中渋谷(現東京都渋谷区)に転居した。それまで、東京帝国大学近くを何度も引っ越しを繰り返していた。その訳は家賃が払えず借金がかさんだことによる。家賃が滞るとその果てに追い出され、引っ越した家に落ち着くことはなかった。牧野の引っ越しは知人の間で有名になったという。また、執達吏による家財の差し押さえも経験した。渋谷でもその後、大泉に引っ越すまで数回転居を経験している(※30)。

渋谷への転居は、池長植物研究所の開所式が行われたのち「池長問題」が起きるのと同年であった。おそらく渋谷に引っ越してからのことであろう、牧野の妻・寿衛《すえ》は、家族を抱えて生活していくために待合《まちあい》を営業すると決断した。このことについて自叙伝によれば、寿衛が3円の資金で渋谷の荒木山に小さな一軒の家を借り、実家の別姓にちなんで待合の名を「いまむら」としてはじめた。この経営がうまくいって生活の方もやや安定したところが、長くは続かず貸し倒れになって閉店したということである。待合は、明治から昭和期にかけて待ち合わせや会合のために場を提供していた貸席業で、客の遊興や飲食を主な目的としていた。そのため、大学の先生であるのに待合をするとはけしからんと大学方面で悪口を言われることも多々あったが、牧野の家族に疚《やま》しい気持ちはなく、寿衛が独力で生活のために行ったことで、家族とは別居しており、大学へ迷惑をかけたことはないと牧野は自叙伝で述べている。待合の経営ということから牧野が苦境に立たされたわけであるが、牧野のことをよく了解し同情してくれた人物がいた。その人物が、当時の東京帝国大学理学部長であった五島清太郎(1867〜1935年)である。

五島と牧野の関わりについては、牧野が自叙伝に上記のように書いているのみで実際どのような交流があったのかは今までほとんど言及されてこなかったように思われる。そこで五島のことを少し調べてみようと考えた。生まれは現在の山口県萩。帝国大学理科大学動物学科を卒業後、アメリカ留学を経て第一高等学校の教授となり、明治42（１９０９）年東京帝国大学教授に就任。大正９（１９２０）年同大理学部長となる。寄生虫、腔腸《こうちょう》動物、棘皮《きょくひ》動物を研究した（※31）。牧野といつ知り合ったかは明らかではないが、日記に何度か五島の名が登場する。最初の記述は、大正３年11月25日に巣鴨の五島を訪ねたことで、同11年、12年頃大学生を連れて採集に行くときに五島が参加している。昭和10年７月20日に五島の逝去を記し、23日告別式に臨んだ。同年10月には五島の遺族より書面が届き、五島の妻が西巣鴨にある庭の広い家に残ることになったと書面に書かれてあったという。五島は、明治36年に本郷曙町から巣鴨に移り住んで、妻が勤める明治女学校の敷地内に家を建て、400坪の庭は五島が思うがまま自然の造庭をしたと五島茂は書いている（※31）。この庭が牧野との接点ではないかと想像したが、練馬区立牧野記念庭園には五島から牧野に

※30　高知県立牧野植物園の牧野富太郎生誕160年特別企画展「牧野富太郎展～博士の横顔～」（会期：２０２２年４月24日～６月26日）で展示された解説パネルの情報に基づく。なお、牧野の日記には大正8年2月に「中渋谷三八二へ転居」とあり、10月には三六二と、12月には三五二と田代善太郎宛書簡に記された住所の番地が記録されるが、同年2月19日付の宮部金吾に宛てた封筒の住所は、「東京府下、渋谷町中渋谷三五二番地」であり、手紙には肩書きのところへ転居した旨が書かれているので、渋谷に移った当初から「三五二番地」に暮らしていた可能性があり、今後の検討を要する。

※31　五島茂「岳父五島清太郎のこと」（「採集と飼育」45―10、１９８３年）を参照。

宛てた書簡があり、その一つの住所は本郷曙町であった。明治36年以前からの知り合いであったようである。五島も植物が好きで採集会に参加し、庭に植える植物を収集したり牧野に助言を求めたりしたのかもしれない。

さやさやと風にそよぐスエコザサ (57)

関東大震災が起きてから2年余り経った大正15（1926）年5月、東京の郊外に牧野家は渋谷から引っ越した。転居先は、当時の東京府北豊島郡大泉村上土支田537、現在の東京都練馬区東大泉6丁目であり、練馬区立牧野記念庭園の所在地である。

当時はまだ武蔵野の面影が残る雑木林の真ん中に一軒家が建てられた。初めての持ち家であり、ここが牧野にとって終《つい》の棲家《すみか》となる。この場所に居を構えた経緯は、牧野にここを紹介する人があったからである。すなわち「大泉農業協同組合40年史」（1990年刊）によれば、若い頃に富太郎の書生をしていた大泉村役場の書記・芹沢薫一郎と、植物好きの同じく収入役・渡辺徳右衛門の力添えによるということである。牧野は、引っ越す以前から芹沢の案内で大泉に来てその近辺を採集したことがある。こうして住む土地が決まり、次に牧野の妻・寿衛《すえ》が家を建てる計画を練り、さらに将来はこの家の標本館を中心にして植物園をこしらえてみせようという広大な夢を描いたという。

寿衛は、都会では火事が多く、牧野が苦労して採集した植物標本がいつ灰となってしまうか分からない、絶対に火事の危険性のない所がよいと考えてのことであった。牧野家の新居は2階建てであるが、2階は階下の玄関などのスペースの上にあり、2階が牧野の書斎として使用された。書斎には、牧野が所蔵した書籍などがうず高く積み上げられていたため、玄関に次第に重みがかかり、ゆがみが生じたようである。やがて牧野の書斎は1階に移った。

こうして新しい生活が始まったが、それを楽しむ間もなく、悲しい出来事が起こった。それは寿衛の具合が思わしくないことであった。

東京・練馬区立牧野記念庭園内にある牧野富太郎の胸像とスエコザサ（練馬区立牧野記念庭園提供）

昭和2（1927）年に竹下英一に宛てた牧野の書簡（46回目参照）にはたびたび妻の病状への言及が見られる。同年6月3日の手紙には、病気が治らないので帝大の病院で診察を受けるつもりであることが、同月21日には、入院したが検査の結果がまだ出ておらず、数日には分かるであろうことが記される。10月には再入院し11月にも入院が続いている様子が分かり、翌3年1月29日のはがきには手術を受け危険な状態にあって、昨年末から取り込み心配で何をする気にもならないことが書かれている。同年2月15日の手紙には、妻の病状がだんだん悪くなり、家族皆非常に心を痛め、医者から助からないと言われ胸がいっぱいでなるべく病院に詰めているつもりであると述べ、牧野がそうならないよう祈りつつ覚悟している状況が伝わる。

入院するためこの家を出る時の寿衛の様子を牧野は次のように書いている、「車に乗せられて門を出るとき家内は、『もし、この病気がなおらなければこれが見納めですね』と、まばたきもせずに、じっと家を眺めていた。やっと出来た自分の家に、しみじみとした生活も味わずに病院にいく、家内の心中を察して、私は思わず目頭が熱くなった」(※32)と。

寿衛は、昭和3年2月23日に亡くなった。付き添っていた牧野は、日ごとに衰弱していく家内の姿に、長い労苦に報いたいとそのことばかりを思い、ちょうど研究していた笹に妻の名前をつけることにした。「すえ子笹!! 花も咲かず、目だたない草むらにじっとひそまりながら、風が吹くとさやさやとなつかしい音をさせる笹は、まことに家内にふさわしく思われた」(※32)と牧野は述べる。谷中の天王寺に寿衛は眠る。その墓碑に、妻へ感謝の気持ちを捧げた牧野の句が二つ刻まれている。

家守りし妻の恵みやわが学び

世の中のあらん限りやスエコ笹

牧野の植物研究をしっかり支えた妻・寿衛の献身と牧野の深い感謝の念を象徴する歌としてあまりにもよく知られたものである。練馬区立牧野記念庭園では、牧野博士の胸像を取りまくようにスエコザサが植えられて、宮城県以北の本州にまれに分布するこのササが東京でもよく茂っている姿を見ると、お二人の情愛の深いことを思わないわけにはいかない。

妻に先立たれた牧野は一段落してから植物の採集や指導に忙しく携わっていくことになるが、自分の研究を信じて支えてくれた妻のためにも、さらに自分たちの家に標本館と植物園をつくるという妻の夢の実現のためにも頑張らねばならなかったことであろう。しかし、竹下英一に宛てた手紙（昭和3年8月23日付）に書かれた次の歌からは、牧野の気持ちが痛いほど伝わってくる。

亡き妻のありにし去年《こぞ》の旅に似で淋しく帰るわが家の門《かど》

いそいそとわれを迎えしわが妻の姿も見えず声も聞えず

牧野はスエコザサを昭和2年に仙台で発見した。札幌で11月23日に開催されたマキシモヴィッチ氏誕生百年会に出席した帰りに仙台に寄ってのことであった。「植物研究雑誌」第5巻第2号（1928年）に、新種としてスエコザサの学名 *Sasa suwekoana* と記載文を発表した。同誌は妻が亡くなって5日後の発行であった。記載には1927年11月に採集したスエコザサの標本が示されるが、仙台で牧野を案内した東北帝国大学の岡田要之助の日記によれば、スエコザサを発見したのは12月1日のことであるとご子息の岡田汪氏よりご教示をいただいた。

※32　牧野富太郎「わが九十年の生涯を語る―永遠に捧げる妻への感謝―」（「主婦の生活」6（1）、1951年所収）。この文献は、練馬区立牧野記念庭園学芸員・伊藤千恵氏のご教示による。

牧野植物図鑑と村越三千男(58)

牧野富太郎といえば、植物図鑑といわれるほど、牧野が作った植物図鑑、つまり牧野の姓を冠する「牧野日本植物図鑑」(北隆館)は知られている。出版されたのは、昭和15(1940)年10月である。しかしながら、牧野が植物図鑑の編さんに携わるのはこれが最初ではなく、その前に「植物図鑑」(参文舎のち北隆館、1908年)、「日本植物図鑑」(北隆館、1925年)の出版にそれぞれ校訂者、著者として牧野の名が掲げられる。牧野が関わったこうした植物図鑑の存在もさることながら、これらを巡って村越三千男(1872~1947年)との協働、対立、最後に仲直りという経緯があったという俵浩三氏の見解(「牧野植物図鑑の謎」平凡社新書、1999年)は、想像もしなかった事柄であり衝撃的であったとさえ言えよう。俵氏の綿密な調査に基づく論の展開が斬新で、明治40年ごろに図鑑が必要とされるようになる時代背景の考察も興味深いものであった。今回は、俵氏の見解を参考にしながら、新たな資料などを交え、「植物図鑑」などの出版および村越と牧野の関係について述べてみたい。

初めに、村越三千男の略歴を記しておく。明治5年、埼玉県行田市忍に生まれる。明治27年に埼玉師範尋常師範科を卒業して植物学と美術の教員となるが、明治38年に教職を辞し、教員の参考となるような植物図譜を作ろうと上京して東京博物学研究会を設立、「植物図鑑」に始まり「大植物図鑑」(1925年)、「集成新植物図鑑」(1928年)や「内外植物原色大図鑑」(1933~35年)など植物図鑑の出版に生涯を捧げた(※33)。

「植物図鑑」の編さんについては、奥付に編者として東京博物学研究会が、右代表として村越三千男が、校訂者として牧野富太郎が記される。このコンビは、すでに「普通植物図譜」(1906～10年)、「野外植物の研究」(1907年)、「続野外植物の研究」(1907年)を出版し好評を博していた。「植物図鑑」を出すことになる経緯は、その例言に記される。すなわち、「野外植物の研究」と続編は短期間の間に再版を重ねたが、対象とした植物の数が少なく全般を網羅しておらず、植物の配列や学名のないことなど専門家から見れば不備な点があったので、完全なものにしようと研さんを積み「植物図鑑」を刊行するに至った。その際には牧野先生の校訂を経て、図と解説は正確であり、最新の分類方式により学名も厳密にしたということである。ところが、明治43年まで続いた「普通植物図譜」は別として、「植物図鑑」出版の翌42年以降の村越による出版物は牧野の校訂を受けておらず、「植物図鑑」の後版になると代表としての村越の名が消えてしまう。これらの事柄を指摘して俵氏は、村越と牧野の関係が協調から離反へと変化したと推測された。

村越と牧野の関係についてもう少し多面的に調べてみようと思った。手掛かりとしては牧野の日記が挙げられる。明治40年前後は詳細な記述が少ないので速断はできないが、村越や東京博物学会の名前は出てこない。また、その頃に親しい友人へ宛てた牧野の手紙が残るが、図鑑などの編さんに関わっているような言及は見られない。村越と牧野が関わった上記の書籍には、実はもう一人の人物、つまり高柳悦三郎

※33 「ぎょうだ歴史系譜100話」(行田市企画課、2002年)参照。

（1873～1938年）も編さんに携わっている。この人物が牧野を知っていたのではないかと考え、検索したところ高柳乙晴《つぐはる》著「高柳悦三郎と植物図鑑」（非売品、2004年）がヒットした（よく調べると「牧野植物図鑑の謎」（初版第2刷、2009年）にはこの本への言及があった）。子孫である高柳乙晴氏は、俵氏の著書に刺激を受けて執筆されたということである。乙晴氏の著書によれば、悦三郎は日記を残しており、その一部が見本として96ページに収載されている（乙晴氏は、日記の全容の解明は後日を期したいとのことである）。それは明治39年3月18日の日記で、上京して村越に寄り、2人で牧野先生を訪ね「植物図」の相談をしたと言う内容であった。同年6月から刊行がはじまった「普通植物図譜」の相談であろうか。また、堀川芳雄の「普通植物図譜の編者、高柳悦三郎氏の生涯」（「Hikobia」第1巻第2号、1951年）（※34）には、悦三郎が牧野に師事したこと、明治31年暮れには牧野の宅を訪ね収集した標本の記名を願い出たことが書かれてあった。これらの情報は、おそらく堀川氏が悦三郎の日記を見たことによるのであろうと乙晴氏が指摘する。堀川の記事では、「普通植物図譜」に関して、「師範学校の良友にして絵画に堪能であった村越三千男氏との共編になったもので、互いにその長ずる所を持ち寄り、当時の要望に応えて月々に発刊された」とある。この記述から「普通植物図譜」において作画は村越、解説は悦三郎の担当であったと考えられる。また、練馬区立牧野記念庭園に保管される資料の一つに悦三郎が牧野に送った手紙（1900年10月24日付）がある。それには、植物の名称を調べたいが田舎にあっては尋ねる人もいない悲しさが切々と語られ、牧野先生になんとしてもご教示いただきたいと懇願している。こうした思いが、地方にあっても植物名が分かるように、植物を図解した書籍の出版につながったと推察される。悦三郎と牧野とのつながりは明確となった。

続いて、村越の描いた植物図について言及しておきたい。「植物図鑑」に収載される植物図は、花をつけた全形図が主流で、実を描いた図はあまり見かけない。牧野は後年、「牧野日本植物図鑑」の改訂を行う際に、花のついた枝の図とともに実付きの枝も描くよう描き手に指示を出している。つまり個々の植物を描く場合に、花と実の時期を図示することは図鑑の基本であると考えられる。また、個々の植物の特徴を示すため全形図に加えて、花や実など主要な部分図（解剖図）を示すことも大事であるが、「植物図鑑」の図は詳細な部分図を伴うことはほとんどなく、植物のなかでもっとも見分けのつきやすい花をつけた全姿をもって良しとしていると見られる。言い換えれば、牧野が制作した緻密で詳細な図を目指すものではなく、別の狙いがあったと思われる。図も解説も正確であると「植物図鑑」の例言にはあるが、牧野の校訂は学名など限られたものであり、村越は牧野の指導を受けて植物図を描くことはなかったのではないか。

そして、お金の問題である。牧野は「植物図鑑」が出版された明治41年に初めて北隆館を訪ね、同社の専務・福田良太郎（後に社長）に会った（※35）。ここから図鑑の出版を通しての両者の深い交流が始まる。

※34　堀川氏がこの記事を執筆されたのは、堀川氏の勤務する広島文理科大学（現広島大学）に悦三郎の標本が寄贈されたことによる。

※35　山崎安雄「北隆館と牧野富太郎」『著者と出版社』学風書院、1954年所収）参照。初対面の福田に対して、牧野は出版社が印税を払ってくれないのは取次店が金をいれないからで、学者を困らせるとは何事だと言って、「新聞紙上に発表しますゾ」とえらい見幕であったという話が載っている。この言は牧野の切り札で、その後も福田は何度も聞かされたそうである。

昭和20年代、北隆館にて撮影。牧野富太郎（中央座る）と福田良太郎社長（富太郎の左隣）（個人蔵）

牧野の用向きは図鑑の印税の催促で、出版社の参文舎から取次店の北隆館に牧野は行かされたようである。取次店が印税を払うのは筋ではないのであるが。その時牧野の履いていたゴム長靴の底がはがれてパクパクしていたのを見て、困り切った博士が恥をしのんで北隆館に来たことを察した福田は、この篤学なる先生に対して何とかしてあげたいという気持ちになったとある。その気持ちが終生変わらぬ牧野への援助となったのであろう。参文舎は当時経営が苦しかったようで、そのため牧野はこれ以降東京博物学研究会の仕事を受けなかったとも考えられるし、困窮していた牧野のことを配慮した悦三郎や村越が依頼を遠慮したのかもしれない。

一連の書籍出版に当たって牧野に校訂を頼むに至ったのは、以上のことから、悦三郎が主導であったと考えられる。あくまでも想像でしかないが、村越と牧野は何らかの理由で離反するほど親しい間柄であったのであろうか。また、悦三郎は「普通植物図譜」の後はほとんど植物の書籍の出版には携わらなかったようである。乙晴氏が指摘するように、悦三郎の日記にその辺の事情や牧野との関係を示す手掛かりがあるかもしれないので、機会があれば日記を拝読したいと思う。今はさらなる証拠の出現を待つよりほかはない。

牧野日本植物図鑑刊行（上）「博士、缶詰めになる」(59)

ここでは、牧野の植物図鑑編さんを支えた向坂道治（1895〜1979年）（※36）の「牧野博士の生活と出版」（「出版ニュース」8月下旬号、1956年）を参考にして「牧野日本植物図鑑」の前段階として「日本植物図鑑」の出版に至る経緯をたどってみようと思う。向坂のこの記事は、「日本植物図鑑」に始まり「牧野日本植物図鑑」初版の完成を経てその増補版が出版されるまでの足かけ33年の道のりを記録したものである。

前回述べた「植物図鑑」は初版の刊行後版を重ねたが、5版からは発行所の参文舎より貸借の抵当として出版権が北隆館の手に移り、同社からの出版となった。ところが、大正時代になって雑誌「科学知識」に広告を出したところ、その出版元である科学知識普及会に所属していた三宅驥一《きいち》が、その不備や誤りを指摘して改訂の必要があることを北隆館に注意した。そこで福田が、「名実ともにそろった牧野先生の植

※36　向坂については、「その後の牧野日本植物図鑑(61)」のところで言及する。

物図鑑」にしてほしいと三宅に頼み、三宅は懇意にしていた牧野に図鑑の改訂を勧めた。大正11年の暮れであった。三宅は、すでに35回目の記事に登場したマキノゴケの命名者で、当時東京帝国大学農学部の助教授であった。

引き受けたものの牧野は、植物採集に出かけ押し葉作りに忙しく、原稿は進まない。これではいつになったらできるのか分からないので、三宅は一計を案じた。すなわち、牧野を大正12年夏に箱根の蔦屋旅館に、冬に熱海の露木旅館に、翌夏は日光の板屋旅館に「所謂カンヅメにして植物図鑑に専心させた」という。そして、旅館で三宅は机の前に座り込んで、牧野先生の口述を速記することになった。ドイツ留学を終えた理学博士の三宅が、牧野先生の筆耕生になるという意気込みに、「さすがの牧野先生も、頭をなでながら一つ一つの植物の記事を述べられ」、毎晩遅くまで続けられた結果、２３７５種の記事が完成した。この数字は牧野の担当した種子植物とシダ植物の種数で、その他のコケ類・地衣類・海藻類・キノコ類はそれぞれ専門の学者に三宅が頼んで分担執筆してもらった。こうして大正14年10月に、合計２５５０種が掲載された初版の刊行となった。

「日本植物図鑑」の図に言及しよう。向坂は先述の記事で、水島南平に植物図を描かせたと述べている。しかしながら、水島が描いた図は限られたもので、「日本植物図鑑」の大半は「植物図鑑」に収載された図である。つまり村越が描いた図をそのまま使い、ほとんどの図を新しい図に改めることはできなかったのである。「日本植物図鑑」は牧野富太郎の著作である。このことが後のネックになると考える。北隆館が創業130年を記念して２０２０年に出版した「牧野植物図鑑原図集」は、同社が所蔵している図鑑の原図を公にしたもので、これにより「牧野日本植物図鑑」の成立までの道のりがかなり解明されたと言っても過言ではない。同書によれば、「日本植物図鑑」から「牧野日本植物図鑑」に再利用された図は、「日本植物図鑑」の牧野が担当した種子植物とシダに限って言えばその約5分の1である。言い換えれば、「植物図鑑」から流用した図は、「牧野日本植物図鑑」には使われていないので、5分の1が「日本植物図鑑」で新たに用意された図である。そのうち、約3分の1が原図に「牧野」と署名があることから、牧野富太郎自筆の図と考えられる。残りの図が、水島南平作となるのであろうが、山田壽雄が制作した図も含まれる。また、「日本植物図鑑」の口絵として掲載される着色図8枚は、山田によるものである。北隆館が配布した「日本動物図鑑・日本植物図鑑　内容見本」(池田博氏のご教示による) にその旨が記され、さらに山田について「牧野先生二十数年来指導の植物専門画家」という紹介文がある。明治30年代後半から牧野の指導を受けたことになろう。

昭和27年、銀座にて会食。前列左より2番目が三宅驥一、3番目が牧野富太郎、4番目が福田良太郎、後列左より2番目が向坂道治（個人蔵）

さて、水島南平であるが、「牧野日本植物図鑑」の図を多数担った画家である。もともとは日本画を学び、日露戦争で東京朝日新聞の従軍画家として戦争の状況を社に伝達する仕事に携わった。戦争後、東京帝国大学農学部などで論文の挿画を担うようになり、そこで三宅と出会ったと推察する。また、牧野の大正12年の日記に、水島の名前と住所をメモしていることから、その年に牧野と水島は知り合いになったのであろう。そして、同年6月には三宅らが牧野宅を訪れ、「植物図鑑」の仕事について画工に指図したとあることから図鑑の編さんがスタートし、7月には三宅、向坂とともに牧野が箱根に行ったとき水島も同伴していた。したがって、水島は三宅が「日本植物図鑑」の新たに制作する図の担当者として連れてきて牧野に引き合わせたと考えられる。ちなみに、三宅が大正15年に汎太平洋学術会議において日本人によるアサガオの遺伝業績について代表講演した際に、水島がそのためにアサガオの図を制作したこともあった。

三宅や牧野にとって、図鑑の作図には水島や山田のように植物学者の指導を受けつつ協働して作図できるような画家が望ましかったのではないかと思われる。村越三千男は美術の教師であり、「植物図鑑」などの作図を受け持っていたのであるから、「日本植物図鑑」の描き手が必要になったとき村越に声がかかってもよさそうであるが、そうならなかったのである。植物学者にとって望ましい描き手あるいは両者の協働については一つの課題となろう。

牧野日本植物図鑑刊行（下）「なんとかなるろう」(60)

「牧野日本植物図鑑」は昭和15（1940）年10月に出版された。牧野が78歳のときである。図鑑には昭和6年1月29日が起稿の時と記されるので、約10年の歳月をかけて準備され刊行となったわけである。

著者である牧野富太郎は、その序において「小生ノ信ズル分類体形ニ拠ル図鑑ヲ著ワサン事ヲ企図シ、爾来春風秋雨十数年、黙々ノ下新タニ幾千ノ図版ヲ創製シ、又併セテ之レニ伴ウ幾千種ノ新記載文ヲ準備シ」てようやく図鑑の完成となったと述べている。企図してから十数年かけて数千の図や記載文を用意したとあることから、自分が信じる分類体系に基づいた図鑑を作ろうと考えたのは、昭和15年からさかのぼって昭和2、3年ごろのことになろう。

「牧野日本植物図鑑」（北隆館、1940年）（練馬区立牧野記念庭園提供）

大正14年に出版された「日本植物図鑑」は、牧野が「植物研究雑誌」（第3巻第11号、１９２６年）に書いているように、校正に自分が預かることができなかったため訂正表の小冊子を作るほど誤字などが多く、改訂の必要を牧野が強く感じていたと推察される。そのことが新たな図鑑を編さんしようとする一因となったであろう。また、前々回で掲げた俵浩三氏の調査を参考にすると、昭和3年に村越三千男が出版した「集成新植物図鑑」も関係しているのではないかと思われた。というのは、前回述べたように「日本植物図鑑」はあくまで牧野が著者とされるが、掲載する図をすべて新しく用意したのではなく、村越が描いた「植物図鑑」の図をそのまま掲載しており、「集成新植物図鑑」の序文でそのことを村越にやんわりと言われた感があるからである。すなわち、同書が牧野博士の「日本植物図鑑」と似ている図があるが、それは先生の著書が自分の「植物図鑑」の図をそのまま使われたからだと述べる。

さらに、序文で村越は、同書に牧野先生が描かれた図を参考にした図が多々あるが、それらには「図版牧野博士著ニ拠ル」と断り書きを入れ、先生に敬意を表したと説明している。しかしながら、その断り書きを伴わないで、つまり無断で牧野の図を載せているものが見られる。つまり、今度はこの「集成新植物図鑑」において、「日本植物図鑑」で新しく制作した図を使わせてもらったと村越が暗にほのめかしているように見受けられる。自分の図が他人の著書に用いられたことに気が付いて、牧野がすべてオリジナルである図鑑を作ろうと思ったのではないであろうか。ちなみに「集成新植物図鑑」は、村越が大正14（1925）年に出版した「大植物図鑑」と異なり、コンパクトサイズで持ち運びに便利な大きさである。このあたりは、村越のアイデアというか企画力の優れたところであろう。

ところが、牧野の図を断りなく使用していることに気が付いたのは、牧野ではなく川村清一（1881～1946年）(※37)であった。この事柄を含めて「牧野日本植物図鑑」が完成するまでの経緯に関しては、向坂道治が書いた二つの記事が参考になる。向坂は牧野の図鑑編さんの実務を執り行いその仕事が進捗《しんちょく》するよう牧野を支えた人物である。一つは、「土佐の博物」9号に寄稿した「牧野日本植物図鑑の発刊まで」で、もう一つは、前回で取り上げた「牧野博士の生活と出版」（「出版ニュース」8月下旬号、1956年）である。前者は昭和16年に出されたものなので、後者よりずっと早く、図鑑が出版されてから間もないころに書かれた記事である。向坂はそれぞれの記事で以下のように述べている。

前者から引用しよう。

「昭和6年の夏の頃蕈学の世界的権威者理学博士川村清一先生に偶然御会した時に『牧野先生の植物図鑑の図を盗んで出版し而《しか》もずぶとくも牧野博士の図はもと自分の物だと宣言している者があってどうも怪しからんね』と御話があった。後日牧野博士に拝眉の節にその川村博士の言を伝えたところ、それでは一つ日本植物図鑑（大正十四年出版のも）のを一大改訂をして図版を全面的に改めることにしようと謂《い》われ画工数名を動員し帝国大学理学部植物教室の本田正次博士に標品を出して貰いどしどしと三千枚の改図にとりかかったが何分にも画工の図が牧野博士の満足するところとならず数十枚を無駄にし、漸《よう》く《や》水島南平氏の図だけが合格し、三千余枚は全く水島南平氏の独力になり部分的には牧野先生の加筆もあるが、この製図には水島画伯の並々ならん努力のあとを尊重すべきである。かくて昭和八年頃にはほとんど全部の図版もととのい、説明文は大正14年度の図鑑のままでよいとの事で、その後の追加した植物の記載文をととのえて、印刷にとりかかり全頁即ち千頁に亘る組版の出来た時になって急に牧野先生がどうも以前の説明では満足できんところもあり且つは某氏の逆宣伝の材料にもなるから全頁の記載を改める事にしようとの事でその年中に発売の予定にまでなっていたものが急に拡大する事になった」

※37　川村は、菌類の研究者で「原色日本菌類図鑑」（没後の1954〜1955年）を出版した。牧野と同様に自ら絵筆をとってキノコを描いた。「日本植物図鑑」、「牧野日本植物図鑑」の菌類は川村が分担して解説を書き、図も制作した。牧野とは親交があり、牧野著「随筆　植物一日一題」（東洋書館、1953年）に「キノコの川村博士逝く」が収載される。

こう書かれてある。向坂は、この急な拡大を当時起きた支那事変の不拡大方針が南中国まで出兵にいたったことと同様であると表現している。一つ一つの記載を牧野が書くとなると、余りに豊富な知識をもって、かつ前の図鑑と同じ文句を使わずにということで1日に一種か二種の記載しか進まない。大日本印刷は全面変更により組版のまま原稿のできるのを待つわけでやきもきする。そのような状況で「先生は超然として執筆される」と向坂は言う。

次に「牧野博士の生活と出版」を見てみよう。向坂の表現によればバラック作りであった「日本植物図鑑」について「急いでつくったので、牧野博士の気にいらないものであった。よるとさわると、何のかのと批判をうけたものである。それで北隆館でも本腰になって、植物図鑑の本建築にとりかかった。ところが、なんとかなるろう主義の先生は、大正十四年版のケチはつけるが、いざ改訂となっても少しも執筆されないで、依然として地方の植物採集にでかける。これではというので三宅博士は、東京大学理学部植物学教室の本田正次博士に話しかけ、本田博士はさらに中井猛之進博士の賛意をうけて、当時の分類教室総がかりで記事をかいてもらった。そしてその記事を牧野博士が校正するということにした」という。

このやり方を許容した牧野の校正が始まるわけだが、赤ペンでベタベタに校正するのでまるで書き直したようで、印刷工場から「組みおきを一年も二年も、なんとかなるろうでは困る」と苦情が出て、一時は北隆館の福田良太郎もこの企画はやめにしようとまでになった。しかし、工場も1年の猶予期間を認めてくれて、牧野も本格的に校正を進めて、あと1年あと1年となんとか延ばして、昭和14年に12月30日に校了となったのである（「牧野日本植物図鑑」では「校了　昭和十五年六月二十日」と記される）。そして翌

15年10月に発行に至った。

牧野の日記では昭和6年7月22日に、「向坂道治、山田壽雄両氏来訪、植物図鑑の図を調べ夕刻に及ぶ」という一文がある。この文と先述した向坂の記事を合わせると、川村博士の指摘を伝えようと向坂が、図鑑の作図担当の山田を連れて牧野宅を訪れ、牧野とともに3人で図鑑の図が盗用されているかどうかを確かめたと推測される。向坂の両記事に書かれる内容から、牧野が「日本植物図鑑」の不備と改訂の必要を痛感していたところへ牧野の図の無断使用が発覚して「牧野日本植物図鑑」が生み出されることになったと理解できよう。ただし、川村が指摘する書籍が村越のものかどうか、また村越としてもどの図鑑を指すかははっきりとは分からない。

その後の牧野日本植物図鑑(61)

「牧野日本植物図鑑」は無事にというよりは紆余《うよ》曲折を経て昭和15(1940)年秋に刊行となったが、その奥付の前ページに「警告」と題して、牧野の本書に載る図を許可なく勝手に使用することを許さない、従来無断で牧野の図を自分の著書に濫用《らんよう》する者がいて、その著が流布しているが、今後本書の図について不正行為があったならば容赦なくその名を公表し、しかるべき措置を取ることを予告し置くという文が牧野富太郎の名で記される。断固とした厳しい口調である。前回述べたように本図鑑の編さんが、牧野の図を許可なく使用したという指摘が一つのきっかけになって始まったのであるから、牧野にとってはこの警告を載せるのは当然のことになろう。また、ここに至ってようやくすべて自分の書いた解説と描いた図、あるいは自分が監修した解説と指導して描かせた図からなる植物図鑑が完成したことになり、他の著書に由来するものはなくなったわけである。題名に「牧野」という自分の姓を冠する意味もここにあろう。

同図鑑は、その後版を重ねて太平洋戦争で一時中断するが、戦後になっても続き昭和24年11月には改訂版（第7版）を刊行するにいたった。ここで初めて修正が加えられたのである。同版の「巻頭の一言」の終わりに、牧野はかなり激しい口調で次のようなことを述べている、「牧野日本植物図鑑」は新たに編さんされた「独立独歩の書物」であり、「他人の図を盗み取る」画工のつくった「インチキ本」とは全然異なるものだと。しかし続けて「強て歯牙に掛けるに足らない此んな小人を相手にする」ことは「我が品位に関わる」から放って置こうとも言う。

この文章を読むと、自分でもよそうというほどに品位を疑いかねない言葉を牧野が発したのはどうしてなのか、状況がつかめず理解に苦しむところであるが、それは同年3月12日に発行された村越三千男著「集成新植物図鑑」（初版：大地書院、1928年）の第15版（復興版）と関係があるようだ。その証拠は、翌4月3日付の向坂道治（後述）に宛てた牧野の葉書にある。すなわち「扨《さて》村越の図鑑昨日手にしまして閲覧するに多数『牧野植物図鑑』の図を盗み取っています。でこれはどうしても版権擁護、又今后の為めに裁判沙汰にせねばならぬと存じます。若し右を許容しておきますと、今後増補毎に取られて利用せられるから此際断然出訴する必要が大ニあります、又他への見せしめにもなりますので、今際弁護士とも篤と相談して訴状を提出せねばならんと私は決心しています」とあり、牧野の図の無断使用について訴える手段に出たいと牧野が考えていたことが分かる。

このはがきに出てくる「村越の図鑑」が先月に出た復興版を指していて、これを手にした牧野が、第14版（1941年8月20日）まで村越が借用した牧野の図をこの復興版でも使っていること（つまりそれまでと同じ版であること）に気が付いたと推察される。復興版と称してもそれまでの版と何ら変更がなく、要は牧野の図を勝手に載せている、そのことに牧野が怒りを覚えたと思われる。しかし、放置しようとある通り実際は裁判沙汰にはなっていないようである。

さて、先年の昭和23年5月から向坂は「学生版牧野日本植物図鑑」の出版準備にとりかかっていた。これは、「牧野日本植物図鑑」の解説文を簡潔にして図を縮小したもので、小図鑑と言えるものである。出版されたのは翌24年4月のことで、出版直前に出版社で火事騒ぎがあり校正を大慌てでやり直したため、誤りが多くなり正誤表をつけたといういわくつきの本である。こうした経緯も牧野と向坂の書簡のやりとりから明らかになった。向坂は、先述した牧野のはがきに対する返信（昭和24年4月9日付）に、「村越事件」のおかげで牧野先生の怒りがこの学生版からそれて助かったということを書いている。

以上のことから、現段階では「牧野日本植物図鑑」の図の盗用で問題になったのは村越の「集成新植物図鑑」であったのではないかと考える。同書は初版で一応断りをしたとはいえ「日本植物図鑑」の新たに用意した図を使い、「牧野日本植物図鑑」刊行後の第14版でもそれらを他の図に改めることがなかった。そこに、牧野から見れば問題があったのである。村越も出版社側も、牧野が「植物図鑑」から流用した図を載せた「日本植物図鑑」を全面的に改め新たに図鑑を編さんした、つまり「独立独歩」の図鑑を作った時点で、牧野の図を自分たちが用意した図と差し替えるべきではなかったのか。また、俵浩三氏が指摘するよ

不忍池畔の会食にて（前列左端が向坂道治、同右端牧野富太郎、後列右端が福田良太郎（個人蔵）

うに牧野の晩年には2人の名前が並ぶ村越三千男原著・牧野富太郎補筆改訂「原色植物大図鑑」（誠文堂新光社、１９５５～５６年）が出版され、俵氏は村越と牧野の仲直りと理解された。誠文堂新光社は「牧野植物学全集」（１９３４～３６年）を刊行した出版社である。この辺りの事情も含めて2人の関係は、多数ある村越の植物図鑑や牧野の書簡などより多くの資料を調べ、幅広い視野でとらえ直す必要があるように思う。

　さて、度々登場している向坂道治について紹介したい。明治28年東京に生まる。植物学を志し、東京帝国大学農学部教授・三宅驥一らの支援があって同大学理学部植物学科選科に入学し、修了後同大学農学部講師を経て昭和10年に第二早稲田高等学院教授、戦後早稲田大学法学部教授となった。昭和54年没。「イチョウの研究」「植物渡来考」などの著書があり、「牧野日本植物図鑑」の輪藻植物門の執筆を担当。向坂は同図鑑の序で牧野が感謝の念を捧げている一人で、図鑑編さん事業の進捗《しんちょく》においては三宅とともに重要な役割を果たした。

　練馬区立牧野記念庭園には牧野が向坂に宛てた書簡類が保管される。これは、アルバムにははがき一枚一枚をほぼ年代順に差し込んだもので、きちんと整理されてあることから、おそらく向坂が牧野の家族に寄贈したものと思われる。手紙1通とはがき210枚からなり、最初のはがきが大正12年で、最後が昭和27年である。向坂は自分の人生を振り返って、自身の最大の業績は「牧野日本植物図鑑」の編集に参与したことであると述べた(※38)。

立山登頂そして故郷高知へ(62)

牧野は昭和2(1927)年に理学博士号を取得した。それまでも博士にするからと言われてきたが、30年間意地を張って断ってきたと牧野は自叙伝で言う。学歴も肩書も学位もなくても、学問があればそれでよい、仕事が認められ名が世間で知られれば立派なひとかどの学者である、これが牧野の持論であり、それを貫き通してきたのである。すでに多数の論文を発表し、牧野の名も著書や採集会の指導を通してよく知られるようになってきていた。そのような牧野に、後輩が学位を持っているのに先輩の牧野が持っていないのは都合が悪いからと言って、論文の提出を強く勧める人たちがいたのである。

その一人は三宅驥一《きいち》であったであろう。たびたびこのシン・マキノ伝に登場しているが、牧野の植物図鑑刊行で向坂道治とともに多大な協力をなした人物である。学位論文提出についても、次のようなエピソードが残る。すなわち「(三宅)先生は牧野先生を、エングラーに優る分類学者と常に賞賛しておられた。

※38 向坂道治「植物とともに60年」(「早稲田生物(早稲田大学生物同好会向坂道治先生古稀祝賀号)」第14号、1965年所収)および向坂隆一郎「父のこと、『向葉会』のこと」(「故向坂先生を偲んで 追悼文」早稲田生物同好会、1979年所収)を参照。

無欲恬淡《てんたん》の牧野先生の学位論文提出の運びにもずいぶんと苦労されたらしい。これは逸話であるが、先生は、牧野先生に学位論文提出の費用として現金100円を託されたが、牧野先生は書物の購入に使ってしまわれたとのことである」とあり、左甚五郎のような名人肌の牧野先生が論文を出すかどうかの賭けをしたともある(※39)。ちなみに自叙伝に、牧野が勤続37年(昭和4年ごろ)であるときの給料が「僅かに大枚七十五円」と書かれる(牧野が大学を退くまでこの額が続く)。

こうして牧野は、やむなく学位論文を提出したが、今まで学位が無くても、学位を持つ人と同じ仕事をして、相手と相撲を取ることにやりがいを見いだしていたのだから、今後、功績を上げても博士だから当たり前だと言われてしまえば興が醒めてしまうと言う。そこで牧野は次のような歌を詠んだ。

何の奇も何の興趣も消え失せて、平凡化せるわれの学問

元来好きな植物の研究に勤しむことが牧野の目的であり楽しみでもあった。

これ以降も、牧野は各地に足を運び、採集と指導に忙しく過ごす。一例として、越中立山の登山および種子島の採集を挙げよう。牧野の日記によれば、昭和10年8月、岡山・広島、そして福井で採集やその指導および講演などを行って、石川県に向い白山に登った。そこから金沢に行き滞在した。次に牧野は立山植物研究会に招かれて、その会員と立山で採集を行う予定であったが、前日まで牧野先生から音沙汰がないと同会員の進野久五郎が心配して金沢で警察に探してもらったという。先生は、宿で雨に濡れた押し葉を整理していた。夕方富山の進野宅に着き、翌朝、出発の間際に玄関で「大事なものを忘れたよ」と言って一皿のトマトを食べて急いだと進野は語る。トマトは牧野の好物の一つであったようだ。さらに、立山

を下山して自ら和名を付けた長之助草を見て、牧野が「『名付け親が来たゾェ』と斜面のガラ場に腹ばいになって」頬ずりしたシーンは知られているが、浄土山で咲いていたトウヤクリンドウを左手にいっぱい握った牧野がガレ場を下ってハイマツの枯れ枝をはさみで切ったら、一本の同じリンドウが真っすぐに伸びたのを眺めてこれで清々したろうと話しかけていたと言う。牧野はやたらと採るとされるが、それだけではないことを示している（※40）。

牧野はついに20日に立山の頂上を極めた。牧野にとって感慨無量の出来事で、知人にその時の感動を歌に詠んで送っている。以下は、昭和10年8月23日付向坂道治宛て牧野の絵葉書である。

「そそり立つ　その名も高き　立山に　きょうぞ登りし　吾れの嬉しき

神も恵みを垂れ玉いしか　立山頂上日本晴

昭和十年八月二十日頂上にて

山中の六日間天気よし、今日立山温泉より富山に帰る。立山の大観を了し採集物も亦多し。

昨ハ白山、今日ハ立山、我本望達す。体何の異條なし」

以上の内容である。

同様の内容の絵はがきが同じ日付で竹下英一にも送られた。下山してすぐにその達成感と喜びを伝えようとしたのであろう。

※39　田淵清雄「三宅驥一先生」「採集と飼育」第46巻12号（１９８４年）を参照。

※40　進野久五郎「牧野富太郎博士に学ぶ」「植物と自然」臨時増刊 Vol. 15 No. 14（１９８１年）所収。

向坂道治宛て牧野富太郎筆葉書（昭和 10 年、個人蔵）

種子島には昭和13年8月に鹿児島から渡った。隣に位置する屋久島には明治42年に行き、カンツワブキを見つけ新種として命名し「植物学雑誌」（第24巻第277号、１９１０年）に発表した。また、山田壽雄との共作でその植物図を描いた。が、種子島には行ったことがなかったので今回の旅は牧野にとってさぞかし大きな成果があったことと思われる。同月14日付で向坂に送ったはがきには、「種子ケ島、とても暑くて毎日汗に浴せり。採集品は面白いもの多し。島中にあるアマミ五葉松の巨樹周り七八尋のものあり。日本松樹中の第一ならん」とある。ちなみに、牧野が奄美大島に行ったことがあるかどうかを現在調査中であるが、確たる証拠が見つかっていないので、ご存じの方はぜひともご教示いただきたい。

さて、この頃牧野は郷里の高知にも帰り、知人との再会や採集活動を楽しんでいる。昭和9年に7月末から約1カ月間、昭和11年に4月半ばから約1カ月と10日余り、昭和13年に12月3日から20日まで、それぞれ高知に滞在した。

昭和9年の時は高知博物学会によって植物採集講習会が開催され、高知県立高知城東中学校講堂において開会式が執り行われた。牧野は3日間にわたって横倉山や室戸岬など高知県内で植物採集を指導した。

昭和11年は4月でちょうどサクラの開花時期にあたり、ワカキノサクラなど郷里の懐かしい思い出のあるサクラを見た。また、高知市内で高知県、市教育会、博物学会の連合で牧野先生の歓迎会が催され、牧野はその会で講演を行い、数日後市内の高見山付近で高知博物学会の採集会を指導した。昭和13年はタイキンギクやノジギクなど菊の採集が中心で、城東中学校で菊に関する講演を行った。いずれの時も生まれ育った佐川で牧野儀之助の家に泊り一緒に墓参りをしている。儀之助とは、牧野が明治26（1893）年に郷里を発つに当たり、岸屋のことをいとこの猶《なお》とその夫の井上和之助に委ね、牧野家の仏壇を譲り先祖の祭りを猶の妹・富とその夫の牧野儀之助に託した、その儀之助である。これは上村登著「牧野富太郎伝」に記されたことである。

◇

第5部は、大正から昭和に年号が代わる頃から始まる。関東大震災、東京郊外への引っ越し、苦労をかけた妻の逝去と目まぐるしい展開であった。恥ずかしながら、同郷の寺田寅彦旧宅跡にある記念碑を牧野が書いているとは全く知らないことであった。機会をつくって一度見に行きたいと思う。そして、第5部のメインの話題は、牧野の代表作として知られる「牧野日本植物図鑑」ができるまでの長い道のりとその後に関することである。特に「牧野日本植物図鑑」の図の無断使用について牧野の怒りが何に向けられたものであるかを、向坂道治との書簡のやりとりなどから考察してみた。

牧野博士を「操縦」する(63)

昭和12年1月に牧野富太郎は、朝日新聞社から昭和11年度の朝日文化賞を受けた。受賞は、昭和9年から11年にかけて出版された「牧野植物学全集」(全6巻・総索引、誠文堂新光社)の業績が認められたことによる。この出版は牧野の過去50年間にわたる植物研究の集大成をなすものであった。牧野の自叙伝には、朝日新聞に掲載された記事と、牧野が受賞した賞牌に記された文章も掲げられた。後者は「日本植物分類の研究　本邦の植物分類に専念すること五十年、この全的努力は遂に昭和十一年十一月牧野植物学全集を完成し、わが植物学界に貢献すること多大なり。右貴下の功績を賞讃し、本社朝日文化賞規定により表彰候也」とあり、牧野の植物分類学における努力と貢献が評価されたことが分かる。

この全集は「日本植物図説集」「植物随筆集」「植物集説上・下」「植物分類研究上・下」からなる。第1冊では「日本植物図篇」をはじめとして牧野の植物図とそれに併せた解説が収録され、第2冊以降は「植物学雑誌」や「植物研究雑誌」、その他もろもろの雑誌に掲載した数々の論考が収められている。これらは和文ばかりであるが、第6巻には「別巻『欧文植物学論文集』の刊行について」という紙片が、「総索引の刊行について」と書かれた別の紙片とともに挟み込まれてある。前者には、「博士自身の筆になる多数の精密なる写生図と共に先生の英文に依る記載たるや、微に入り細に亘り、その精緻にしてしかも正確なる、全く世界学界にその類を見ざるもので」あり、「牧野植物学全集」が肉付けであるならば本書はその骨格をなすものであると記されるが、残念ながら「欧文植物学論文集」は出版されなかったと見られる。

さて、同全集の編さんに当たって、助けてもらったと牧野が感謝する人物がいた。それは石井勇義（1892～1953年）である。石井は、昭和前期に「実際園芸」（戦後は「農耕と園芸」に改名して刊行）という雑誌の主宰を務め、同誌や「原色園芸植物図譜」の刊行により園芸愛好者に親しまれ、かつ園芸知識の普及に貢献した園芸家で、昭和20（1945）年に恵泉女子農芸専門学校（後の恵泉女学園短期大学）の設立に寄与し亡くなるまで教授を務めた。

牧野は「植物集説　下」（第4巻であるが最後に出版された）の「終冊ノ巻首ニ叙ス」において、牧野を助けた石井について次のように述べる。すなわち他人がどうなってもわれ関せずで、自分のことだけを通そうとする人が多い現代にあって「石井君ノ私ニ対スル同情ハ実ニ尊イモノガアル、ソシテ此同情ハ私ヲシテ感激セシメ遂ニ此全集ヲシテ美ナル終リ」となったのであり、もし石井君がいなかったならば早期の完成を見ることはなかったであろう、それは一重に「同君ガ能ク私ノ癖ヲ呑ミ込ンデうまく其間ヲ操縦調節した」からであると。

この牧野の「癖」とは何であろうか。同巻の最後には石井による「編輯所感」が掲載される。それには、「牧野先生ノ御平生ヲ熟知ノ方々ニハヨクオ解リノ事ト思ウ、世ノ中ニ『頼まれた事は少しもやらずに、頼まれない事ばかり夢中になってやる人』トイウ方ガアルトシタラ、ソノ第一人者ハ牧野先生デアロウト思ウ、先生ハソノ半面ニハ一ツノ研究ニスバラシイ力デ日夜没頭シテ居ラルル為メニ他ヲ忘レラレルノデアル」とある。さらに、「頼マレタ事ヲオイソレト仲々ナサラズ一草一木ヲ採ル為メニ広島マデモ九州マデモ自費デ直グニ御デカケニナル、コレガ先生ガ七十年来押通シテ来ラレタ牧野式デ、今更原稿ガ遅イトセガマレルノハ御願スル方ガ無理ダト思ウヨリ仕方ガナイ」とあり、牧野が頼まれたことはなかなか取り組んでくれないが、その一方で深く研究に没頭し、かつ植物採集で各地を飛び回っていた様子が伝わる。

牧野の「癖」をよく理解した石井が、牧野を上手に全集の刊行に導いていったと思われるのだが、なかなかの苦労があったようである。牧野のあまりに厳密な姿勢と簡単にはまとめようとしない性分が原因になって刊行が遅れ、石井も途中で放棄しようと考えたことが何度もあったという。「牧野日本植物図鑑」も出版社の北隆館が途中で諦めようとしたことがあった。また、石井は、製版や印刷について細々とした指示を出すために牧野の「やかましや」に閉口したことや、文章の最初の一文字を開けず、文末に「。」を付さないなど文字の使い方にも牧野独特の主張があったことを記している。「植物研究雑誌」も同様なことを牧野自身が述べていた。

石井の編集手腕について、牧野は、石井著「原色園芸植物図譜　第1巻」（1930年）の序文において次のように述べている。すなわち、園芸植物の本を作ってみたいという石井の意気込みを牧野が聞き知って喜んでいたところへ、「此スピード時代に相応わしく早や其の本が出来たとの報らせにアット其の速力に驚いたが愈々出来たに相違ないので早速其れを拝見するに実に見事見事！」とある。牧野にしては珍しく手放しの称賛であった。

良き理解者から贈られた〝ドテラ〟(64)

ここに掲載する、牧野がドテラを着て樹木にたたずむ写真を見たことがある読者もおられるであろう。これとは別に、横になったポーズで撮影された写真もある。お気に入りのドテラであったと推測される。牧野が亡くなった昭和32（1957）年に刊行された「採集と飼育」（19巻6号）では牧野の逝去を悼む特集記事が組まれ、それに向坂道治は「牧野富太郎博士の旅だより」という牧野から送られた葉書や写真を多数掲載した記事を寄せている。掲載された写真の一枚が、上述のドテラを着て立つもので、そのキャプションには「石井勇義氏から贈られた九十九里浜の大漁ドテラを着て喜ぶ先生」とある。この一文から、ドテラは石井勇義が牧野にプレゼントしたものであることが分かった。さらに、最近になって、ドテラではなく「万祝《まいわ》い」と呼ばれる、江戸時代から戦前にかけて、大漁の際に引き出物として出された漁師の晴れ着であることも明らかとなった（山本伸子氏のご教示による）。石井は現千葉市東部の出身で、九十九里浜には近い。

ドテラを着て庭にたたずむ牧野富太郎（個人蔵）

石井が逝去したのは、牧野が亡くなるより4年前の昭和28（1953）年のことであった。牧野より30歳も若いのであるから石井の急死は、牧野にとって心淋しい限りであったと想像に難くない。その念を込めて牧野は以下のような詩を残している。

君を憶う
在りたりし過去を想えば君はしも、
亡き跡淋びし今日の我が身は
鹿児島へ行きし事など想い出で、
淋びし、懐し、悲しみの痕
叡山に行いて宿りし過去恋いし

これは、逝去の翌29年に再版された「原色園芸植物図譜」の序に牧野が寄せたものである。園芸界の発展に尽力した石井という良き理解者を得て、植物書の出版などまだまだやりたいことが山とあった牧野にとって、その片割れが突然亡くなったことは痛手以外のなにものでもなかったはずだ。上記の詩について牧野の日記を調べると、鹿児島へともに旅行したのは昭和7（1932）年、比叡山に一緒に出かけたのは翌昭和8年という記録が見出せた。そのときの思い出を懐かしんで詠んだのである。

また、多磨霊園にある石井の墓には、「自然神之賜　花自然之姿」が2行にわたって刻まれている。これは、植物学者の津山尚によれば牧野の言とされる(※41)。自ずと花になって現れる自然そのものが神の恩恵であるということであろうか。われわれを支えてくれる自然への感謝の念とも理解できる言葉で、長年植物と生きてきた牧野の哲学的な思想を示すと見られる。この言葉の下で眠る石井は幸せである。

庭で横になる牧野富太郎の後ろ姿（昭和11年4月11日撮影、個人蔵）

昭和24年に牧野がいよいよ臨終かと末期の水を含ませたところ、水が多かったのか、牧野の喉が動いて生き返った、その時に水を含ませたのが石井であったと牧野一浡《かずおき》氏より聞いている。石井夫人もたびたび牧野家を訪ね、両家は家族ぐるみの付き合いであったとも聞く。

前回において「牧野植物学全集」の刊行に当たり石井が大いに編集の手腕を発揮して牧野が事を進めるようしっかりとサポートしていた様子を見たが、石井が主宰する「実際園芸」に牧野がさまざまな論考を寄稿していることはあまり知られていない。つまり全集が編集されていた時期からあとに牧野が公にした論考や記事は、全集の続編が出ていないためどのような論文があるかを知る手掛かりがないのである。言い換えれば、全集に自分が書いたあらゆる記録を収載して一堂に会するということは、後々のためにも重要な事業なのである。

「実際園芸」に牧野が寄稿した最初は、同誌の第1巻第3号である。それ以降、石井が企画した漫談などに参加したが、昭和10年1月からは登場する回数が以前より多くなり、渡来植物についての記事を連載

※41　津山尚編山田壽雄図「石井勇義ツバキ・サザンカ図譜」（誠文堂新光社、1979年）参照。

した。牧野が所蔵する江戸時代の珍しい植物図を掲載しそれを活かした記事が斬新であった。その後、昭和13年10月から「園芸植物瑣談」の連載が始まり、昭和16年12月まで続いた。合計35回であった。いずれの記事も牧野の持つ植物に関する無尽蔵な知識を披露した内容で、矢田部良吉と伊藤篤太郎の命名をめぐる争い、いわゆる「破門草事件」を公表した記事もこのシリーズに含まれる。そして、最後の記事を掲載した第27巻第12号をもって同誌は戦争のため発刊を停止せざるを得なくなった。

牧野は、この廃刊が決まった段階で、出版元である誠文堂新光社宛に手紙を書いた。その下書きが残る。そこには同誌がいかに重要な雑誌であるかが述べられる。牧野は言う、「実際園芸」が日本で唯一の園芸雑誌で廃刊となると人気のある雑誌が失われてしまうこと、園芸関係者が寄稿しそれが社会に役立ってきたが、そうした人たちの機関誌がなくなってしまうこと、「此雑誌は餘り堅くるしくなく又餘り幼稚でもなく丁度其中間を歩んで来たもので、誰れにでも解り易く読まれる特徴」があって、特に図版が多く文字だけの雑誌とは異なるので、同誌がいかほど喜ばれ読まれているかということを。さらに、体裁も好感を得られるほど美的であり、石井君も時局に沿って観賞植物だけではなく有用な植物の記事を載せるように努めていることを挙げて、出版社に本誌の存続を嘆願している。しかしながら、牧野の嘆願も届かなかった。

石井にとって牧野は30歳離れた父親のような存在であり、心から牧野を慕いかつ教えを乞うとともに、書籍の編集に限らず多くの面で牧野に尽力したと見られる。一方、牧野にとっては、自分の論考や著書の出版においてそれを進めてくれる素晴らしい編集能力を持つ石井との出会いはありがたいことで、さらに石井の園芸に関するいろいろな企画が牧野の頭に蓄積されていた植物の知識をうまく引き出していったと考えられ、お互いに高め合う仲であったと言えよう。

転落事故で背骨2カ所折る(65)

牧野富太郎が石井勇義に宛てた書簡類を石井のご家族が大切に持っておられる。250通以上はあり、単純に量だけを考えても2人の交流の深さが感じられる。内容は「実際園芸」や「牧野植物学全集」などの原稿や校正に関することが多く、学名などについての石井の質問に答えるものもある。また、旅先からの絵はがきもあり、小まめに行先や状況を石井に知らせていることが分かる。62回目の記事で述べたように、昭和10年8月の立山登頂に成功した感激を伝える絵はがきを石井にも送っている。ここでは、昭和15年11月に起きた豊前犬ヶ岳（福岡県と大分県の県境）の転落事故を伝える手紙が複数残されているので、それらから事故の全容に迫ってみたい。

まずは、昭和15年10月29日付の石井宛ての手紙に、広島文理科大学の講義・実習が首尾よく終わったので、31日から大分へ向かうと書かれる。そして、そこでの予定として、まずは梅の自生地に行き、大分県教育会主催の採集会に参加して、筑後の秋月町（現福岡県朝倉市）に行き古処山の黄楊純林を見て、筑前のある海辺でダルマギクを採集して、大分に戻り別府から船で大阪に行くことが示された。さらに京都、奈良へ行き、東京に戻るのは11月15日以降になるであろうということであった。

次に、同年11月28日付の石井宛ての手紙に、犬ヶ岳で13日にけがをしたことが記される。痛みが激しく立つこともできず担架を持って来た山下の村人が担いで下りてくれて、山麓の農家に一泊。翌日宇島駅近くまで行き1泊し、その翌日大分市にたどり着き、旅館で医師の診察を受けることとなった。背骨に異常はないと医師に言われたが、背中の内部が凝って体の自由が思うようには利かない一方で、手は異常がなく筆を持つことができた。別府の川田様が来てくれて、梨、キュウリやトマトなどを頂いて喜んでいる。12月1日から別府へ移り静養し歩けるようになったら大阪に戻るつもりであるという。別府の旅館は川田

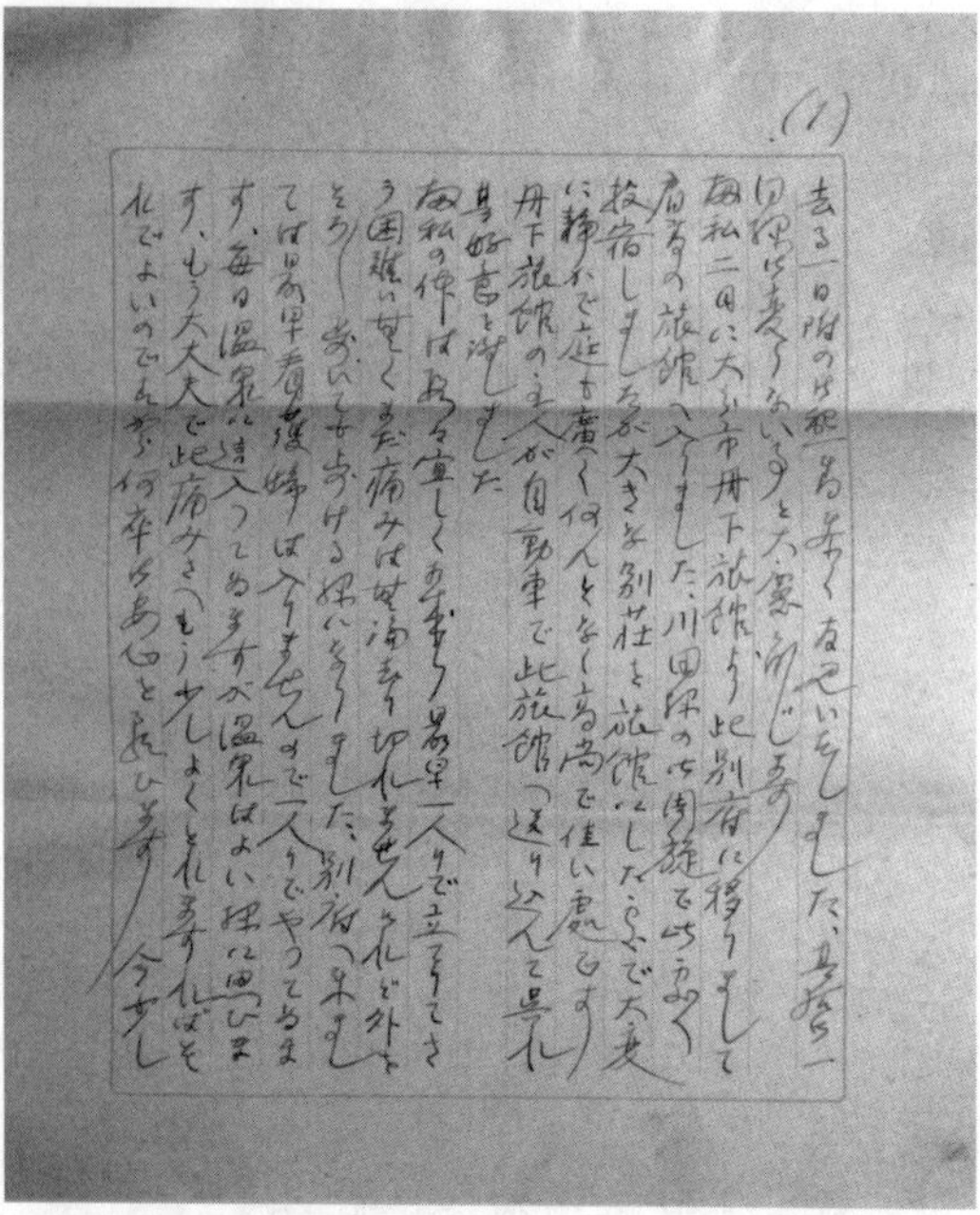

石井勇義宛牧野富太郎筆手紙（1）（石井美佳氏提供）

様が選んでくださったということで、いろいろ配慮してくれた石井に感謝の念を記している。石井は牧野の見舞いに行くと申し出たようで、牧野は、多忙な時に遠方までワザワザ来なくてもよいから見合わせてくれと言い、「どうも年のセイか直りが遅くモットサッサと快くなりそうなものですが」、けがをしてから2週間経つのに思うようにならず「頗《すこぶ》るジレッタク」思うと書いている。牧野は自分のけがを軽く見ていたと思われるが、実は背骨が2カ所も折れた大けがであったのである。このことは、牧野の次女・鶴代

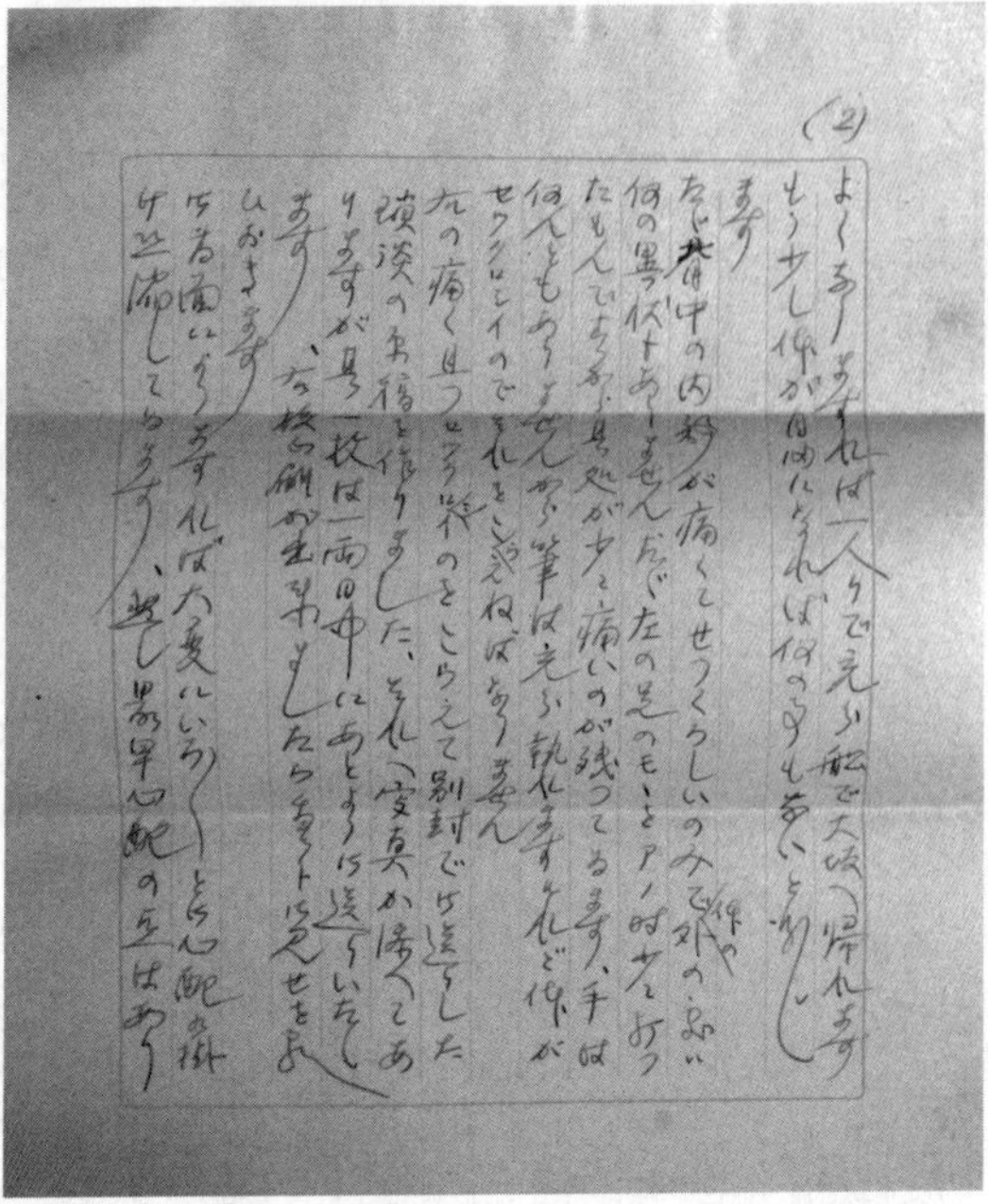

石井勇義宛牧野富太郎筆手紙（2）（石井美佳氏提供）

の書いた「献上桜」（「牧野富太郎自叙伝」第3部「父の素顔」所収）の中で言及されている。すなわち、かなり後になって牧野が長く寝込んだ時に「レントゲンをとりましたら、九州の山で落ちた時、背骨二カ所折っていたのです。それが自然治癒していましたが、普通でしたら、即死だそうです。その時も痛いということを言いませんものですから、つい私共も気がつかなくて満洲まで出掛けて行ったのです」と記される。満州に行ったのはけがをした翌年のことである。満州行に関しては次々回に述べたい。

その次は12月4日付の石井宛ての手紙である。まずはけがの回復について、ようやく1人で立って、そろそろ歩けるようになったが、背中の内部が痛く「せつくろしい」とあり、左の腿を打ったのが少々痛いとある。温泉に毎日入っており、温泉はいいと思うと述べる。次に仕事の件である。「野外植物図譜」という牧野の著書が昭和16年2月に出版された。石井が編集を担当しており、前年の12月には最終の校正段階に来ていたと思われる。牧野は、前回の手紙で学名の正誤表を後から付けることにしてほしいと頼み、今回の手紙ではその序文を書いて送ることにしたいと記す。また、「実際園芸」に連載の「園芸植物瑣談」の原稿も別封で送ったと書かれる。別府での療養とは言え、滞在中に牧野は見舞いの礼状書きに追われ、かつ見舞いに来てくれる人も多く、忙しくしていたようである。

さらに、12月22日付の石井宛ての手紙では、痛みがだいぶ薄らぎ前より歩けるようになったと述べる。けがが良くなってくると、すぐに活動が再開されるようである。昨日は津久見駅で降り、青江の小蜜柑の老樹を見て、帰りに津久見柑橘試験分場へ行き、いろいろの蜜柑を貰って来たが生の果実を運送することができず、帰るときに持って帰らねばならず閉口していると言う。試験場の人から柑橘の話も聞き、いろいろ収穫があったこと、「園芸植物瑣談」の原稿をまとめたこと、伊藤圭介・賀来飛霞編「小石川植物園草木図説　二の巻」のムべの文章を写真に撮ってほしいことなども記される。そして、今後の予定として、今月中に大阪に船で行き、そこで知人の日下(おそらく楢太郎)たちに迎えてもらい、日下の家に落ち着いてから帰京のつもりであると伝える。石井からの見舞いと、留守宅の世話に対する感謝の言葉で結んでいる。

「実際園芸」では、牧野が別府で温泉療養をしつつ原稿を書いたとする記事が2点ほど掲載されている。1点は、第27巻第7号(1941年)に掲載された「園芸植物瑣談(其三十一)」の「ハゼノキの真物」である。この中で、牧野はリュウキュウハゼが九州、特に筑後に多くその紅葉が見事で、「燃るが如き錦繍を晒す華美」と表現している。牧野は、九州のハゼの紅葉にとても感動したと見られる。ちなみに、同記事は、同年3月に発行された「土佐の博物」第9号が初出で、「続植物記」(1944年、櫻井書店)に再録された。

もう1点は、第27巻第9号（1941年）に掲載された「園芸植物瑣談（其三十三）」「豊後に梅の野生地を訪う」である。同記事は、「植物記」（1943年、櫻井書店）に再録がある。また、「園芸植物瑣談（其二十六）」（第27巻第2号、1941年）の『小石川植物園草木図説』を観る」にムベが載る。

今日辞表を出してもらいたい(66)

話が前後してしまうが、牧野富太郎は「牧野日本植物図鑑」を刊行する前の年、つまり昭和14（1939）年に東京大学の講師の職を辞した。辞職するにあたり少なからず牧野にとっておもしろくない思いをする一件があったと自叙伝から分かる。自叙伝には「学内事情」という題をつけて、この一件に関する昭和14年7月25日の東京朝日新聞に取り上げられた記事が引用される（実際は、「サンデー毎日」の7月号に載った記事で、同新聞には6月に「大学の五十年(上)・(下)」を牧野が寄稿した）。その見出しは次のごとくであった。

「四十七年勤めて月給七十五円

東大を追われた牧野博士

深刻な学内事情の真相をあばく」

記事の内容は、AとBの対話形式で牧野の辞職に際しての一騒動を話題とし、大学での牧野の不遇にも言及したものである。一騒動とは、同年5月に、東大の植物学教室の事務員（牧野が言うには助手）が大泉の牧野の邸宅を訪れ牧野に向かって、適当な機会に辞表を出したいと言っておられたので、今日辞表を出してもらいたいと述べた際に、失礼な言辞があったようで、博士はカンカンになって怒り出してしまった。また、お嬢さんも隣の部屋でただ聞いているには忍びなくなって飛び出し、大声で泣き出したという。また、自叙伝の「大学を辞す」では、牧野は、後進に道を譲ろうと思い大学の講師を辞任する意向を抱いていたが、辞めるにあたり「不愉快な曲折があったことは遺憾」であり、「何十年も恩を受けた師に対しては、相当の礼儀を尽くすべき」ところを、「権力に名をかり一事務員を遣わして執達吏の如き態度で私に辞表提出を強要するが如きことは、許すべからざる無礼である」と述べた。

大学を去る頃の思いを牧野は歌に詠んだ。自叙伝の「大学と私」では、次の歌を唄いつつ思い出の多い植物学教室を後にするとした。すなわち「長く通した我儘気儘最早や年貢の納め時」である。また、「ながく住みしかびの古屋をあとにして　気の清《す》む野辺にわれは呼吸《いき》せむ」と詠んで同記事を締めくくった。大学を辞めたが、牧野の植物研究はその後も引き続きなされていく。その心境を詠んだ歌が、「大学を辞す」に記された「朝な夕なに草木を友にすれば淋しいひまもない」である。

さて、牧野は、大学を去ってからの後にやるべき大仕事として「標品の整理」と「『植物図説』の刊行」を自叙伝に示した。前者は、牧野が長年収集した膨大な数の標本を整理する仕事で、整理しなければ収集した標本は宝の持ち腐れで「枯草の集りに過ぎぬことに」なりかねない。標本は、将来の「日本植物図説」の出版に用いる研究材料になり、完全な標本を多数とることを忘れないできた。整理が完了したら、「その一部を日本植物学界のために遺し、また他の一部は欧米の植物学界のために寄贈し」て世界に役立たせたいと願っている。そうすればこれらの標本は無駄になることはない。こう牧野は述べた。さらに、標本

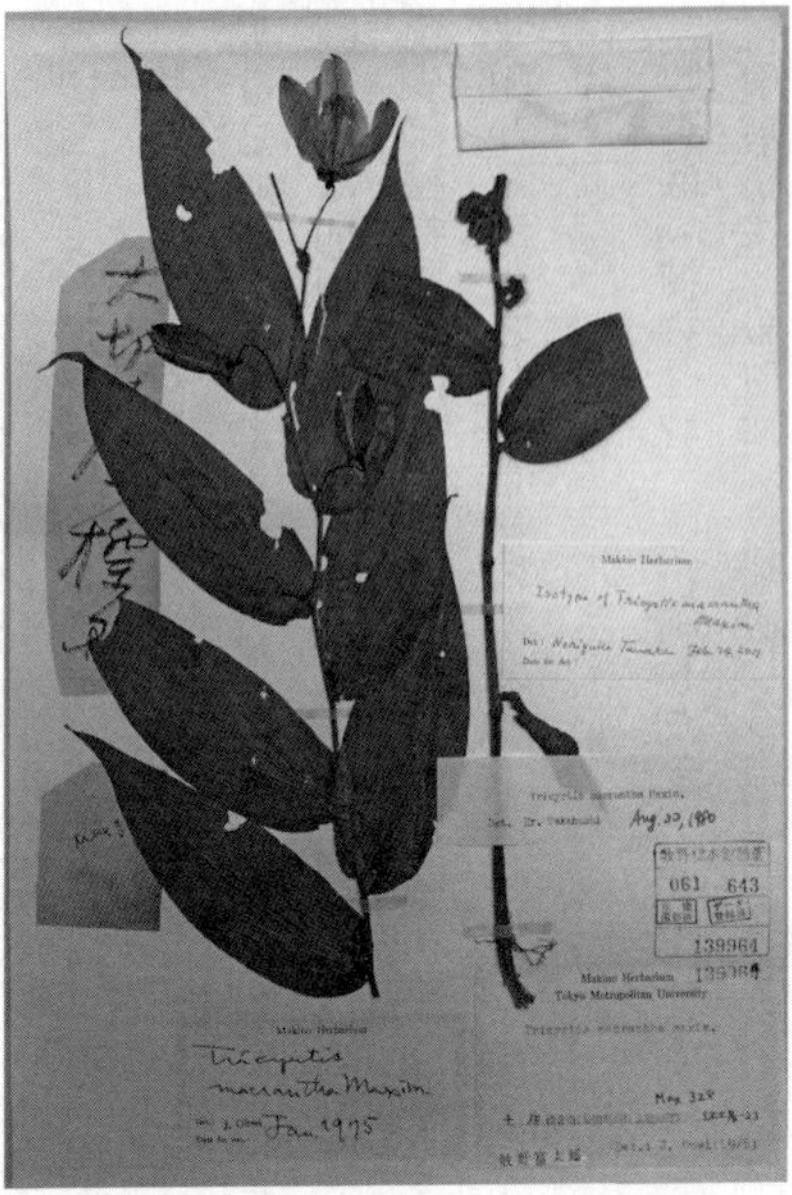

ジョウロウホトトギス：牧野の莫大な数の標本には、この標本のように若い頃に採集したものも含まれている（東京都立大学牧野標本館蔵）

整理のための仕事場が必要となる。整理が完了した標本は、国家の手で標本館に収容されることを願う。火災で焼失したり、害虫等によって破損したりすることがないようにしたいとも言う。

　標本の整理は太平洋戦争をはさんで、思うようにはかどらなかった。以前に言及したように、昭和26年に文部省に「牧野富太郎博士植物標本保存委員会」が設置され朝比奈泰彦が委員長に就任し、実際の整理作業は武田薬品工業株式会社の冨樫誠を中心に進められた。標本は、新聞紙に挟まれた状態で採集地別、採集日別に束にしてあったものをばらして、一枚一枚の押し葉に採集データを書き込んだラベルを挿入して、分類の科に分ける作業が行われた。しかし、台紙に貼りつけ標本庫に収めるまでには至らないままその作業は中断した。その後、昭和31年秋に牧野標本館が設立されることに決まった。本格的な標本の整理が進んだのは、牧野の逝去後標本が東京都に寄贈され東京都立大学に牧野標本館が建てられてからのことであった。多くの人を動員して、新聞紙から押し葉を取り出し台紙に貼り同定ラベルを附して標本館の棚に並べ、かつ標本を活かした研究講座の新設までには、25年以上の歳月を要したと言われる(※42)。

後者の『植物図説』の刊行」について牧野は、植物研究をはじめた若い頃から日本植物誌の出版を意図し、「日本植物志図篇」をはじめとしていくつかの図説集を企画、出版してきた。しかしながらいずれも未完に終わったが、日本の植物研究の土台となるべき完全な日本植物誌の編さんが必要であるという考えは変わらず、特に全力投球した「大日本植物志」のような詳細な解説と図からなるものを今一度取り組みたいと牧野は思っていた。この仕事について牧野は、自分が最適任者の一人と自負し、この仕事に取り組むことが充分にできるくらい自分は健康に恵まれていると述べた。また、作図については、牧野自身が図を描くので他の人に図を描かせるにあたっても適切な指示を出すことができる。この図説は彩色したものにするつもりで、世界に向かってその真価を問うつもりでいる。このように牧野は抱負を述べた。

牧野は、大学を辞去した翌年に「牧野日本植物図鑑」を出版したので、本図鑑が上記の「植物図説」と見なされることもあるが、「植物図説」は色付きの図にするという意向を示しているので線画を収載する図鑑とは別物である。そもそも牧野は図鑑という言葉を「牧野日本植物図鑑：学生版」(1949年)「原色少年植物図鑑」(1953年)「原色幼年植物図鑑」(1956年)など「牧野日本植物図鑑」に続いて北隆館から出版された書籍にのみ使ったようだ。図と解説からなる図鑑と同様の構成であっても他の出版物には、「図鑑」という言葉は用いず「図譜」や「図説」という名称にして両者を区別していたと見られる。

牧野は「植物図説」を企画したが、そのような図説集を出版した形跡は見当たらない。しかしながら、高知県立牧野植物園に収蔵される山田壽雄が描いた植物図には昭和10年代半ばに制作された着色図が含まれるが、それらが該当するのではないだろうか。残念ながら山田は昭和16年4月に病気で亡くなるので多くは制作されず、太平洋戦争中に他の画家にも描かせたと思われるが戦争によりストップしたようである。戦後、川崎哲也らが牧野の指導のもと制作した着色図も同園にはあるので、図説の編さんが再開したのであろう。牧野は最後まで図説集の出版を強く望み努力したが、完成することはなかった。

満州でサクラを満喫(67)

牧野富太郎は、昭和15（1940）年10月に「牧野日本植物図鑑」を出版した。その月、広島で採集の指導をしてそこから九州に向い各地で採集を行う中、山で転落するという大事故が起きた。別府で静養して、大阪に行き京都に寄って東京に帰った。12月31日になっていた。

翌16年、牧野は数えで80歳。5月に満州（現中国東北部）に赴くことになった。それは、吉林のサクラが美しくそれを満州鉄道が昭和天皇に献上したところ、天皇が非常にお気に召されてぜひ研究するようにというお話があったことから、満州鉄道では牧野先生に研究してもらいたいと考え、牧野を満州に招待したのであった。次女の鶴代が牧野に同行した。この旅行については「牧野富太郎自叙伝」の第3部である、父の思い出を語った「父の素顔」のなかに「献上桜」という記事がある。

牧野の日記によれば、出発が5月1日で東京駅から神戸に向かった。そこから出帆して大連に着いたの

※42　小野幹夫「牧野富太郎先生と私」、小野幹夫・若林三千男「牧野標本館の設立と運営」（「牧野標本館50周年記念誌」東京都立大学　2008年所収）を参照。

満州吉林・老爺嶺にて牧野富太郎（昭和16年、個人蔵）

が5日の朝であった。東京や神戸はもちろん立ち寄った名古屋や大阪でも見送りの人々に囲まれ、にぎやかな様子が伺われる。

大連から奉天、新京、そして吉林に着いた。5月13日、吉林に無事到着と電報で石井勇義に知らせた。そこから老爺嶺に向いサクラの採集をなし、吉林から新京、奉天、ふたたび新京を巡って大連に戻った。大連を出航し神戸に着いたのは6月15日であった。1カ月以上満州旅行を満喫したことになる。さまざまな植物と出合いさぞかし多くの成果があったことであろう。東京都立大学牧野標本館にはその折に採集した標本が収められるが、老爺嶺のサクラについて牧野がまとめた記事なり論考なりをいまのところ見たことがない。ただし、練馬区立牧野記念庭園には、そのときに写生したと思われるサクラの図がある。それは6図からなり、それぞれの図に「老爺嶺（満州）」と記される。

記事になって発表された植物としてカタクリが挙げられる。まず日記に、5月10日、カタクリを写生したという記述がある。次に、それに該当すると考えられるカタクリの図が高知県立牧野植物園に収蔵される。その図には同日に奉天で写生したという書き込みがある。全形図に加えて各部分の図解がなされたものである。向かって左上には果実の図があり、5月16日の日付が書き込まれることから後から加えた図であると分かる。採集地として通化省輯安県、採集者として入佐正男という情報も添えられる。さらに、牧野に代わって鶴代が書いた石井宛の手紙が見つかり、そこにカタクリの発見と記事の掲載依頼が書かれてあった。この手紙を紐解き、事の経緯をたどってみよう。

その手紙は5月14日付で、吉林から出されたものである。牧野は13日に元気でそこに到着した旨を石井に打電したのであったが、翌日に鶴代の代筆となったのは牧野の具合が悪くなったからであった。手紙によれば、数日前にチフスの予防接種を2回受けたところ、2回目のあと38度ぐらいの熱が出て、満鉄病院院長により反応熱であるから心配ないと診断されたとある。鶴代が、数えで80歳になる父を気遣い、大事をとって大連に着いてからブドウ糖とオリザニンの注射を院長からしてもらっていたのに、熱が出てしまったと非常に牧野の容態を心配している状況が伝わる。

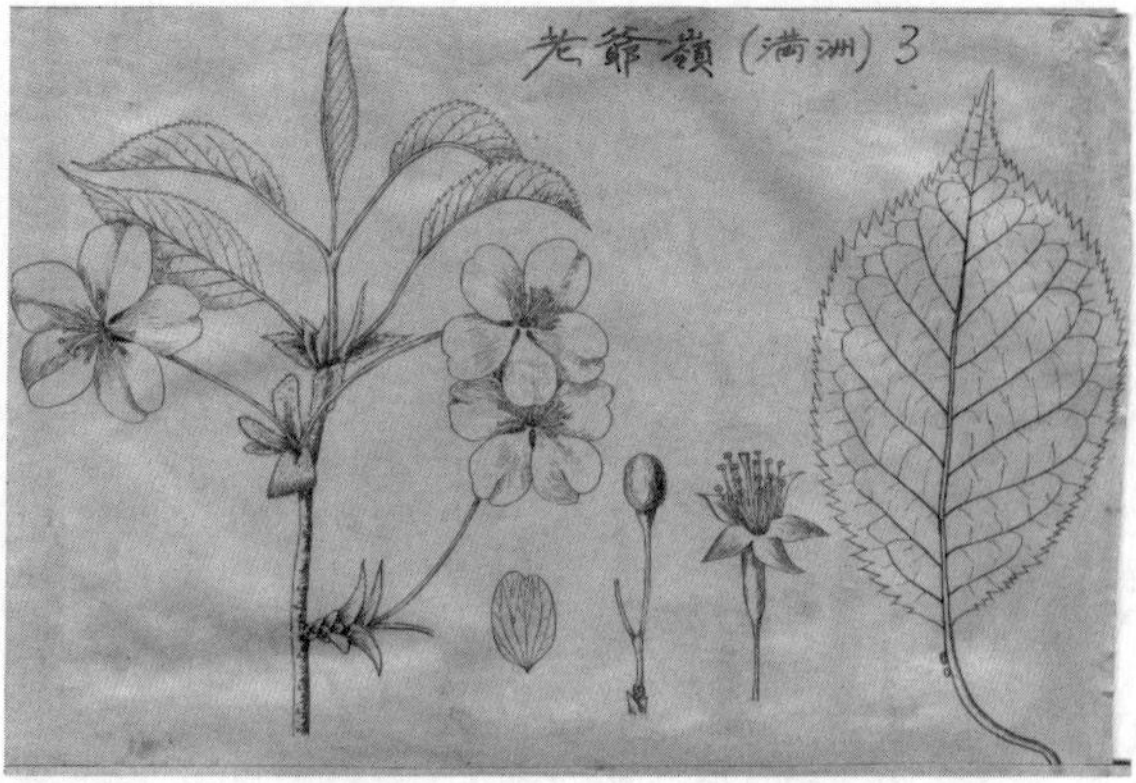

満州老爺嶺・サクラの図（個人蔵）

しかしながら手紙を送った目的は、病状を伝えることのみではなく、石井に頼みたいことがあったからである。すなわち、牧野は、満州で見つけた新種のカタクリをすぐにでも発表したいと考え、写真付きでその記事を「実際園芸」に掲載してもらいたいと頼むためであった。手紙には、「此のカタクリの原稿は是非是非大至急に実際園芸にのせて頂き度いのだそうでございます、がもしも実際園芸に間に合いません様でしたら、何か外の雑誌にでも大至急大至急御願いたし度いものなのだそうでございまして熱を押して父がかきましたもの故、何卒何卒何卒御願い申上ます」とある。熱があって横になっている牧野の傍らで、鶴代が牧野の口述を書き取っている様子が目に浮かぶ。便箋の余白には、「此のカタクリは満州での新種新発見のものだそうで是非急いで発表して頂きたいそうです」と念押しの一文が◎をつけて記された。

牧野の願いが叶ってカタクリの記事は、翌6月、「実際園芸」（第27巻第6号、1941年）に連載中の「園芸植物瑣談」（30回目）の前ページに、「満州産のカタクリの新種」というタイトルで掲載された。それによれば、満州ではカタクリを産することが非常に珍しいが、同国の東南部の山地にてこれを発見し、写生しかつ記載文をつくった。詳細は後日発表するが、ここに新種として学名を発表する。つまり「*Erythronium Ezakii* Makino」である。「*Ezakii*」は、カタクリの生本を用意してくれた江崎重吉氏に献呈したものである。和名はマンシュウカタクリ。その特徴について、日本のカタクリによく似ているが、葉が壮大、花も一般に大形で、花蓋片は通常濶く、花色はやや淡く、花蓋片の基部にある山字状マークがはっきり目立つという説明がある。

神戸に戻った牧野に、思いもかけないことが起きる。

自宅の門の前に爆弾、疎開を決意(68)

満州から戻り神戸に着いた翌日つまり昭和16（1941）年6月16日に、牧野は次のような手紙を石

池長植物研究所にて（前列中央が牧野富太郎、その右隣が石井勇義、個人蔵）

井勇義宛てに送った。それによれば、「彼の池長氏標品問題、本日思いがけなく突然同氏西村旅館へ相見え円満に話合いが出来ましたので一先ず御助成を願う必要が無くなりました。就きましては御多忙中にも有之西下御見合せ下されまして宜敷く存じます」と記される。これにより、池長問題は解決し牧野が収集した標本は牧野の暮らす大泉に戻ることになる。日記には、19日に大阪毎日新聞社社会部の人と会い「池長標品」の件を話したとあることから、問題の決着を報告したのであろう。21日に石井「来着」とある。その後8月15日から牧野は石井とともに神戸に滞在し、池長と上記の新聞社を訪ね、17日には「石井氏と湊川駅を訪い輸送ノ事をタノム」とある。翌18日から21日まで会下山の正元館にて標本などの整理し荷作りを行った。石井の他に、神戸の山鳥吉五郎、川崎正悦たちも整理を手伝いに来ている。ここに掲載する写真は、その時の写真と思われる。牧野と石井のおそろいの下着姿が印象に残る。

長年の懸案であった標本が無事に大泉の自宅に返却されたが、30万点と言われる標本を置く場所はどうしたのであろうか。それは、華道家・安達潮花の寄付により「牧野植物標品館」が邸内に建てられたのであった。日記には、11月6日に石井と「池袋駅内運輸」に面会し荷物の運搬を依頼したとあるので、この頃に届いたのであろう。戻ってきた標本を背にして標品館内に立つ牧野の写真もある。無事に「わが子」が戻ってきた喜びはさぞやひとしおであったろう。

さて、牧野はこの年満州から帰宅すると間もなく、万葉集に詠まれた植物の図を水島南平や加藤襄二に描かせて「万葉植物図譜」の出版を目指すようになる。信頼を寄せていた山田壽雄は、4月にすでに亡くなっており、図を描いてもらうことは叶わなくなっていた。12月に真珠湾攻撃があって、太平洋戦争が始まった。加藤は父親の紹介により牧野の指導の下、植物を描画するようになる若手の描き手であったが、間もなく徴兵された。昭和19年以降は牧野の周囲で疎開する人も増え、上記の図譜は出版どころではなくなった。水島も昭和20年になると郷里に疎開し戦後再び東京に戻ることはなかった。戦争は次第に激しさを増し、大泉の辺りは毎日毎日爆弾が落されたと次女の鶴代は「疎開」（「牧野富太郎自叙伝」第3部所収）で語る。牧野は、娘に疎開を薦められても「わしは、標本と書籍と心中してしまうんだ」「ここで一緒に死ぬのだ

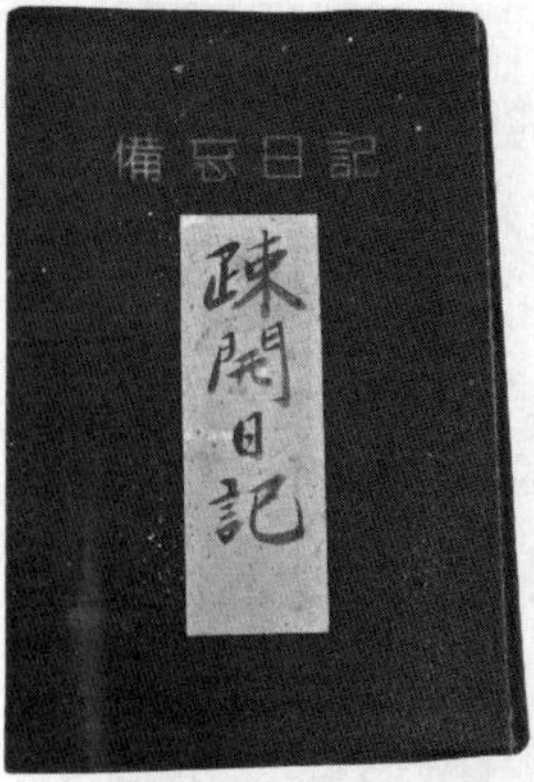

疎開日記表紙（1945年、個人蔵）

から、疎開することはない」と言い張って疎開を聞き入れようとはしなかった。空襲があるたびに防空壕へ入ったため冷えてしまい、牧野はひどい神経痛になってしまった。そして、ついに爆弾が家の門のところに落ちることがあって、牧野も初めて疎開する気持ちになったという。疎開は終戦の年5月に決行された。疎開先は、現在の山梨県韮崎市穂坂村宮久保にある横森家で、もとは養蚕室であったところに牧野一家は住んだ。

疎開に関しては、疎開中の出来事を記した「疎開日記」とその時々に詠まれた歌を書き留めた「拙吟」が現存する。それらを読むと、食糧難に悩まされ野草を採って食料の補いにするなど生活は厳しかったことが分かる。牧野の体調は優れなかったと見られ、日記は6月末をもって途切れ、終戦後の9月に書き込みがあって終わる。東京に戻るのは10月24日のことであった。「拙吟」には

「きのうまで　人に教えし　野の草を
　われも食わねば　ならぬ日は来し」

「恵まれし　青菜を菜の　麦の飯
　乏しさの　折に恵みの　青菜哉」

といった暮らしぶりが手に取るように分かる歌が書き留められている。

疎開先は篠遠喜人（1895～1989年、東京帝国大学教授・遺伝学者）の斡旋《あっせん》により篠遠の妻の親戚の家に決まったのであるが、困難な状況にあって横森宅でうれしい再会があった。その人物とは、大学の植物学教室で懇意にしていた藤井健次郎（1866～1957年、細胞遺伝学者）である。藤井は石川

県の生まれ、幼いころに両親を失い叔母に育てられた。明治25（1892）年帝国大学理科大学植物学科を卒業。ドイツ留学の後、同学科の植物形態学の講座担当となり、「新編博物教科書」（丸善、1896年）など教科書の編さんに尽力した。明治44年教授となり、大正7（1918）年に大阪の実業家・野村徳七兄弟の経済的援助により日本最初の遺伝学講座を同学科に設け担当した。篠遠はこの講座の最初のただ一人の学生であった。昭和2年に引退して同大学名誉教授となり、国際細胞学雑誌「キトロギア」を創刊した。藤井は、生涯にわたり植物学を通して生命の探究を課題としたと言われ、日本の細胞学の基礎を築き、その学問に不可欠な、国際的な専門誌の刊行に努力した人物である。牧野は植物分類学ではあるが、2人の功績は似ている。藤井はフランスよりレジョンドヌール勲章を受けた。

牧野は、藤井とは古くからの知り合いで、宮部金吾に宛てた明治29年3月14日付の手紙には「藤井氏先日より助手と相成り誠実ニ勤務」していると伝えている。また、藤井が打ち込んだ教科書編さんにも、牧野はサクラやマツの図を提供し協力している。さらに自叙伝では、大学の植物学教室で長い間圧迫を受けていた時に、牧野を庇護《ひご》してくれた人物が五島清太郎と藤井であり、2人に対して感謝の念を記している。疎開中は、藤井家から牧野家へ食料が届けられたり、牧野が体調を崩した時には、藤井よりヂゲンノショウコやアスピリンをもらったりしている。篠遠は、藤井と牧野の疎開時の様子を次のように語っている、すなわち「研究室員たちが、韮崎駅から1里ほどの坂道をリヤカーで先生がたを穂坂村におしあげた光景は今も目にのこっている」「両老先生は日だまりの縁側にこしかけて、遠く眼の前の富士山をまわって東京方面にとびさる米軍のB29機を眺めながら、談合しておられるのであった」と(※43)。「拙吟」には、昭和29（1954）年6月に東京の自宅で詠んだ「藤井氏の在りし昔の姿かな」という歌が見られる。藤井が亡くなったのは昭和27年。何かのきっかけで故人をしのび、疎開のときの思い出の冊子にその歌を書いたのであろう。

昭和天皇への御進講(69)

疎開から戻って大泉での暮らしが再スタートした。家に帰るときの様子は、牧野の次女、鶴代の話では、牧野はそれまで非常に弱っていてようやく大泉へたどり着いたが、「うれしさのあまり、大泉の駅を降りますと、うちまで父がさっさと先頭を切って帰って」きたという。牧野の貴重な本や標本は無事であった。昭和20年10月7日付の宮部金吾宛ての手紙には、自宅に残した蔵書について、それらが焼けることになれば大変なので疎開させるため苦労して「文部省を動かし鉄道局を動かし大活動の結果貨車が出る事になって荷作りを了《おわ》りサーという処で戦争がすんで」その荷物は貨車に積まず仕舞いであったと書かれる。東京でこの書物の疎開のために東奔西走して各方面の人々を訪問し懇請してくれたのが石井勇義であった。そのことは同月16日付の石井宛ての牧野の手紙から分かり、その熱い友情に「満腔の感謝」（全身全霊で表

※43　篠遠喜人「新しい遺伝学講座と〝キトロギア〟の創刊　藤井健次郎先生」（「採集と飼育」48―2、1986年所収）より。他に篠遠による「藤井健次郎先生をしのぶ」（「科学」22―3、1952年所収）や「藤井健次郎先生」（「採集と飼育」14―1、1952年所収）、保井コノ「理学博士藤井健次郎先生」（「植物学雑誌」第65号、1952年所収）なども参照。

わした感謝の念）を捧げている。

翌昭和21年5月には「牧野植物混混録」という牧野専用の雑誌を創刊した。また、同年8月17日から1日に1題を記して100日欠かさず続けたものを「随筆　植物一日一題」として刊行した（東洋書館、1953年）。東京植物同好会の活動もこの年に再開された。リヤカーに牧野先生を乗せて会場へ行くこともあったとは同会会員の話である。同23年4月24日には牧野の満86歳の誕生日が祝われた。子供、孫に囲まれひ孫を膝に抱いた牧野の写真がある。戦争以来久しぶりに向坂道治がこのお祝いに参加し家族とともに写っている。この年10月7日には、昭和天皇への植物御進講が行われ、牧野にとって忘れられない一日になったであろう。

この御進講については、「陛下と老博士」（田中徳著「天皇と生物学研究」大日本雄弁会講談社、1949年）にその時の様子が記述されている。それによれば、昭和天皇は著書を通じて尊敬しておられる人物として牧野がいて、牧野の植物図鑑などを研究されていたが、吹上に武蔵野の植物を集められるようになってからは散歩のときにも図鑑を持って行かれるようになった。昭和23年の秋、服部広太郎（1875〜1965年）(※44)が牧野邸を訪問した折、陛下の御研究が話題となり、帰り際に牧野が服部に折り入っての頼み事をした。それは「生物学御研究所と吹上野草園の拝観を、お願いしていただきたい」ということであり、早速服部から侍従職を通して陛下にその願いが伝えられた。

なお、牧野が博士論文を提出するか否かについて、三宅驥一が賭けをした話を62回目に書いたが、その相手がこの服部であった。服部は「君がどんなことをしても、牧野がそんなものを書くものか。牧野は左甚五郎のような名人だよ。気のむいたことはするが、気がむかなかったら10年たってもするものではない」と言って牛鍋をおごる賭けをしたということである。また、牧野が松村任三によって大学を追われる身になったときに、服部は免職を承服せず牧野のために尽力してくれた人物である（※45）。

牧野の願いが聞き届けられ、牧野は当日服部の案内でまず生物学研究所を見学し、陛下の研究と豊富な資料に敬服した。次に、吹上野草園を歩いてさまざまに植物を観察し、文庫で一休みしたところへ、公務を終わられた天皇がお待ちかねのご様子で出てこられた。牧野は御許しを頂いて拝観した感激を伝え、御苑ではススキがきれいで風情があると感想を述べた。天皇は耳が遠くなった牧野を気遣いながら2人で野草園を散策された。その間に話題となった植物は、シャジクモ・キバナノバラモンジン・イヌタデ（ハナタデ）などであった。牧野は、今は絶えたとされるキバナノバラモンジンがここに繁殖しているのが珍しく種子をいただいた。天皇は最後に「疲れはしなかったかね」と大きな声でいたわられ、さらに「どうか体を大事にしてくれ」と優しいお顔で声をかけられた。牧野はお礼を述べ研究所に向かわれる陛下を見送り、一休みしたのちここを後にした。最後に天皇がお言葉をかけられたことを牧野は「陛下賜優詞」と書き表わしその額を自宅に掲げていた。その文字には疲労の跡が見られ

※44　帝国大学理科大学植物学科で分類学を学び同大学の助手・講師となる。菌類を専門として、１９３５年に「那須産変形菌類図説」を自費出版。宮内省生物学御研究所の創設に関わり主任となり、昭和天皇の研究を支えた。また、尾張徳川家の徳川生物学研究所の所長を務めた。戦後、世界に文化で貢献するという理念のもとに、服部学園（OCHABI）を創立。

※45　牧野富太郎著「貧乏物語り」（「草木とともに」ダヴィッド社、１９５６年所収）参照。

牧野富太郎筆「陛下賜優詞」の書と牧野の家族（佐川町教育委員会提供）

るという父親の言葉を、牧野一淳《かずおき》氏は覚えておられる。

牧野が拝観したいと思った理由は、生物学御研究所の多様な資料を見たいと言う純粋な好奇心と、吹上の植物を見てみたいという動機とが相まっていたと思われる。牧野は以前から武蔵野の植物に興味を持ち講演会の話題としたり、親しい友人たちと座談会を催したりしている。また、シャジクモも牧野の動機に関係したかもしれない。というのは、牧野は御進講の前年に「牧野植物混混録8号」（1948年9月刊）に掲載された「植物一口話（其一二）」の「シャジクモ」の中で、この植物が明治4（1871）年に吹上御庭の旧池で発見されシャジクモ（車軸藻）と名づけられたことが、その頃博物局に勤務していた小野職愨《もとよし》の植物目録（稿本）に記録されていると述べたからである。牧野は、その見つかったシャジクモが*Chara*属の何という種名かを今となっては追求する由もないが、もし吹上御苑で採集したらその手掛かりを得られるかもしれないとも言っている。実物があれば、吹上御庭の池のものが当時日本にある3種のシャジクモのうちどの学名に当てはまるのかが明らかになり、和名の落ち着き先が決まるのである。天皇はシャジクモについてご存じでおられたが、牧野の記述は初めてのことでこの話に興味を持たれ、牧野に実際尋ねておられるが、牧野にもどの池かは分からなかったという。

牧野が昭和天皇にお目にかかった機会はもう一度あった。それは昭和28年11月に催された園遊会のときである。宮内省に保管される当時の園遊会の記録「式部省　昭和28年　園遊会録一」を調べると、「文部省」の部で「（文化）功労者年金受給者」として牧野富太郎の名が記され、同伴者「有」となっている。次女の鶴代と一緒に牧野が写る、園遊会の時とみられる写真が残る。また、その時に文化勲章受章者として朝比奈泰彦（54回目に登場）も出席していた。最後の交流となったのは、天皇よりアイスクリームのお見舞いが届いたときである。昭和31年7月のことであった。

「我が庭の草木の中に吾れは生き」最晩年の心境(70)

昭和26年夏に牧野家は新居に移った。大正15年大泉に引っ越したときの家は、2階に置かれた牧野の蔵書などの重みにより、根太がずれ玄関に歪みが生じ古くなっていたからである。その年、牧野は文化功労者に選ばれ年金が支給されることとなった。前の年には、日本学士院に仲間入りした。これに関連した記事をここに紹介したい。それは市河三喜(※46)の「牧野博士訪問記」(「採集と飼育」13（5）、1951年)である。すなわち牧野博士が「お庭の植物を一通り案内されたが、これも座敷と同じく乱雑を極め足を踏み入れる余地もない。主人の頭髪と同様手を入れたことがないと見えて草茫々《ぼうぼう》、その中に大きな防空壕が

※46　日本の英語学者。祖父は書家で知られる市河米庵。東京大学名誉教授。日本学士院会員。随筆も多く著わした。

陥《おと》し穴のように草に蔽《おお》われているから危ないことおびただしい。博士は小山君（筆者注：千代田出版社）に手を引かれ、その中を、これがベニガクこれがミズバショウと一々説明して下さった。『植物図鑑』の口絵にあるニシキマンサクも紹介された。1時間ばかりお邪魔してお別れしたが、その後まもなく先生は学士院会員になられ、10月12日の例会にはお嬢さんに連れられて出席されたが、この時はフロック姿で髪も綺麗に撫でつけていられた。……特に牧野博士は今年数え年で90歳、来年満90歳の誕生日には恒例によって学士院全会員から祝詞を受けられ、また大きな写真を会員控室に掲げることになっている。既に昨年は宮部金吾博士がそのお祝いを受けられた。植物学者の肖像が二人も並んでかけられることはわれわれの大きな喜びをもって期待する所である」とある。

牧野は、昭和24年6月大腸カタルにより危篤に陥ったが奇跡的に生き返り、以前から準備していた出版物に取り組んでいく。「牧野日本植物図鑑」は、同年11月に刊行した第7版（改訂版）に続いて、掲載する植物を増やした第8版を翌25年10月に出した。また、同年「図説普通植物検索表」（千代田出版社）が刊行された。これは、1年の各月ごとに、その時期に開花する主だった植物を掲げ、解説文と図が示される。野外に持って行って実地で調べられるようなサイズ、つまりポケット版で、図は小さいが、部分図など詳細に描かれているものが多い。図解を通して植物のつくりがよく理解できるのである。また、口絵には写真が多数掲載され親しみやすいものとなっている。採集の道具や押し葉の作り方などを分かりやすく解説した「趣味の植物採集」（三省堂、１９３５年）とともに、牧野の本作りの上手さを実感させる一書である。さらに昭和28（１９５３）年に「原色高山植物図譜」（誠文堂新光社）を刊行した。三好学と共著の

「日本高山植物図譜」（成文堂、１９０７～１９０９年）を出版して以来、山田壽雄に何度も高山植物の図を描かせてきたので、この出版は一つの到達点であったかもしれない。

昭和28年10月に東京都名誉都民に推された。同29年末から肺炎となり床に臥《ふ》し静養しつつ同30年4月に満93歳の誕生日を迎えた。同31年1月の様子を、岡田喜一《よしかず》（１９０２～１９８４年）（※47）は「牧野先生の思い出―特に藻類を繞って―」（「藻類」第5巻第1号、１８５７年所収）で述べている。すなわち「牧野先生を撮らせて頂いた最後の写真は去年（筆者注：昭和31年）の一月六日であった。此時は永い臥床生活で頬は落ち眼は力なく、すっかり痩せ衰えて居られ、昼間は昏々と眠って居られる状態が続いたが丁度、お訪ねした時は朝の注射が利いた後で眼をさまして居られた」とある。岡田は大正10（１９２１）年に牧野を訪ねて以来、「40年間近く御薫陶を戴《いただ》いたがその間、植物学上の御教示の外に処世上の御教訓を戴いた点が多く、今思い出すとしみじみと有難さを感ずる。特に逆境に立った時の心構えを屢々教えられた」と語る。

牧野はその年の夏から危篤・重体を繰り返しながらも切り抜け、同32年の正月を迎えた。同月5日の読売新聞の記事によれば、「暮れまで全くなかった食欲も三十日に水を飲む元気が出てから〝好調〟で、元日は凍らした牛乳を二サジと好物のメロンをサジで三、四片」食べたということである。そして牧野には残された仕事が二つあり、また見たい植物の名前がうわごとに出てきて植物のことが頭から去ることはなかった。普通の人と違う植物への愛情と仕事の完成を目指す強い気持ちが博士の生命力を支えていたという。

※47　長崎大学教授で、海藻の研究者。著書に「原色海藻図譜」（三省堂、１９３４年）などがある。牧野の郷里で岡田が採集した新属新種の淡水藻に牧野の名と郷里を記念した学名 *Makinoella tosaensis* **Okada** をつけた。

最後に、牧野が武井近三郎（1911〜1993年）(※48)に宛てたはがき（昭和29年5月1日消印）を以下に引用したい。それは、晩年の牧野の思いを伝えて余りあるものである。

我が庭の草木《くさき》を何時も楽しがり
我が庭の草木の中に吾れは生き
日日に庭の草花看る楽のし
庭広く日々、草を眺め居り
庭広く百花次ぎから次ぎと咲き
新緑の四方《よも》の景色の得も言えず
蛇の目傘張ってニロギを釣りに出る
石灰屋附近の山を化粧させ
青柳の橋は宛かも虹の様
サバ鮎は高知名物他には無い
孕みの山、山ざくら咲き風致好き

危篤の病床からも仕事の指図(71)

昭和32年1月18日に牧野富太郎は息を引き取った。牧野の病状が思わしくなくなってからは、新聞記者たちが詰めかけ博士の容体を逐一レポートしたという。博士は100歳まで生きることを目標としていたと思われる。「百歳に尚道遠く雲霞」と詠んでいるからである。牧野の先達であり、初上京の折に牧野が自宅を訪れた伊藤圭介が亡くなったのは、数えで99歳のときであった。その圭介を越えて、長生きしたい、研究に勤しみたいという思いがあったのではないかとみる。確かに牧野にはやらねばならない、やり遂げたい仕事が残されていた。これについては前回の終わりでも触れたが、逝去の日の記事（読売新聞）にも記述があるので、今回は具体的に見ていきたい。

牧野は危篤状態になっても仕事の指図に忙しく、遺体を解剖してほしいという希望のほかに、この仕事の指図が「遺言」であったという。第1の指図は「日本植物原色図譜」と牧野の書いた随想録や研究発表などをまとめた「牧野渾々録《こんこんろく》」の出版であった。牧野は危篤の病床にあっても「早く本屋を読んで出版の話を片付けなさい」と繰り返し次女の鶴代に指示していた。「何とか生前に」という周囲の人たちの思いで、同図譜の第1集の出版が決まった。「牧野渾々録」の原稿はほとんど出来上がって、牧野の高弟である植物学の研究者の校閲を待って出版の予定であったという（筆者注：どちらも実現しなかった）。そして、図譜も第2集、第3集と弟子たちの編集で進められるという。次に、牧野の指図とはいえ、医者の意見でやめたものがあった。それは「諏訪湖の北岸の堤の左側にあるシナノキが見たい」という「指図」があって手配しようとしたが、それを見ることで興奮させてはという医師の見解で取りやめになった。したがって博

※48　高知県立牧野植物園開園に尽力し、1958年の開園以来勤務。その後武井近三郎園芸研究所を主宰する。その著書「牧野富太郎博士からの手紙」（高知新聞社、1992年）を読むと、博士が高知から苗や葉を送ってほしいなどいろいろ頼んでいた晩年の状況を知ることができる。

晩年の牧野富太郎（個人蔵）

士の霊前に供えるのはこのシナノキが何よりもふさわしいことになる。同様に果たされなかった指図として、「鳩山さん」の乗っていた手押し車の注文も実行されなかった。これに乗って庭の草花の間を「植物の精」のように歩きまわりたいと思ったのであろう。また、解剖の希望に関連して、牧野は植物学とともに医学にも貢献したということである。というのは、付きっきりで牧野の診察・看病に当たったのは、東京大学日野助教授ら物療内科のスタッフであるが、その治療日誌は未開拓の分野が多い老人病学に貴重なデータを提供するものとなったからである。

さて、牧野が見たいと望んだ「シナノキ」に関連する記事「牧野先生と採集を約束した最終の植物」（「採集と飼育」第19巻第6号、１９５７年所収）がある。執筆者は篠崎信四郎。東京植物同好会会員で、「植物研究雑誌」に同会による採集会のレポートなどを寄稿している。それによれば、牧野が戸外に出られなくなってからはその代行を頼まれる人たちがいて、篠崎もその一人であった。届けられた植物を前にした牧野の様子について篠崎はこう回想する。「採集物を先生に差しあげて、特に大喜びなされた時と、殊のほか不機嫌であった時のことは私の脳裡にこびりついて、忘れることがございません」と。篠崎は、度々牧野が危篤になってからお宅に参上したが、刺激や興奮を与えないように話をすることは控えていた。昭和31年12月15日に伺った時は、ちょうど牧野が篠崎に来てもらおうとはがきを認《したた》めたところであったが、注射で興奮していたため眠ってから寝顔を拝したという。そのはがきは、ほとんど付き添いの看護師が書いたもので用件も良く分からずに認めたもので、篠崎が判読したところ「長野県の或駅の東方に湖水があり、其湖畔にミズニラとシナノキの変わったものがあるから、それを採って来て欲しい」ということであった。駅の東方の湖というのは知り合いに尋ねて野尻湖であろうと推定し、その湖にはミズニラがあることが分かったが、12月下旬に野尻湖に行っても採集はできないので、「信濃路は雪にうもれて野尻湖のミズニラ見えじ春には狩らめ」と認め、来春の採集を約束した。しかし、それが果たせないことになり、霊前に捧げる心組みであると篠崎は述べている。この記事を篠崎が書いたのは牧野が亡くなった翌2月である。そして、「シナノキの変わったもの」が分からなかったが、「ノジリシナノキ」という久内清孝（55回目に登場）の教示があったという。

ノジリボダイジュ（東京都立大学牧野標本館蔵）

牧野は、九州から送ってもらったヘラノキを大泉の自宅に植えたが、さらにその隣にウスバシナノキがあったということを「植物随筆　我が思ひ出（遺稿）」（北隆館、１９５８年）に書いている。練馬区立牧野記念庭園ではヘラノキは健在であるが、ウスバシナノキはすでにない。ヘラノキについては49回目で述べたが、ウスバシナノキもヘラノキと同様に九州の原田万吉から送られたもので、牧野は新種として原田に献呈した学名をつけた。どちらもアオイ科シナノキ（*Tilia*）属で、牧野は晩年に関心をもっていた植物であったと思われる。遺言となった「シナノキの変わったもの」もその仲間であろう。

ところで久内の「ノジリシナノキ」であるが、「植物研究雑誌」第13巻第3号（１９３７年）には「新間種野尻ぼだいじゅ」という記載報告がある。久内が野尻湖畔の森で見つけたシナノキとオオバボダイジュの交雑種である。この標本が東京都立大学牧野標本館に収蔵されている。その標本には、最近入手したものをご覧に入れますと書かれた久内の名刺が貼り付けてあった。採集年は分からないが、名刺の住所が「東京都太（原文ママ）田区」とあるので太平洋戦争後のことであろう。ノジリボダイジュとノジリシナノキは違うものなのか、同じものなのか、また、牧野が言う諏訪湖にある「シナノキ」はこれらと違うのか、今となっては分からない。

「牧野式植物学」の偉業(72)

さて、いよいよ「シン・マキノ伝」の締めである。ここでは牧野の植物研究を改めて振り返り、総まとめとしたい。

牧野富太郎が94年にわたる長き人生において成し遂げたこと、言い換えれば後世から高く評価されていることは、二つにまとめることができよう。一つは、植物分類学の成果である。その研究のより所となったのは40万枚と言われる、莫大な数の植物標本である。牧野自身が採集したものと各地から牧野に送られたものを含む。また、標本をもとにその植物を分類して発表した学名の数は約1400とされる。そのうち種のレベルで今もそのまま使われる学名は約300である(※49)。この数は、日本人の中で一番多い。それだけ牧野が植物を識別する能力に卓越していたことを示す。牧野は量も質もすごいのである。

こうした牧野の命名について調査された田中伸幸氏は、以前に、東京都立大学牧野標本館に収蔵される牧野の標本について採集地や採集年月日などのデータを集め、牧野の日記などの資料と併せてまとめた「牧野富太郎植物採集行動録 明治・大正篇」(2004年)および「同 昭和篇」(2005年)を、山本正江氏と共著で出版された。「シン・マキノ伝」で「牧野の日記」と記した箇所は同文献に拠る。

こうした研究成果を牧野は、学名と植物の特徴を記載した報告文にまとめて専門雑誌に次々と発表していった。また、「日本植物志図篇」「新撰日本植物図説」「大日本植物志」などの文と図からなる図説集にも成果が反映されている。牧野が描く植物図は、詳細で精密、かつ均整の取れた美しさが感じられる。花や実といった1年の生育の様子や普通には見過ごしかねない植物の細部が、まるで一つ一つ文章で説明するかのように図示されたものである。牧野式植物図と言われるゆえんである。こうした優れた植物図の制作も牧野の研究を特徴づける見落とせない点である。入念に植物を観察し頭で一度理解したものを図解してあるので、それを見る側も馴染みやすく分かりやすいのである。

※49　田中伸幸「牧野富太郎の植物学」(NHK出版、2023年)。

自宅の書斎で顕微鏡を覗く牧野富太郎（昭和26年、個人蔵）

牧野のもう一つの業績は、研究者のみならず一般の人に、植物（学）の面白さを知って植物採集を趣味として楽しむように実地での指導と講話に勤しみ、また執筆活動を通して植物知識の普及に努めたことである。後者については、晩年に植物随筆集と言われる「植物記」「続植物記」「牧野富太郎植物随筆」「植物一日一題」「牧野植物一家言」など多数の著書を出版したことからも明らかである。牧野が指導する採集会には大勢の参加者があり、採集した植物を持ち運ぶための胴乱を斜めがけにした参加者と牧野が写る写真からもそのことが伺える。現在も、牧野植物同好会や横浜植物会は観察会を熱心に開催し植物と親しむ機会を設けている。

以上が牧野の偉業として一般に認識されている事柄である。これに追加したいことがある。今まで述べたこととやや重複するきらいもあるがお付き合いを願いたい。

牧野が活躍する以前には、まず江戸時代に本草学の発展があって、蘭学者によって西洋の植物学が紹介され、明治維新前後からオランダ語だけでなく英語などの書物の翻訳を通して植物学の理解が進んでいった。また、江戸時代に来日した欧米の研究者たちによる日本の植物の研究が本国で日本の植物誌として刊行された。このような流れをくんで牧野富太郎は、本草学の書物や翻訳本を学びながら西洋から導入された植物分類学の研究を志していく。その研究では採集した植物について、すでに記載された植物であるかどうかを日本だけではなく世界的視野で見なければならず、そのためにより多くの標本や本を調べる必要があった。その結果、どこにも記載のないものであれば新種である。すでに記載されていてもそれに疑問をいだけば学名を組み替えて発表する。こうした記載分類学と言われる研究を牧野は行ったのである。日本の植物学の黎明《れいめい》期にあっては、植物の記載が主流で、それらを土台として学問が多岐に展開していくことになった。いわば記載分類学は牧野の言葉を借りれば学問の学問であった。

やがて牧野の分類学的な研究は、「植物研究雑誌」を創刊する頃までに終わり、すでに始まっていた植物採集の指導や植物知識の普及に力を注いでいったと言われる。しかしながら、牧野の研究は、一区切りをつけたというよりは新たな展開を見せたと捉えたい。大正5年に同誌を創刊した頃になると、日本の植物分類学は黎明期を抜け研究者も育成され、牧野をはじめとする彼らの努力により成果が蓄積されていた。そこで牧野は、分類研究に立脚しつつ学名も大事であるが、和名や漢名にも注目し、それらが示す植物文化に至る幅広い視点に立つようになったのではないか。

この根拠の一つは、方言の収集である。牧野は大正9年ごろから「植物方言録」と題したノートに方言を五十音順に記録していった。初めのうちは古い書物から拾い、かつ採集に行った先の現地で使われる植物名を書き留めていたが、次から次へと新しい方言が見つかり、いつ終わるのか先が見通せなくなってきたので、新たな収集方法を編み出した。すなわち方言記入用紙を用意して、自分が創刊した「植物研究雑誌」で読者に、住んでいる地域で話される植物名を記録してほしい、用紙を送るからそこに記入し返送してほしいと呼びかけたのである。昭和20年ごろには1万以上の方言が集まったという。牧野の努力と協力者の結晶である方言録を本にしたいという希望を抱いていたが、実現は見なかったようである。

牧野は、植物界であまり重視されていない方言について次のように自叙伝で述べる。「これは民衆が植物の実物について実際に呼んでいる名であるのだから、その点から観ても民衆がそれに注意を向けてそれだけ知識を働かせている証拠になる。故に方言が沢山にあればあるほどその国の民俗文化の度が進んでおり且つ開けている幟印《はたじるし》であるといえる」と。そして、それらを死滅させてはならないと考え自ら記録するに至ったのである。そもそも牧野は、若い頃に勉学の心得として定めた「赭鞭一撻《しゃべんいったつ》」に「邇言《じげん》ヲ察スルヲ要ス」という一条を掲げた。「邇言」は分かりやすい卑近な言葉の意味で、職業・性別・年齢に関わらず民衆が使う名称や用途などは考証に役立つものとして記録すべきものであると考えた。専門的あるいは学術的な用語も必要であるが、身近なよく使われる言葉も重視していたのである。それは地域的に限定されたものとも捉えられよう。郷里の土佐における「邇言」を書き留めた若い頃の資料も残り、若い頃から方言に注目していたと分かる。それが次第に他の地域へと対象が広がり、やがてノートに整理していったと見られる。

次に「牧野日本植物図鑑」に収載される植物名である。同図鑑の序文では、本書において牧野が独自の見解に基づき提唱した学名や新たに発表された学名を取り入れていること、和名について従来見られなかった説明をつけたことおよび漢名の用い方の当否を記したことなど新しい試みがなされたと強調されている。学名については牧野自身がどう理解して分類したかが反映され、和名はその由来・語源などが説明された。漢名については、他の著書では日本の植物に用いる漢名と中国でその名が示す植物との齟齬《そご》を指摘してその誤りを正すことに意を用いたが、図鑑では正しいかどうかのみ記した。「ジャガイモは馬鈴薯ではない」が最適な例であろう。日本の植物に漢名を当てはめても中国に無い植物であれば漢名はないことになる。これが牧野の見解であった。図鑑では学名と和名と漢名を示したところに牧野のオリジナリティが見られ、この点からしても図鑑が牧野の植物研究の集大成と言われるゆえんであろう。

牧野は最後の本草学者と言われることがあり、また晩年、西洋の植物学からそこへ回帰したとみられなくもない。最後の本草学者という評価は、決して悪い意味で使われているのではないと思う。牧野は、変わりゆく日本にあって、失われつつある植物名、昔からの慣わしや利用法などを書き残し伝えようと励んだのであった。牧野の後半生は、新種や新変種などの記載を自身が創刊した雑誌に発表しつつ、豊富な読書と実地で収集した知識を生かした文章を書き本として出版した。したがって、牧野は西洋流の分類学に基づきながら、若い頃から多くを吸収してきた日本の伝統的な学問を改めて捉え直し、両者を統合した植物学のありようを構築したのではないか。いわば止揚とでも言おうか。さらに言うと、牧野は、植物を対象として捉える分類学から一歩進めて名称を通して明らかになる植物と人間との関わりを視点に据えた学問を展開させていったと考えられよう。植物との共生という牧野独自の視点がそこにある。

これこそが牧野の目指した日本の植物誌であり、言うなれば牧野式植物学である。改めて、日本の植物学の発展に大きな足跡を残した人物であったと思う。

次女・鶴代さんに残された仕事①

牧野富太郎逝去後、長年の研究を支えてきた貴重な資料の保管と活用は差し迫った課題となった。収集した莫大な数の標本は東京都立大学牧野標本館に、同じく膨大な蔵書は高知県立牧野植物園牧野文庫に収められた。どちらも昭和33（１９５８）年12月にスタートした。また、博士が30年余り暮らし、そこで亡くなった大泉の邸宅と庭の跡地は整備され、同じ時に練馬区立牧野記念庭園として公開された。

その記念庭園では、牧野の長女香代と次女鶴代が父の遺志を継いで博士ゆかりの庭園の草花を守って片隅で暮らしていた。ところが、没後10年も経つと大泉の地にも車の波が押し寄せ、排気ガスにより庭園の植物が弱ってきた。鶴代は花に水をやりながら「お父さん、ごめんね」とそっとわびる。これがせめてもの「公害対策」であった、と書くのは昭和41年12月23日の読売新聞記事「吹きっさらしのまちかど⑧　牧野庭園を守る」である。

牧野富太郎と牧野鶴代（個人蔵）

さらに、新聞記事によれば、鶴代には残された仕事があったという。それは、家の押し入れに積まれたままの牧野の自筆の植物写生千点余りの出版であった。それを見るたびに10年前の木枯らしが音を立てて鶴代の心の中を吹き抜ける。ちょうど記事が載った10年前の夜、木枯らしが病室の窓をたたいている中、こんこんと眠り続けていた牧野が目を覚まし、「まだ、やり残したことがある。書きとってくれー」と言って、講義調の大声が翌日の夜まで続いた。何を言っているか分からず、鶴代は泣きながらまくら元で書くふりをした。牧野はそれから二度としゃべることなく翌月18日に息を引き取った。それ以来、木枯らしは鶴代にとって父の執念の叫びに聞こえ、自分の心を奮い立たせる天の声ともなった。鶴代は、「牧野家の血と涙の結晶である」牧野の図を何とか13回忌までには出版したいと考えていた。

牧野の13回忌に当たる昭和44年に「精選牧野植物図集」（学習研究社）が世に出た。本書は着色図版と単色図版および植物解説から構成されたものである。ようやく牧野家の念願が果たされたのである。さかのぼれば、昭和14年に大学を辞してから牧野が取り組もうとした、着色図からなる「日本植物図説」に端を発する。そのために用意した図とみられるものが、高知県立牧野植物園に収蔵される山田壽雄、川崎哲也（1929~2002年）(※50)らの植物図である旨はすでに66回目の記事で書いた通りである。昭和29年11月5日付の川崎に宛てた牧野のはがきには、「私は、来年の春頃から日本植物図説（不定時）に出版するつもりである、其には、先づ今回のトキンイバラを真っ咲きに載せ、続いて私の描いた図をも用いる事とする、就てハ、貴台のフユザクラなども入れたく、御許しを願いたいと存じます」とあることから、

※50　サクラの研究者。昭和20年代に牧野に師事し、植物全般についても植物図の描き方についても指導を受けた。「牧野日本植物図鑑」の改訂増補に当たり、図を補足したり新たに制作したりした。没後、川崎が描いたサクラの図を集録した大場秀章編「サクラ図譜」（アボック社、2010年）が出版された。

最晩年の昭和30年にいよいよ出版に向けて動き出したように思われる。しかしながら実現は厳しかった。

鶴代は「牧野富太郎自叙伝」に「父の素顔」という思い出話を寄せ、上記の出版を果たし、さらに牧野の随筆を集録した「牧野植物随筆集」(「牧野富太郎選集」東京美術1970年のことであろう)も出版した。自分のなすべき仕事は果たせたと言って、昭和45年5月に息を引き取った。続いて香代も亡くなった。その後、記念庭園は牧野の邸宅が大泉にできて60年に当たる昭和60年に、練馬区によって園内の改修が行われ、牧野の胸像が制作されて遺族の出席の下、除幕式が執り行われた。やがて、老朽化のため園内にある記念館が建て替えとなり、平成22年8月にリニューアルオープンした。その時から学芸員が置かれ、博士や植物をテーマとした企画展の開催が行われ、常設展示と併せて博士の顕彰に努めている。そして、2022年は博士生誕160年の記念の年に当たり、博士が使っていた当時のまま保存されてきた書斎と書庫(一部)の建物において内部を再現するというプロジェクトが進められた。2023年3月にそれが完成し、足の踏み場もないほど積み上げられた書籍と、所狭しと机に置かれた博士お気に入りの文房具などによって当時のあり様がよみがえった。特に書籍については、「手書き本」と称する、洋書の鮮やかな色彩をマーカーや色鉛筆の重ね塗りによって表現したものや、博士の旧知の久内清孝旧蔵書を東邦大学よりご寄贈いただいたものなどから構成され、見どころとなっている。

最後に、牧野が晩年に出版しようとしたがかなわなかった図譜がもう一つある。それは、万葉集に詠まれた植物を描いた「万葉植物図」と題した約110枚の植物図で、主として昭和10年代後半に制作された図からなる。これらの図が牧野家に残され、牧野一浡《かずおき》氏が前々からその出版を望んでおられた。博士生誕160年の記念の年として、これらの図の出版を進めることになった。２０２２年11月に「牧野万葉植物図鑑」として北隆館から刊行され、ようやく牧野の念願を果たせた。

故郷に帰った4万5千冊の蔵書②

牧野富太郎の蔵書の数は４万５千冊と言われる。94年の生涯においてこれだけの数の書籍を収集するのは至難の業ではないか、そのためのお金の工面はさぞかし大変なことであったろうなどと心配してしまう。牧野の没後、ご家族の厚意により、牧野が大切にしてきた蔵書は、博士が郷里に帰りたいと願っていた、その望郷の念を込めて高知県に寄贈されることになった。それらは、高知県立牧野植物園に収められ牧野文庫となった。数の多さに加えて、植物学に限らない多様なジャンルの書籍を整理して研究などに活用できる状態にする作業は、かなりの時間と労力を要し困難を極めたことと推察される。そこには、博士の旧蔵書を丹念に調査できる喜びもあったはずである。牧野の蔵書の特色については、高知県立牧野植物園発行の「牧野富太郎蔵書の世界　牧野文庫貴重書解題」（２００２年）に詳しい。また、洋書・和書・漢籍などの目録も刊行された。

ここでは上記の出版物において言及されていないことを述べてみたい。というのは、牧野の蔵書のほんの一部が他の施設で見られることに気が付いたからである。蔵書には蔵書印が押されるので、それらから元の所有者をたどることができる。また、一人の所有者であっても、使用される印の形状や印文にはさまざまなものがある。牧野の蔵書印については、上記の文献に詳しい論考がある。それによれば、初期の蔵

牧野富太郎、書庫にて（個人蔵）

書には「牧野」という印が押されたと説明される。

　さて、武田科学振興財団杏雨書屋（日本・中国の本草書および医書を中心に所蔵する図書資料館）に「信筆鳩識」という写本（全11冊）がある。この写本には富山藩主・前田利保（１８００〜１８５９年、５回目に登場）の蔵書印「万香文庫」が押され、本文中には利保の号である「万香亭」「弁物舎」「益斎」「自知春館」などの署名や印が見られる。各冊の内容は、弘化４（１８４７）年と翌年に行われた江戸近郊での採薬行の記録、本草に関する覚え書、富山に産する植物の記録であって、植物の図も見られる。「信筆鳩識」は利保が手元に置いて、入手した情報をその都度書き入れていた手択本とされる。利保は自然物に強い興味を持ち、「赭鞭会《しゃべん》」という同好の士が集まった研究会の中心的なメンバーであった。

　この写本で重要な発見があった。それは、各冊の１丁目表に上記の「牧野」や「本郷龍岡町松平家所蔵」などの蔵書印が見出されたことである。これにより牧野がかつて所蔵していた写本であることが分かった。「植物学雑誌」（第26巻第309号、１９１２年）の「雑録」に載るエキサイゼリ（19回目で言及）やホテイラン（37回目で言及）の牧野による記事には「信筆鳩識」の名称が登場する。このことから、杏雨書屋所蔵のこの写本をなぜ牧野が知っていたのであろうかと不思議に思っていたが、これでなぞは解けたのである。ちなみに杏雨書屋の形成は関東大震災の被害がきっかけであった。

牧野は「植物研究雑誌」（第24巻牧野富太郎博士米寿記念特集号、１９４９年）の「本草通串証図の思い出　牧野先生一夕話Ⅸ」において、「本草通串証図」が「貧乏して困っていた時分に松平康民子爵に預けたきり、ついに自分の手には帰って来なかった」と述べている。「本草通串証図」は利保の編さんした美しい多色刷りの植物図譜で、５冊まで出版して未完に終わった。５回目の記事で述べたように、牧野は若い頃郷里で知り合いから、植物研究に役立てるようにと同書および関根雲停の植物図を譲り受けた。「牧野」という早い段階の蔵書印があることから「信筆鳩識」を牧野は若い頃から所持していたわけで、この写本も譲り受けた資料中に含まれていたと考えられる。また、おそらく借金のかたに「本草通串証図」とともに「信筆鳩識」も預けられたのであろう。それは、先述の「本郷龍岡町松平家所蔵」という印が押されることから推察される。そして、回り回って杏雨書屋に収められたということになる。印にある松平家は、その頃の当主は松平康民で、東京の山草会のメンバーであった（37、39回目に登場）。牧野が泣く泣く手放した蔵書は他にもあるのかという点に興味が持たれるが、よほどの偶然がない限り出会うのは難しそうである。ちなみに「本草通串証図」は、現在雑花園文庫（名古屋園芸株式会社）に収蔵される。

もう一つ、牧野の蔵書について話題を提供したい。牧野が望んだが入手できなかった本である。それは、イギリスのElwesが編さんした「ユリ図譜」（※51）である。描き手は、牧野がその腕を認めるイギリスの植物画家W.H.Fitch（５回目に登場）。この図譜に関して牧野は一つのエピソードを「植物随筆　我が思ひ出

※51　John Henry Elwes, A monograph of the genus Lilium, London, 1877-1880.

（遺稿）」の「ユリと百合」に書き残している。それによれば、「横浜の平沼氏」に2冊の蔵書があることを知った牧野が、譲渡を懇請したところ、南方熊楠をよく言わなかったから譲ることはできないと断られた。その後、「大震災が突発して平沼氏も死に、亦た、其書も焼失して、仕舞った」とある。もし譲ってくれていれば、2冊のうち少なくとも1冊は牧野の手元に残ったであろうに、とある。「日本の大学に在る」1冊が貴重品の一つになったとも言う。これがもう1冊と思われる。

さて、これに関連する石井勇義宛て牧野の書簡が3点ある。一つは9月1日付の手紙で、「平沼氏の百合の書物」を譲ってほしく、「彼のバラバラの方で宜敷いので」石井に一肌脱いで平沼に懇願してくれと頼む内容である。譲ってくれるならば、幾らでも代金は払うし、日本の百合の研究の参考としたいので、私の学問を助けてくれる趣意で承諾してほしいとも書かれる。もう一つは9月11日付のはがきで、石井の配慮に対して感謝を述べ、暑いなか自分のためにワザワザ遠方に出かけてくれるのは恐縮の至りであり、なるべく成功するよう祈っていると述べられる。これらのはがきは、切手の料金から昭和17年～19年のものとみられる。つまり、平沼に譲渡を頼んだのは「ユリと百合」で述べられるように関東大震災前のことではないようである。

三つ目は昭和26年5月7日付のはがきで、「前年彼の英国エルエスの百合の書を平沼氏に相談した時南方熊楠氏の事を悪く言ったから譲る事相成らず」と怒られたが、その平沼の名前が亮三であったかと石井に尋ねている。自分が書いた南方氏の記事を別刷りするので終わりにその経緯を付記したいので、お教えくださいということである。石井からの返答があったかどうかは分からないが、このはがきよりおそらく後に書かれたと思われる「ユリと百合」では「横浜の平沼氏」とのみ記される。平沼亮三（1879～1959年）と言えば、日本の「市民スポーツの父」と言われ、実業家であり横浜市長を務めた人物である。現在、高知県立牧野植物園牧野文庫には、博士の意をくんで購入された美しいユリ図譜が収められている。

名言「雑草という草はない」を探索する③

牧野富太郎を顕彰する施設の一つ、練馬区立牧野記念庭園（以下、記念庭園）は2010年にリニューアルオープンした。その時から学芸員が置かれ、企画展などを開催する仕事とともに、牧野の人生や事績を改めて調査していこうということになった。牧野については多くの資料が残されているので調べがいがある一方で、見落としてしまう恐れもあってなかなか難しい。その上、調べてもよく分からないことはやはりある。そのような疑問の一つが、「雑草という草はない」という名言を牧野が果たして言ったのか、あるいはそれを書いた牧野の文章がどこかにあるのかということであった。

これは、牧野に関する最大の問題といっても過言ではないかもしれない。というのは、入江相政編「宮中侍従物語」（1980年）の中に同様な言葉を天皇がおっしゃられたという話が載っているからである。その本によれば、侍従が庭に生い茂った「雑草」を刈りましたと申し上げたところ、天皇は「雑草ということはない」と言われ、さらに「どんな植物でも、みな名前があって、それぞれ自分の好きな場所で生を営んでいる。人間の一方的な考え方でこれを雑草としてきめつけてしまうのはいけない。注意するように」と話されたということである。昭和23年に牧野が昭和天皇にお会いした時、昭和天皇は牧野と同じ考えを抱いておられて2人で共感されたのではないかということを、「霧生関」（第54号、２０１８年）に寄稿した記事に書いた覚えがある。記事のタイトルは『雑草という草はない』と牧野富太郎」。その時点では牧野が言ったのかどうかを確証できず、むしろ読者に情報提供を呼びかけるつもりで記事にしたのであった。今回は、ようやく確証を得るに至った名言探索の長旅を述べたい。

先述したリニューアルオープンの折、牧野一淳《かずおき》氏より博士が持っておられた植物画など数々の貴重な資料をお預かりした。その中に池波正太郎（１９２２〜１９９０年）の書いた脚本「牧野富太郎」とそれを上演したときの写真が含まれていた。この芝居は、島田正吾主演の新国劇の公演で、牧野が亡くなった直後の昭和32年３月に上演されたものである。池波は、新国劇に委嘱されて牧野の人生を脚本にすることになった。土門拳の写真集「風貌」（アルス、１９５３年）に収載される牧野の写真を見て、その澄みきった眼に強く心惹かれた池波は、病床にあった牧野を前年の昭和31年に訪ね、現実にその「美しい眼」に出会えた。このような接点が牧野と池波にあったとは思いもよらぬことで、その感激をもとに池波の脚本と舞台の写真を軸にこの芝居を企画展にしたいと決めた。まず、池波について調べるため台東区立中央図書館にある池波正太郎記念文庫に出掛けた。

そこで牧野の「雑草」発言は、山本周五郎に対して言ったらしいという情報をつかんだ。池波、山本と言えば時代劇の世界である。牧野の植物研究とは全く別世界のような気がして、面白いと思った。早速、国会図書館で検索をかけたところ、雑誌「週刊教育資料」に記載された「名言に学ぶ〈240〉世の中に雑草という草はない　牧野富太郎」（２００１年９月10日号）がヒットしたのである。この記事から、昭和３

年ごろ「日本魂」という雑誌の編集記者であった清水三十六（山本の本名）が有名人にインタビューしてそれを記事にしていたこと、その一人が牧野であったこと、及び「雑草」という言葉を口にした山本に対し牧野が「きみ、世の中に雑草という草はない。どんな草だってちゃんと名前がついている。わたしは雑木林という言葉もキライだ」と言われショックを受けたことが分かった。

この清水のインタビューに関する情報がどこから採られたものか、その出典が分らなかったので、「日本魂」を探して牧野に関する記事があるかどうかを確かめる必要があると考えた。問題はどこが所蔵しているかであった。検索したところ所蔵図書館が少なく、かつ清水が記者をしていた昭和2、3年ごろの「日本魂」を持っている図書館は限られていた。東京大学総合図書館ならば行くことが可能なので、同館で該当する範囲で所蔵のある昭和3年6月から10月分の雑誌を閲覧した。が、残念ながら記事は見つからなかった。10月というのは、清水が日本魂を出版している会社から解雇された時期である。もう少しさかのぼって雑誌を調べたいと思っていたところ、その年はちょうど山本没後50年に当たり特別展が開催されていた。それは県立神奈川近代文学館においてであった。この館を訪ねたならば何か分かるかもしれないと思い、そこに赴き問い合わせたところ、雑誌を刊行していた帝国興信所（現在の帝国データバンク）が所蔵しているのではないかというご教示をいただくことができた。帝国データバンクは史料館を開設していて、それは市ケ谷にあった。今度は帝国データバンク史料館に足を運んだ。同館学芸員の福田美波氏が対応してくださり、古い雑誌について全巻そろっているのではないことを説明してくださり、ここで探索は打ち止めとなった。こうして、分かっている範囲で記事をまとめて「霧生関」に寄稿することになったのである。

ところが2022年4月のことであった。お世話になった福田氏から「取材記者　清水三十六　―山本周五郎、最後のサラリーマン生活―」という企画展を行うというお知らせがあった。福田氏はわざわざ記念庭園に足を運んでくださり、「日本魂」には牧野のインタビュー記事は見つからないが、牧野が山本にあの言葉を言ったことを記した本を見つけたという貴重なご教示をいただいた。それは木村久爾典著「周五郎に生き方を学ぶ」（実業之日本社、1995年）という本の「雑兵と呼ばれていい気がするか」という見出しがつけられた文章中にあった。

やや長いが重要なことなので該当部分を以下に引用する。

「牧野博士と対談中に、山本青年は「雑草」という言葉を口走ったらしい。博士はなじるような口調で山本に云った。「きみ、世の中に〝雑草〟という草は無い。どんな草にだって、ちゃんと名前がついている。わたしは雑木林という言葉がキライだ。松、杉、楢、楓、櫟――みんなそれぞれ固有名詞が付いている。それを世の多くのひとびとが〝雑草〟だの〝雑木林〟だのと無神経な呼び方をする。もしきみが、〝雑兵〟と呼ばれたら、いい気がするか。人間にはそれぞれ固有の姓名がちゃんとあるはず。ひとを呼ぶばあいには、正しくフルネームでキチンと呼んであげるのが礼儀というものじゃないかね」これにはおれも、一発ガクンとやられたような気がしたものだった。まったく博士の云われるとおりだと思うな」

そしてその文章の終わりにはこう書かれる。

「山本周五郎は牧野富太郎博士の率直なたしなめの言葉のなかから、ただちに大きな教訓を感得したものだったに相違ない。でなければ、あんなにもしばしば、牧野博士の思い出を語ったわけがない」

この文章を読んで、長年の問題が解決した。先述の国会図書館で見つけた記事は、確かに清水のインタビューのエピソードを紹介したことには間違いないが、引用もとの文献が分らなかった。しかし、こうしてその典拠が明らかになった。木村久邇典（1923～2000年）は、朝日新聞社に入社して山本の担当記者となり、山本に関する著書を多数著わし、山本研究の第一人者と目される人物である。山本の身近にあって山本が牧野の思い出を何度も語るのを聞いていたのである。牧野の「雑草」発言は疑う余地のないことと確信した。それ以上に牧野の発言が、山本と言う一人の人間の心をつかみその後の山本を大きく成長させることになったと知ってうれしかった。牧野と山本が出会い、牧野の言葉によって山本の心が動いたその瞬間が尊いのである。惜しむらくは、牧野のインタビュー記事が「日本魂」に掲載されていたならば、と思う。推測の域を出ないが、山本が牧野を訪ねたのは解雇される頃に近く、記事にすることが叶わなかったのではないだろうか。それにしても小説家として大成する前の若い山本がその後の生き方に影響を与えるような言葉を牧野からもらったということがほとんど知られていないのは残念至極である。

望郷の思いとバイカオウレン④

2023年4月3日からNHKの連続テレビ小説「らんまん」がスタートした。毎日午前8時からテレビの前に釘付けになっておられる方も多いのではと思う。その第1週の花がバイカオウレン。早くに亡くなる母親の好きな花という設定であった。

牧野富太郎は「土佐の博物」5～7号（1937～39年）に3回にわたり「土佐の植物に就て旧い思

高知県佐川町からいただいたバイカオウレン（練馬区立牧野記念庭園提供）

い出」を寄稿した。その中に「五加葉黄連」（6号所収）という見出しがあって、次のような回想が記される。

「此、春早く可愛らしい花の咲く五加葉オウレン一名梅花オウレンが佐川西町の上の金峰神社即ち午王様の山道、それは奥の土居の方へ下りる山道の片側の斜面に沢山生えている事を子供時代に早くから知っていたので今日此草を見ると頗《すこぶ》る懐かしい思がする。殊に其小い梅花様の白花が他の草に魁け尚時候の寒いのに関らず逸早く其葉の間に咲き綻びし其風情は決して忘るる事の出来ない思い出の印しである。そして此花の咲くと同時頃に私の宅の上の山にセントウソウの花が毎年咲くので是れも其当時それとはなしに私の視線を惹いた草であった。右の様に此五加葉オウレンが今も尚忘れ難いので佐川へ帰省すると何時でも其場所へ行って之れを眺め幾星霜も歴た往時を偲びて低回去る能わざるのである。行って見ると矢張昔のままに其処に繁殖している。一度は吉永虎馬君に頼んで其生本を東京へ送って貰った事があり又秋澤明君にもそうして貰った事があった。そして東京で花を咲せて喜んでいるのである」

子供のころの懐かしい思い出。その花を見ると走馬灯のようにさまざまなことが駆け巡るのであろう。牧野がもっと年を取って帰郷することがかなわなくなってくると、より一層望郷の念は抑え難くなる。故郷の植物を送ってほしいという晩年の書簡が多く残ることから推察される。

佐川町の水野進も頼まれた一人である。牧野が水野に送付を頼んだ植物の一つがバイカオウレンであった。例えば、昭和26年12月18日付のはがきには、「甚だ御面倒を御願いいたしますが、彼の金峰神社の山にある五加葉黄連を庭へ植えたく其生本を古木箱でも入れて送って下さいませんでしょうか。箱へ苔（水でうるおした）を共に可なり多量につめて乾かぬようにして御出し下されば東京で活着すると存じます。そして早春に郷里の其花を楽しみたいと思います」とある。そして、水野より届いた礼を述べる昭和27年3月4日付のはがきには、「先日は彼の五加葉黄連生本沢山御送り下さいまして誠にありがたく拝受いたしました。庭へ栽えたり盆栽にしたりして楽しんでいます。郷里のものと思うと何んとなくなつかしく其の感じが深いのです」と書かれる。

こうした牧野が水野に宛てたはがきは「佐川史談会　霧生関」（第12巻37号、２００1年）に収載される。この37号は、佐川史談会が「深尾氏佐川入府400年記念事業」に協賛して平成13年に発刊した牧野富太郎の特集記念号である。水野が単独でその号すべてを担当した。内容は「牧野富太郎博士と佐川町」「牧野先生と土佐文化向上会」および「牧野先生からの手紙」の3部からなる。第1部では、水野が持つ未発表の資料を掲載した（13回の記事で紹介）。第2部では、同会の活動とともに、佐川町での博士の顕彰について述べた。第3部では、上記のような牧野の書簡類を写しと翻刻で示した。

「土佐文化向上会」は、牧野が青少年のために設立した「理学会」の後身として、昭和22年4月に水野と小学生とによって始まり、同25年に「土佐文化向上会」と名を改めてより充実した会に発展していく。会長は水野が務めた。その記章は、サクラを型取り、中央に研究の研の字が置かれたデザインであった。

この文字は牧野先生にお願いしたと言う。

その後、水野と顧問たちの働きかけにより牧野の旧宅址に「牧野富太郎先生誕生之地」と刻まれた記念碑が建立されることになった。昭和27年4月のことであった。幕は牧野儀之助の孫たちによって落とされた。そして同29年と31年に水野は上京し学生を連れて牧野を訪ねた。もちろんバイカオウレンやサカワサイシンなどの郷里の懐かしい植物を携えていったのである。牧野は「この一つ一つに郷土の香がしていると思うとなつかしくて」と言って喜んだそうである。

牧野が亡くなって、水野は昭和32年4月に牧野邸を訪問し牧野の冥福を祈った。同年5月には、牧野の分骨が家族に抱かれて佐川に帰り町民葬が行われた。

水野の記録は、佐川でいかに牧野が慕われて牧野に倣い教師たちや生徒たちが勉学に熱心に励んだか、その様子を伝えるものである。水野家では、牧野に関わるさまざまな資料を大切にもっておられると伺っている。今後より一層牧野の顕彰に寄与することを心より願う。

◇

番外編としてこの記事の掲載をもって「シン・マキノ伝」の終了である。思い返せば、1回目の記事は、2022年3月、春分の頃に佐川町を訪ねたときの話題からスタートした。したがって、この番外編を掲載する頃に、佐川町を再び訪問し、「らんまん」がはじまってにぎわう佐川町をこの目で見てから記事を書き終えるつもりであった。それを果たせなかったことが心残りであるが、これで一息ついてゆっくり佐川町に出かけたい。

あとがき

令和5（2023）年6月30日、あとがき執筆の数時間前に、練馬区立牧野記念庭園がNHK首都圏ネットワークで紹介された。人気キャラ「しゅと犬くん」と予報士・黒田菜月氏のご来園である。収録では同園のスタッフによる園の紹介があり、同園のボランティアとスタッフおよび練馬区の職員が参加した。今年はNHKの連続テレビ小説「らんまん」の放映が4月3日からはじまり、連日大勢の来園者を迎えている。牧野富太郎博士をモデルにしたドラマが見られる喜びに加えて、庭園を守ってきた方々といっしょにテレビに映るなんて想像したこともない驚きである。この記念すべき日にあとがきを書くというのも何かの巡り合わせと感謝している。

牧野富太郎というえらい植物学者の存在を知ったのは小学校6年生のときであった。理科を教えてくださった先生による夏休みのおススメ本が「牧野富太郎植物記」（あかね書房、1973・4年）であった。「山の花」（3冊目）を選んで読んだ。高い山へのあこがれと表紙の可憐に咲く花の姿に心惹かれて手にしたのだと思う。山には見たこともない植物がいろいろと咲いているのだということが心に残り、こうした植物のことを詳しく研究している人物が日本にいるのだとさらに感動したことを覚えている。ところどころ挿入された植物図を写して描いてみたら、なんだか上手くできてうれしくなったのであるが、なんのことはない元の絵がしっかり植物の姿を捉えているからであって、自分の能力とはまったく関係ないことに後から気がついた。絵を描くことは私の人生からフェイドアウトした。とにかく牧野博士のファンになったことは間違いなく、それは次の年の誕生日に友人が「牧野日本植物図鑑」の学生版をプレゼントしてくれたことが証拠である。友人の思いやりはありがたく、今も大切に棚に飾ってある。また、牧野博士は苦労して独学で植物学を勉強し、植物についての本をたくさん書かれたという話を祖父がなんどもしてくれ、博士を非常に尊敬していたことも懐かしい思い出である。路傍の植物を見ると、この名前は何かと度々聞かれるのには困ったが、博士が語るように植物の名前を覚える大切さを伝えたかったのだと今にして思う。さらに先月、理科の先生が庭園を訪ねてくださった。まさに半世紀ぶりの再会である。これも「らんまん」がつなぐご縁と幸せをかみしめている。

植物学を大学では専攻しなかったが、折に触れて博士の著された「牧野富太郎自叙伝」、「植物記」、「植物一日一題」など文庫化されている著書を読んできた。記念庭園がリニューアルオープして学芸員の仕事をさせていただくことが決まり、母からは大好きな牧野博士のところで仕事ができるなんて良かったわねと言われた。周りからそのように思われていたとはじめて分かった。

さて、牧野博士の生涯については自叙伝があり、伝記が現在に至るまで多く出版されて、この上新たに書くべきことはあるのかと思っていたが、勤務するようになってから博士の書簡の研究が意外にもなされていないことに気がついた。博士と交流のあった人物のご子孫が大切に持っておられる書簡を見せていただき論考を発表してきたが、今後も書簡の発掘に努め調査を続けていきたい。これが人生の課題となった。また、博士が描画した図の他に博士が指導して描かせた図や収集した関根雲停らの植物画が現存することも次第に分かり、こうした資料を収蔵する高知県立牧野植物園の牧野文庫で何度も閲覧させていただいた。

引き続きお世話になることは間違いない。ここに感謝の意を捧げたい。

本書出版にあたり、牧野一浡氏には、所蔵される写真や植物図の掲載のみならずあらゆることでお世話になり、感謝の念に堪えない。特に、子供の頃博士といっしょに暮らしていた思い出話を折に触れ聴かせていただいたことは、博士を身近に感じられる大切な機会であった。庭園の木々を見ていると、博士や親しかった方々がふと樹木の陰から現われてくるような気がするという一浡氏の言が特に印象に残っている。博士が実際暮らしていたこの地で博士の顕彰にかかわることができ、最近になってようやく庭園にある草木に博士の姿を重ねられるようになってきたと思う。

高知新聞の竹内一氏には、記事の連載にあたり冷静な励ましの言葉をいただき、本書の出版でもひとかたならぬご尽力をいただいた。また、佐川町立青山文庫の藤田有紀氏には書簡など貴重な文献の閲覧でご協力いただいた。庭園でいっしょに働くスタッフにも感謝の一言に限る。写真や手紙の掲載に関しては、所蔵者のご快諾により可能となった。改めてお礼を申し上げる。そして、本書の編集を担当してくださった北隆館の角谷裕通氏に深謝する次第である。

2023年7月　　練馬区立牧野記念庭園学芸員　田中純子

〔著者略歴〕

田中純子（たなかじゅんこ）

1964年生まれ。上智大学大学院修士課程卒業（歴史学専攻）。東京の中高等学校で教師となり、その後東京国立博物館資料館で江戸から明治時代にかけての博物学的資料の整理および東京国立博物館所蔵博物図譜のデータベース作成に携わる。2010年にリニューアルオープンした練馬区立牧野記念庭園記念館の学芸員となり現在に至る。牧野富太郎の生涯や研究業績を調査しその顕彰に努め、植物と関わったさまざまな人たちの展示を手掛ける。

著書に「牧野植物図鑑原図集」（共著、北隆館、2020年）、「牧野万葉植物図鑑」（共著、北隆館、2022年）、「もっと知りたい牧野富太郎」（共著、東京美術、2023年）などがある。

シン・マキノ伝

2023 年 8 月 1 日　初版発行
2023 年 11 月 10 日　2 版発行

著者　田中純子
企画・編集　高知新聞社
発行者　福田久子
発行所　株式会社 北隆館
〒153-0051 東京都目黒区上目黒3-17-8
電話03(5720)1161　振替00140-3-750
http://www.hokuryukan-ns.co.jp/
e-mail : hk-ns2@hokuryukan-ns.co.jp
印刷所　大盛印刷株式会社

ISBN978-4-8326-1017-0 C0040

「シン・マキノ伝」は高知新聞ウェブサイトでの連載（2022 年 8 月 18 日から 2023 年 6 月 24 日までに掲載された本編 72 回、番外編 4 回）をまとめたものであり、文中に登場する関係者の所属や年齢は当時のままに掲載しています。